중등도 및 중도장애 학생을 위한 체계적 교수

Systematic Instruction
for Students with Moderate and Severe Disabilities

Belva C. Collins 지음

박경옥, 이병혁 옮김

∑ 시그마프레스

중등도 및 중도장애 학생을 위한 체계적 교수

발행일 | 2019년 6월 20일 초판 1쇄 발행

지은이 | Belva C. Collins
옮긴이 | 박경옥, 이병혁
발행인 | 강학경
발행처 | ㈜시그마프레스
디자인 | 강경희
편 집 | 이호선

등록번호 | 제10-2642호
주소 | 서울시 영등포구 양평로 22길 21 선유도코오롱디지털타워 A401~402호
전자우편 | sigma@spress.co.kr
홈페이지 | http://www.sigmapress.co.kr
전화 | (02)323-4845, (02)2062-5184~8
팩스 | (02)323-4197

ISBN | 979-11-6226-202-3

Systematic Instruction
for Students with Moderate and Severe Disabilities

SYSTEMATIC INSTRUCTION FOR STUDENTS WITH MODERATE AND SEVERE DISABILITIES
by Belva C. Collins, Ed. D.
Copyright © 2012 by Paul H. Brookes Publishing Co., Inc.
All rights reserved.
This Korean edition was published by Sigma Press, Inc. in 2019 by arrangement with Paul H. Brookes
Publishing Co., Inc. through KCC(Korea Copyright Center Inc.), Seoul

＊ 책값은 책 뒤표지에 있습니다.
＊ 이 도서의 국립중앙도서관 출판예정도서목록(CIP)은 서지정보유통지원시스템 홈페이지(http://seoji.
nl.go.kr)와 국가자료공동목록시스템(http://www.nl.go.kr/kolisnet)에서 이용하실 수 있습니다.(CIP제어
번호 : CIP2019021820)

역자 서문

교육이 지향하는 보편성은 누구에게든 배울 수 있는 기회가 공정하게 주어져야 한다는 교육권과 모든 사람은 배울 수 있다는 학습력에 대한 인정에서 출발한다. 그 위에 장애인이 가지고 있는 장애의 고유한 특성과 그들의 능력에 최적화한 교육을 지원하는 '특수성'을 얹어 접근하는 것이 특수교육이다. 중등도 및 중도장애 학생에게 무엇을, 어떻게 가르쳐야 하느냐의 문제는 늘 보편성과 특수성의 균형을 요하는 주제이다. 하지만 이 책의 시작은 중등도 및 중도장애인이라도 자신이 살아가고 있는 그 사회에서 삶의 질을 향상시키는 데 필요한 기술(기능적 기술들)들을 배울 수 있다는 학습 가능성에서 출발하고 있다. 그러면서도 비장애인이나 경도장애를 지닌 사람들에게 성공적이었던 교수학습 방법이 때로는 중도장애인들에게는 효과적이지 않을 수 있다는 점, 그리고 중도장애인에게 유용하다고 하여 교실에서 배우고 익힌 기술을 실제 쓰임이 필요한 시점에 활용하지 못할 수도 있다는 한계 또한 인정하고 있다. 그럼에도 불구하고 중등도 및 중도장애 중 많은 사람들이 또래 비장애인들에게서 필요한 기능적 기술들을 습득하기 위해 의도적인 그리고 체계적인 교수가 필요함을 강조하고 있다.

잘 알려진 바와 같이 체계적 교수는 응용행동분석원리에 근거하여 학업 기술이나 기능적 일상생활 기술을 포함하여 광범위한 범위의 기술 등을 지도하는 데 활용되고 있다. 체계적 교수에서 가장 핵심적인 부분은 단연코 과제분석이다. 교사는 학생이 학습목표를 이해하고, 새로운 기술을 습득하고 행동할 수 있도록 표적이 되는 목표 기술을 세밀하게 나눈 다음, 학생이 무엇을 할 수 있고, 무엇을 하지 못하는지, 하지 못한다면 어떻게 지원해주면 잘해 낼 수 있는지를 평가할 수 있어야 한다. 이후 학생에게 필요한 적절한 교수 방법과 촉진 전략(자극 촉진 또는 반응 촉진체계, 최소 촉진체계, 최대-최소 촉진체계, 동시 촉진체계, 고정 또는 점진적 시간 지연 등)을 선택하여 적용하는 체계적이고 의도적으로 접근하는 방법을 상세하게 안내하고 있다. 의도적이라는 말은 표적으로 삼고 있는 특정 기술을 목표로 삼고, 빈번하게 그리고 규칙적으로 노출(교육)시키라는 의미를 담고 있고, 체계적이라는 말은 정확하게 계획하고 구체적인 절차를 따르며, 그 결과들을 기록하고 관리하는 것을 의미한다. 그리고 학생의 진전도는 그 자료를 바탕으로 조정해 나가야 함을 의미한다. 그러한 의미에서 체계적 교수에 대해 많은 사람들이 알고 있고, 활용하고 있음에도 불구하고 이 책을 번역하게 된 배경에는 잘 알고 있는 이 체계적 교수에서 다루는 "How to"에 대해 한 번 더 점검하고 확인하고 적용해보고자 하는 바람에서 비롯되었다. 특히 기록에 대한 내용을 언급하지 않을 수 없다. 교수학습과정안이나 개별화교육계획 작성 실태를 분석해보면 우리는 목표 설정, 교수학습에 대해서는 빠짐없이 잘 기록하지만 학생이 행한 결과에 대해서는 매우 소홀히 하고 있다는 연구 결과들이 많다. 이는 학생의 출발점 행동을 찾는 데 많은 오류를 범할 수 있음을 말하는 것이고, 그러한 오류는 목표 설정,

교수학습 방법에서의 엇박자 등으로 이어질 수 있는 문제다. 따라서 각각의 기법을 적용할 때 학생들이 보이는 행동의 결과, 교사들이 행한 교수학습에 대한 성찰 등을 꼼꼼하게 담아 이후 학생 행동의 진전도를 확인하는 데 유용하게 활용할 수 있다는 점도 이 책이 가지는 장점 중 하나이다. 물론 응용행동중재에 입각한 체계적 교수가 중도장애학생 교육의 만능이 될 수는 없다. 하지만 학생의 행동에 대해 즉각적이고 구조적인 접근법 중 하나라는 점에서 현장 교사들에게, 이제 막 학생과의 만남에 대해 설렘을 가지고 있는 초임 선생님들에게, 그리고 예비교사들에게 긍정적인 효과를 기대할 수 있을 것이다.

끝으로 이 책이 출판될 수 있도록 도와주신 ㈜시그마프레스의 강학경 사장님을 비롯하여 여러 번의 지난한 편집 작업에 애써주신 이호선 선생님과 모든 직원분들께 감사의 말씀을 전한다.

2019년 6월
역자 일동

저자 서문

1970년대 중반, (초등교육 학위에다가) 발생률이 낮은 장애를 지닌 학습자들을 가르치기 위한 특수교육 학위로 무장하고 있었던 초임교사였을 때 나는 내가 가르칠 것을 알고 있다는 자신감이 있었다. 내가 받은 예비교사 프로그램은 발달적 교육과정을 강조하였고 유치원에서 사용하는 방법들에 대한 강좌들을 이수하게끔 하였다. 나는 내가 가르칠 것을 알고 있다는 자신감 또한 갖고 있었다. 나는 중등도에서 중도에 이르는 지적장애를 지닌 것으로 판별된 유치원생부터 21세까지의 학생들을 위한 특수학교에서 교생을 마쳤고, 비장애학생들이 수업을 받는 학교에서 그리 멀지 않은 곳에 있는, 방 두 칸짜리 작은 건물에서 발생률이 낮은 장애를 지닌 5~21세까지의 학생들을 가르치는 한 농촌지역의 초등학교에서 첫 일자리를 잡았다. 나는 특수교육 교과목으로 배웠던 응용행동분석에 기반을 둔 행동관리 기술들의 활용과 분명한 규칙들을 세우고 강화를 제공하기 위한 토큰경제를 마련하는 데 가장 자신이 있었다. 하지만 교수에 대해 내가 알고 있었던 것은 (조건과 행동, 그리고 기준과 함께) 좋은 행동적 목표를 작성하는 법과 상세한 과제분석을 구성하는 방법, 그리고 요구되는 기술에 조금씩 접근해 가는 것을 강화하여 바람직한 행동을 형성하는 방법 등이 전부였다. 그 이후는 정반응을 보인 학생들에게 칭찬을 해주고 그들이 저지른 오류들을 수정할 때의 시행착오를 겪곤 했다.

내가 담당하고 있는 학생들이 나를 통해 비장애학생들과 접해야 하고 그리고 이들이 지역사회에서 이득을 볼 수 있도록 더 유용한 기술들을 배울 필요가 있다는 것을 알게 되기까지는 그리 오래 걸리지 않았다. 특수교육이 진화하기 시작하면서 내가 담당한 학급 또한 진화하였다. 나와 팀을 이뤄 학생들을 가르치는 교사와 나는 학생들이 일상생활에서 필요로 하는 기능적 기술들을 가르치기 시작하였다. 우리는 학생들이 (비록 항상 같은 나이의 학생들은 아니었지만) 비장애학생들과 함께 여러 활동들에 참여할 수 있도록 근처 초등학교에 가기 시작하였고, 그리고 우리가 가르친 기초 기술들(예 : 물건 구입하기, 길 건너기, 인사 나누기 등)을 연습하러 매주 지역사회로 나가기 시작하였다. 그러나 나는 여전히 어떻게 가르쳐야 할지 갈등해야 했다. 나는 계속해서 많은 시행착오를 겪었고 학생의 움직임에 따라 그림자처럼 따라다니며 필요한 지원을 제공해야 할 것 같은 단지 합당할 것으로 보이는 기법들을 활용하기 시작하였다. 나는 학생들이 할 수 있을 때 독립적으로 반응할 기회를, 그리고 필요한 경우에만 도움을 받을 수 있도록 기회를 주어야 한다는 것을 깨달았지만 그들을 체계적인 방식으로 가르치는 방법은 여전히 감조차 잡지 못하고 있었다. 나는 학습센터를 만들고 발견학습을 위해 직접 해보는 수많은 기회들에 학생들을 노출시키는 등, 초등교육 석사과정에서 배웠던 전략들을 적용하려 하였다. 하지만 이러한 시도들은 그다지 많은 성공을 거두지 못했다.

1980년대 박사과정에 들어갔을 때 나는, David Gast 박사님과 Mark Wolery 박사님, 그리고 John Schuster 박사님 등 세 분으로부터 현명한 조언을 받을 수 있는 축복을 받았고, 완전히 새로운 세계가 내 눈앞에 열렸다. 그분들의 지도 아래 나는 학급기반 연구 프로젝트를 실시하고 중등도 및 중도장애 학생들에 대한 자문을 수행하기 시작하였다. 이러한 방식으로 나는 반응 촉진 전략들과 근거기반 의사결정 기법들을 활용하여, 이후 20년 동안 수많은 교실에 내 자신의 연구의제를 설정하게 한 체계적 교수의 토대를 닦았다. 나는 응용행동분석의 원칙에 기반을 둔 교수를 체계적인 방식으로 적용함으로써 중등도 및 중도장애 학생들을 가르치는 방법을 익히게 되었다. 나는 매일 교수 자료들을 수집하고 도표 자료들을 분석하며, 내 분석을 바탕으로 교수를 수정하는 방법을 배웠다. 이에 대한 반응으로 학생들은 학습을 했다.

마침내 나는 중등도 및 중도장애 학생들을 가르치는 교실 환경에서 학생들 및 교사들과 함께 수행했던 여러 연구들을 통하여 배운 절차들을 변형하여 여러모로 활용하기 시작하였다. 특수교육에 추천된 실제들이 더 통합적인 것으로 그리고 연령에 적절한 것으로 진화시켜나갔고 연방법의 제정 이후 핵심 내용(core content)이 중요성을 얻게 되어감에 따라 내가 체계적 교수를 활용하는 방식 또한 진화하여 갔지만 기초적인 원칙들은 그대로였다.

이 책의 목적은 중등도 및 중도장애 학생들에게 체계적 교수를 수행하는 방법을 독자들에게 안내하는 데 있다. 이 책은 교수가 어디에서 수행되어야 하는지 혹은 교육과정은 어떤 것이어야 하는지에 대한 것이 아니다. 다른 저자들(예 : Browder, Brown, Kleinert, Snell, Spooner, Westling 등)은 그들 자신의 책에 체계적 교수의 효과성을 기술하고 있는 반면, Wolery와 Ault, 그리고 Doyle(1992) 이후 그 누구도 반응 촉진을 활용한 체계적 교수의 구체적인 지침을 쓰지 않았다. 그들 이후 많은 새로운 연구들이 체계적 교수 절차의 수많은 변인들을 평가하였다. 그러므로 이 책은 Wolery와 Ault, 그리고 Doyle의 책을 업데이트한 것이 될 것이다.

독자들이 이 책이 사용자 친화적이라는 것을 알게 하는 것이 내 의도이다. 나는 관련된 전문용어를 덜 쓰려고 노력하였다. 실행가들이 교수 실제에 대하여 다른 사람들과 막힘없이 대화하기 위해 물론 그 분야에 대한 연구의 소비자가 될 수 있도록 하기 위해서는 체계적 교수와 연계된 용어가 가진 개념들을 알아야 하기 때문에 기초 용어들을 분명하게 정의하려고도 하였다. 이 책이 특수교사, 보조인력, 일반교사, 또래 교수자, 부모, 그리고 관련 서비스 제공 인력 등을 포함하여 중등도 및 중도장애 학생들과 함께 하는 그 누구라도 유용하게 활용할 수 있게 하는 것 또한 나의 의도이다. 체계적 교수는 학령 전 교육기관에 재학하고 있는 영유아부터 성인기에 이르기까지 중등도 및 중도장애인들에게 효과적일 수 있으나, 경도 지적장애나 학습장애 학생들은 물론 비장애학생들을 포함한 다른 학습자들에게도 효과적일 수 있다(개인적으로 말하자면, 나는 구구단과 어려운 단어의 철자, 그리고 주기율표의 원소들 등과 같은 정확성과 유창성을 요구하는 과제들을 내가 담당한 학생들에게 가르치는 데 있어 체계적 교수가 효과적일 수 있다는 것을 발견했다). 체계적 교수는 시각단어 읽기와 같은 단순한 개별 과제들은 물론 수학문제를 풀거나 식사를 준비하는, 혹은 개인 관리 일과를 수행하는 것과 같은 복잡한 연쇄 과제들과 함께 사용될 때 효과적이다.

나는 이 책을 논리적인 방식으로 조직하였다. 이 책의 첫 부분은 체계적 교수의 요소들과 교수 자료의 수집 및 분석, 그리고 체계적 교수를 구성하는 반응 촉진의 기본 절차 등을 기술하고 있다. 독자들은 일련의 핵심 용어들과 반응 촉진 절차 실행의 단계별 지침, 학급담임 교사들이 수행한 연구를 바탕으로 한 수업계획 견본, 수업계획 견본을 개작하기 위한 아이디어들, 그리고 교수를 수행하는 동안 사용되는 자료의 견본 등을 보게 될 것이다. 이 책의 두 번째 부분은 첫 부분을 기반으로 하여 교수의 효율을 증진시키기 위해 바뀔 수 있는 교수 변인들에 초점을 맞추고, 그러한 변화들을 표현하는 지침들과 수업계획 견본으로 진행한다. 이 책 전반에 걸쳐 각 장은 성찰을 위한 질문들로 끝을 맺는다. 이 책의 마지막 부분에는 부록이 있는데, 부록에는 반응 촉진 절차들을 실행하기 위한 복사 가능한 순서도와 기초선 및 교수 시도가 진행되는 동안 활용될 수 있는 빈 자료용지, 체계적 교수에 대한 더 심층적인 정보가 들어 있는 추가 자료 목록, 그리고 여러 장들에서 사용된 핵심 용어의 용어 해설이 담겨 있다.

　만일 독자들이 체계적 교수가 응용행동분석과 자주 연계되는 일대일 상황에서 이루어지는 직접적인 비연속 개별 시행에 한정된 것이 아님을 발견한다면 내가 이 책을 쓴 목적이 달성되는 것이다. 체계적 교수는 교수 시도가 책상이나 테이블에서 하는 일대일 교수에 한정되는 것이 아니라 하루 종일 지속되는 학생들의 자연스러운 일과에 삽입되어 훨씬 더 역동적인 과정이 되어야 한다. 핵심은 어떻게 가르칠 것인가에 대한 계획을 갖는 것 그리고 학습자 개개인에게 합당한 방식으로 실행되는 것이다.

　이 책을 읽을 때 세 가지 항목들은 반드시 언급되어야 한다. 첫째, 나는 교수를 수행하는 사람을 지칭하기 위해 교수자라는 넓은 의미의 용어를 사용하였다. 이는 이 용어가 특수교사나 일반교사, 보조인력, 관련 서비스 제공자, 또래 교수자 혹은 부모 등을 포함할 수 있기 때문이다. 게다가 나는 교수를 받는 사람을 지칭하기 위해 학습자라는 넓은 의미의 용어를 사용하였는데, 이는 이 용어에 학령 전 아동들, 초등학생부터 고등학생들, 그리고 성인들을 포함할 수 있기 때문이다. 둘째, 나는 내 학생들이나 내가 수행했던 연구의 연구방법에서 활용한 교수 프로그램을 기반으로 하고 있다. 이는 출판된 전문적 특수교육 문헌에 담긴 다른 체계적 교수의 우수한 예들을 무시하는 것이 아니라, 실제 교사들이 자신의 교실에서의 수행을 관찰했던 작업을 강조하기 위함이다. 마지막으로, 나는 이 책에 전개되는 교수 프로그램들을 위한 목표 견본들로 켄터키주(내가 일하고 있는 주)의 Core Content Standards를 이용하였다. 이러한 기준은 이 책의 맥락에서 사용되는 예들로서 의미가 있는 것이지 유사한 교수 프로그램들에서 사용될 수 있는 유일한 적절한 기준으로 해석되어서는 안 된다. 사실, 이 책이 출판될 시점에 국가 기준(Core Content Standards)을 미국 전역에서 채택하고자 하는 움직임이 있었고, 켄터키주는 이 책에서 사용된 기준을 대체할 새로운 기준을 채택하였다. 따라서 독자들은 자신의 교수 프로그램을 개발할 때 각 주의 최신 기준들에 대한 자문을 받아야 한다.

참고문헌

Wolery, M., Ault, M.J., & Doyle, P.M. (1992). *Teaching students with moderate to severe disabilities.* New York, NY: Longman.

추천사

겨우 약 40년 전, 중도장애(예 : 자폐성 장애, 감각 및 지체장애를 수반하는 지적장애를 포함하여 중등도에서 중도에 이르는 지적장애 등)를 지닌 학생들이 그들로 하여금 자신을 돌보고, 가족 구성원 및 친구들과 함께 의사소통하고 어울리며, 지역사회에서 독립적으로 기능하고, 다양한 종류의 직업을 찾을 수 있도록 하는 기술들을 배울 수 있는지에 대해 알려진 바는 비교적 적었다. 1970년대 중반까지 중도장애를 지닌 학령기 학생들은 공교육에의 접근을 일상적으로 거부당하였고, 중도장애를 지닌 더 나이 어린 아동들(유아들, 영아들, 그리고 학령 전 아동들)은 1980년대 말에서 1990년대 초까지 교육이나 조기중재 서비스에의 접근을 승인받지 못했다. 더욱이 그들을 가르치는 방법에 대해서 알려진 것은 비교적 적었다. 하지만 많은 것이 변했다! 물론 이러한 교육에의 접근은 소송과 부모들 및 부모 조직들의 옹호, 그리고 용감한 입법자 등의 수고와 노고의 결과였다. 비록 어떤 경우에는 연구영역에서 서비스의 속성을 형성했다 하더라도, 연구영역은 교육의 중요성에 대해서는 상대적으로 적게 주장하였다.

그러나 "중도장애인들에게 무엇을 가르쳐야 하는가?", "그 사람들은 어떻게 학습하는가?", 그리고 "그 사람들의 교수와 관련된 경험을 어떻게 조직해야 하는가?" 등과 같은 질문에 대한 답변이 마련되어 있지 않다면 교육에의 접근은 가치가 거의 없을 것이다. 이러한 질문들에 대하여 실행 가능한 답변들을 제공하는 데 있어 해당 영역의 연구자들이 중요한 역할을 했으며, 이 책에서 Collins는 해당 문헌들을 요약했고 기술하였다. 수년 동안 몇몇 일반적인 연구결과들이 나타나게 되었다. 첫째, 중도장애인들은 자신의 삶의 질을 향상시키는 기술들(기능적 기술들)을 배울 수 있었다. 둘째, 비장애학생들이나 경도장애 학생들에게 사용된 접근방식들은 중도장애인들에게는 효과적이지 않은 경향이 있었다. 셋째, 하나의 환경에서 한 사람의 교수자와 함께 어떤 기술, 심지어 기능적 기술조차 이를 구사하도록 배우는 것은 중도장애인들이 해당 기술을 필요로 하거나 유용할 때에는 언제나 그리고 어디에서나 그 기술을 적용할 것이라는(즉, 해당 기술을 유지하고 일반화할 것이라고) 의미는 아니었다. 달리 말하면 그들은 나머지 우리와 유사했다는 것이다. 즉, 종종 우리는 대학에서 기술들(예 : 특정 교수 실제들, 진전 모니터링, 자료-결정 규칙 등)을 배우지만 그 기술들을 공립학교 교실에 적용하는 데 실패하곤 한다. 넷째, 중도장애인들 중 많은 사람들이 또래의 비장애학생들이 다니는 학교에서 기능적 기술들을 학습할 수 있었다(특수학교는 필요하지 않았다). 다섯째, 교수자 1인에 학생 1인과는 다른 교수적 배치(예 : 소집단 교수)가 효과적이었다. 여섯째, 의도적인 그리고 체계적인 교수가 종종 필요했다. 의도적이라는 단어는 특정 기술들이 목표가 되었고, 교수가 어떤 목적을 갖고 빈번하게 그리고 규칙적으로 지도했음을 의미하는 것이다. 체계적이라는 단어의 의미는 정확한 계획서와 함께 구체적인 절차들이 활용되었고, 그 결과들이 관리되었으며, 자료를 바탕으로 조정이 이루어졌다는 것을 의미한다.

제1장에 기술된 것처럼, 차별 강화 및 자극 통제의 전이, 그리고 사회적 학습이론 등을 강조하고, 관찰과 모방을 통한 학습을 강조한 행동주의적 전통은 체계적 절차의 개발 및 평가를 위한 개념적 토대로 활용되었다. 그 절차들을 평가하는 데 사용된 연구 접근방식은 응용행동분석이었다. 이 전통으로부터 절차의 신중한 기술과 실행, 증거 창출을 위해 반복 논리를 채택한 시계열 설계의 활용, 성과의 지속적·연속적 측정 활용, 그리고 성과 및 절차의 접근 가능성이 갖는 사회적 중요성에 대한 평가 등을 강조하게 되었다.

이 책을 쓴 Belva Collins를 포함한 연구자들 중 실질적인 핵심 집단은 체계적 절차들과 계획서를 개념화하고, 개발하고, 평가하고, 다듬고, 그리고 반복했다. 그 연구자들은 수많은 교수 절차들(예 : 반응 촉진 절차, 제3, 4장 참조)의 효과를 기록한 많은 연구들을 만들어냈다. 이들은 이 절차들이 견고하면서 유연한 경향성이 있음을 발견하였다. 연구자들은 어떤 절차가 효과적인지 그렇지 않은지와 같은 단순한 질문 수준을 훨씬 넘어서 교수의 효율성을 비교하고 증진시키기 위해 교수의 형태 및 배치에 대한 연구들을 진행하였다(제5장 참조). 대다수의 교육 및 특수교육 연구와는 달리, 이 책에서 추천된 절차들의 상대적인 효율성이 알려져 있거나 혹은 최소한 부분적으로나마 알려져 있다. 간단히 말해서 이 일군의 연구들은 "이 절차들은 누구에게, 어떠한 조건하에서, 그리고 어떤 기술들이 효과적이고 효율적인가?"와 같은, 실행가들이 하게 될(혹은 해야 할) 질문에 답하고 있다는 것이다. 이 문헌의 또 다른 독특한 측면은 연구들이 수행된 방식이다. 첫째, 연구자들은 종종 기술들의 유지 및 일반화를 적절한 맥락 전반에 걸쳐 측정하였다. 둘째, 연구자들은 '직접 세기'를 활용하여 연구들의 절차에 대한 충실성을 측정하였다. 따라서 연구들의 절차적 충실성은 알려져 있다. 셋째, 연구자들은 또한 발달에 있어 중도장애인들이 교육 서비스를 받는 실제 학교, 프로그램, 그리고 지역사회에서 자신의 연구를 수행하는 경향이 있었다. 넷째, 연구자들은 종종 자신의 연구에서 가르칠 것에 대한 의사결정을 하는 데 있어 연구 대상의 가족 혹은 교사들을 참여시켰다. 마지막으로, 연구자들은 종종 자신의 연구에서 실행가로서 연구 대상의 양육자와 교사들을 참여시키기도 하였다. 그 결과는 절차적 매개변수가 알려져 있고 생태학적으로 타당한 수많은 효과적인 교수 실제들이었다. 실제라는 맥락에서 교수 실제들의 효과성 및 효율성이 설명되고 있다.

그러나 이 책은 단순히 몇 안 되는 매우 효과적인 실제에 대한 것이 아니다. 공교육의 목적은 오래 지속되고, 그러한 기술들을 배운 곳 이외의 상황에서 학습자들에게 유용한 기술들을 가르치는 데 있다. 제7장은 교수 기술에 대해 우리가 알고 있는 것에 대한 실질적인 요약을 제시하고 있고, 학습자들로 하여금 기술들을 유지하게 하고 그 기술들이 필요할 때 적절한 상황에서 해당 기술들을 적용하는 방식으로 제공하고 있다. 제8장에서는 중도장애 학생들에게 핵심 내용을 기능적인 것으로 만드는 방법에 대한 설득력 있는 논의를 제시하고 있다. 이 솔직한 논의는 실제적 적용에 수반되는 몇몇 매우 깊은 사고의 결과물이다. 비록 이 책의 상당 부분은 교사들이 자신의 학생들을 위해 교수적 경험을 어떻게 수행해야 하는지에 초점을 두고 있다 하더라도 Collins는 초임교사들에게 매우 유용한 논의를 제9, 10장에 제공하고 있다. Collins는 학교에 있는 다른 사람들(예 : 다른 전문가들, 학생들의 또래들, 보조교육자들)을 참여시키는 데 초점을 맞추고 있다. Collins는 학교에서의 하루 일과를 조직하고 구조화하는 방법 또한 기술하고 있다. 초임교사들은 이러한 정보가 매우 유용하다는 것을 알게 될 것이다. 마지막 장은 교수를 목적으로 공학 활용에 대한 개념을 소개하고 있다.

Collins는 이 책에서 매우 많은 분야를 다루고 있고, 이는 각 장에서 얼마나 자세하게 다루어야 하는지에 대해 많은 선택을 했음을 의미한다. 일반적으로 그러한 결정들은 정확했다. 이것은 각 실제나 쟁점에 대하여 기존 연구를 아주 많이 인용하며 포괄적으로 처리한 것은 아니다. 그리고 이것은 상급 수준의 학자들을 위한 참고문헌 출처가 아니다. 오히려 핵심적인 정보는 중도장애 학생들을 위한 증거기반 실제들을 제공하는 데 매우 중요한 실제들과 쟁점들을 다루고 있다. 이 정보는 매우 이해하기 쉬운 방식으로 제공하고 있다. 대학의 학부 학생들은 이 책에 제시된 쉽게 이해할 수 있는 유용한 예들과 함께 정보들로 가득 차 있음을 발견하게 될 것이다. 교수자들은 이 책이 매우 유용하며 이 책을 활용하여 강의를 보다 쉽게 조직할 수 있는 책이라는 것을 알게 될 것이다. Collins는 이 책에 많은 '교육학적 요소들'을 포함시켜 놓았다. 이러한 요소들은 실제로 효과가 있다! 각 장에 제시된 분명하게 진술된 목표와 해당 장에서 사용되는 용어들의 목록, 교수 프로그램, 그리고 성찰을 위한 질문들 등이 그것이다. 이러한 요소들은 내용을 습득하는 데 방해가 되지 않는다. 이 요소들은 내용을 보충하고 어떤 경우에는 각 장에 대한 선행 조직자로 이용된다. 게다가 부록에는 선정된 절차들에 대한 순서도와 자료 수집용지 견본, 그리고 내용별로 나뉜 출처 등이 포함된다. 정확한 용어 해설도 포함되는데, 이는 종종 찾아보게 될 것이 틀림없다.

기대한 대로 Collins는 매우 유용하고 잠재적으로 중요한 책을 제시했다. Collins는 많은 문헌들을 썼고 이를 다듬었으며, 중요한 요소들을 발견했고, 그리고 그 요소들을 분명하게 기술했다. 이는 Collins처럼 재주가 많은 연구자들에겐 어려운 작업이다. 그러한 사람들 대부분은 단순하고 이해하기 쉬운 방식으로 글을 쓰지 못한다. 이 분야는 Collins의 기여에 대하여 Collins에게 고마워할 것이고, 초임교사들은 자신의 직업에서 더 숙련될 것이며, 더 많은 것을 더 적은 시간에 배울 교사들이 중도장애 학생들을 가르치고, 그리고 그 학생들의 가족은 성과에 만족해 할 것이다. 이것은 작은 업적이 아니다!

Mark Wolery

밴더빌트대학교, 피바디칼리지(내슈빌, 테네시)의

특수교육과 교수이자 학장

차례

CHAPTER

10 교수일정과 학급환경의 준비

CHAPTER

11 공학 활용 지도

CHAPTER 1

효과적인 실제를 활용한 중등도 및 중도장애 학생 지도

목표

이 장을 마치면 독자는

- 교수적 시도의 요소를 목록화하고 기술할 수 있다.
- 연쇄 과제를 분석하고, 전진형 연쇄와 후진형 연쇄, 전체 과제 제시 등, 세 가지 교수 형태 전반에 걸쳐 연쇄 과제를 어떻게 가르치는지 기술할 수 있다.
- 정반응에 뒤따라오는 후속 결과를 제시하기 위한 원리들을 진술할 수 있다.
- 일반적인 그리고 특정적인 주의집중 단서들과 반응들의 예를 제공하고, 특정한 한 가지 단서를 전달할 기준들을 기술할 수 있다.
- 반응 촉진의 예들을 제공하고 주어진 목표 기술과 학습자에게 적절한 위계 안에 반응 촉진을 배열할 수 있다.
- 집중, 분산, 혹은 분포 시행 제시 형태를 구분할 수 있다.
- 학습의 네 가지 단계들을 목록화하고, 각 단계들을 다루기 위해 관찰 가능하고 측정 가능한 행동 목표들을 작성할 수 있다.

핵심 용어

간격 시행 방식	반응	유창성	차별 강화
개별 행동	반응 촉진	응용행동분석(ABA)	촉진
고정비율 강화계획	반응 카드	일반화	촉진체계
과제분석	분산 시행 방식	자극	측정 가능 행동
관찰 가능 행동	삽입 교수	자극 촉진	통제 촉진
교수 시행	선행사건	자극 통제	합창 반응
교수 프로그램	습득	전진형 연쇄	행동
교수 회기	신체적 촉진	전체 과제 제시	행동적 목표
모델 촉진	언어적 촉진	주의집중 단서	후속 결과
몸짓 촉진	연쇄 과제	주의집중 반응	후진형 연쇄
무오류 학습	유지	집중 시행 방식	

중등도 및 중도장애 학생들에게 체계적 교수를 실행하기 위한 절차를 활용하기 전에 **응용행동분석**(applied behavior analysis, ABA; Alberto & Troutman, 2009)의 원리에 대한 기초적인 이해와 교수 요소들에 대한 기본적인 지식이 필요하다. 이 장은 교수 요소의 예를 정의, 기술, 제공함으로써 그 기반을 제공하고, 그 요소들을 보여주는 수업계획의 예시를 보여줌으로써 끝을 맺는다.

체계적 교수의 기본 요소

직접교수를 활용한 **교수 프로그램**(instructional programs)은 개별적인 **교수 회기**(instructional sessions)들로 구성되며 교수 회기들은 개개의 **교수 시행**(instructional trials)으로 구성된다. 교수 회기는 단 한 번의 교수 시행으로 혹은 교수자가 학습자들이 목표 행동이나 기술을 수행하기 위해 충분한 기회를 가질 필요가 있다고 여기는 만큼의 회기들로 구성될 수 있다. 교수 프로그램은 학습자들이 행동 수행에 대한 기준에 도달할 때까지 매일매일의 회기 전반에 걸쳐 교수가 계속된다는 점에서 수업계획과 다르다. 수업계획은 보통 특정 주제에 대한 단 하루의 교수를 다룬다. 교수 프로그램에서 목표로 하는 행동들에 대한 교수는 모든 수업계획에 삽입될 수 있다. 예를 들어, 의사소통 기술을 위한 교수 프로그램은 과학이나 언어, 수학, 혹은 사회 과목 수업 전반에 걸쳐 삽입될 수 있다. 일반적으로 어떤 학습자가 어떤 행동을 수행해야 하면 할수록 학습은 더 빨리 일어난다.

교수 시행

체계적 교수의 각각의 시행에는 세 가지 기본적인 요소, 즉 **선행사건**(antecedent), **행동**(behavior), 그리고 **후속 결과**(consequence) 등이 포함된다. 이 요소들은 교수 시행의 A-B-C라고 하면 기억하기 쉽다. 선행 사건은 행동 혹은 **반응**(response)에 선행하는 **자극**(stimulus)이고, 후속 결과는 행동 다음에 온다. 교수 시행의 한 가지 방식은 간단한 공식, 즉 A → B → C(A=선행사건, B=행동, C=후속 결과) 혹은 S → R → C(S=자극, R=반응, C=후속 결과)를 통해 체계적 교수를 상상하는 것이다(Collins, 2007, p. 119). 이 책 전반에 걸쳐 선행사건과 자극이라는 용어들은 행동과 반응이라는 용어처럼 혼용하여 사용된다.

선행사건 혹은 자극에 항상 정반응이 뒤따른다면, **자극 통제**(stimulus control)가 확립된다(Wolery & Gast, 1984). 교수의 목적은 특히 자연스러운 조건하에서 자극 통제를 확립하는 데 있다.

행동

목표 행동은 교수자가 학습자가 습득하기를 원하는, 따라서 교수의 목표가 되는 행동이다. 행동 혹은 반응은 선행사건 혹은 자극에 뒤이어 나타난다. 학습자들의 반응을 기록할 때 행동은 **관찰 가능**(observable)하고 **측정 가능**(measurable)해야 한다는 점은 중요하다. 어떤 학습자가 느끼거나 생각하거나, 인식하거나 혹은 이해하는 것이 교수자가 보고 측정할 수 있는 어떤 감지할 수 있는 방식으로 표현되지 않는다면, 이를 안다는 것은 불가능한 일이다. 예를 들어, 음악에 반응하여 올려다보며 미소 짓는 어떤 학습자는 인식을 표현하고 있는 것일 수 있고, 문장을 만들기 위해 새로운 방식으로 단어를 조합하는 어떤 학습자는 문장 쓰기의 기법에 대한 이해를 보이는 것일 수 있다. 인식은 측정할 수 없지만 미소의 존재는 측정할 수 있다.

이와 유사하게 이해는 측정할 수 없으나 의미를 나타내기 위해 문장 부호와 함께 명사와 동사를 조합하는 능력은 측정할 수 있다.

개별 행동과 연쇄 행동

학습자에게 가르친 모든 행동들은 개별 행동과 연쇄 행동으로 분류될 수 있다(Alberto & Troutman, 2009; Collins, 2007). **개별 행동**(discrete behavior)은 단일 단계로 구성된다. 행동을 관찰할 때, 행동이 발생하거나 발생하지 않는다. 예를 들어, 어떤 학습자는 하나의 단어를 읽거나, 하나의 문자를 쓰며, 단순한 반응으로 질문에 답하거나, 누군가와 인사하며 "안녕하세요"라고 말하거나, 혹은 선생님의 주의를 끌기 위해 손을 들 때 개별 행동을 수행하고 있는 것이다.

연쇄 과제(chained task)는 더 복잡한 행동을 수행하기 위해 서로 연결된 개별 행동들로 이루어진다. 연쇄 과제가 관찰될 때, 각 단계는 개별적으로 보여 행동이 발생했는지 그렇지 않은지 알 수 있다. 예를 들어, 어떤 학습자는 문장을 읽기 위해 단어 몇 개를 함께 연결하거나, 일련의 문자들을 써서 단어를 만들거나, 생각한 것을 전달하기 위해 몇 개의 단어들을 말함으로써 의사소통을 하거나, 혹은 수업을 준비하기 위해 일련의 행동들을 수행할 때(예 : 문을 열고, 교실로 들어가, 책상 앞에 앉아서, 책을 꺼내고, 정확한 페이지를 펼친다) 연쇄 과제를 하고 있는 것이다.

과제분석(task analysis)은 연쇄 과제를 작은, 별개의 행동이나 단계로 나누는 방법이다(Alberto & Troutman, 2009). 단계 수는 학습자의 능력에 달려 있다. 예를 들어, 이름을 쓰는 것은 경도 지적장애 학습자에게는 개별 과제로 간주될 수 있고, 중등도 지적장애 학습자를 위해 개별 알파벳 문자로 나누어질 수 있으며, 그리고 중도 지적장애 학습자에게는 알파벳 문자 각각을 형성하는 데 필요한 각 획들로 더 나누어질 수 있는 것이다. 비록 교수자들이 교수가 진행되는 동안 하나의 연쇄 과제의 각 단계들을 수행하기 위한 과제 지시를 제공할 수 있다 하더라도, 목적은 연쇄 과제의 단계 하나를 완성하는 것이 시간이 지나면서 학습자들에게 연쇄 과제의 다음 단계를 수행하게 하는 자연스러운 자극이라는 결과를 낳게 될 것이라는 데 있다. 예를 들어, 수도꼭지를 잠그는 것을 위한 자연스러운 자극은 물이 가득 찬 컵이지 교수자가 "수도꼭지를 잠가야지"라고 말하는 것이 아니다. 몇몇 연쇄 과제에서는 학습자들이 특정 순서로 단계들을 수행할 필요가 있다(예 : 길 건너기). 다른 연쇄 과제들에서는 만일 학습자들이 희망했던 결과가 산출되기만 하면 단계들을 순서에 관계없이(즉, 기능적 순서로) 수행하더라도 받아들여질 것이다(예 : 샌드위치를 만들 때 빵에 땅콩버터를 바르든 젤리를 넣든).

연쇄 과제를 가르치는 형태에는 (1) **전진형 연쇄**(forward chaining), (2) **후진형 연쇄**(backward chaining), (3) **전체 과제 제시**(total task presentation)의 세 가지가 있다(Alberto & Troutman, 2009). 전진형 연쇄는 한 번에 과제분석의 단계 하나를 가르칠 때 발생한다. 교수자는 한 단계를 완전히 익혔을 때 모든 단계들이 학습될 때까지 순서대로 다음 단계를 교수하기 시작한다. 비록 이러한 과정이 시간은 많이 걸리지만, 단 한 단계를 배우는 데 많은 시간을 요구하는 중도장애 학습자들을 가르치는 데에는 효과적인 방식일 수 있다. 학습자에게 자신의 이름 중 첫 문자를, 다음 문자를 가르치기 전에 완전히 익히도록 가르치는 것이 하나의 예가 될 것이다. 후진형 연쇄는 교수자가 학습자를 위해 순서 중 마지막 단계를 제외한 모든 단계들을 수행하고, 그리고 나서 마지막 단계를 학습자에게 가르칠 때 발생한다. 학습자가 순서의 마지막 단계를 완전히 익혔을 때 교수자는 마지막 두 단계들을 가르친다. 교수는 학습자가 모든 단계들을 완전히 익힐 때까지 이렇게 후진하는 방식으로 진행된다. 이 형태 또한 시간이 많이 걸리지만, 학습자로 하여금 과제를 완수하기 위해 강화를 받을 수 있게 하는 이점이 있다. 학습자가 신발 끈을 팽팽하게 당겨 나비 모양의 매듭으로 단단히 매면 이에 대해 칭찬을 받는 마지막 단계를 제외하고 교수자가 신발 끈을 묶는 모든 단계들을 수행하는 것이 한 가지 예가 될 것이다. 다시 이 절차는 중도장애 학습자들에게 적절할 것이다. 전체 과제 제시는 어떤 과제를 제시하는 가장 자연스러운 방식이다. 각각의 교수 시행이 진행되는 동안 학습자는 연쇄의 각 단계들을 수행할 기회를 갖는다. 이것이 학습자로 하여금 이미 알고 있는 단계들을 수행하게 하고 아직 완전하게 익히지 못한 단계들에 대한 교수를 받게 할 수 있다. 교수자의 판단은 서로 다른 학습자들에게 서로 다른 과제를 가르칠 때 어떤 형태가 사용되어야 하는지 결정한다. 만일 전체 과제 제시 형태가 어떤 학습자를 어쩔 줄 모르게 만든다면 교수자는 전진형 혹은 후진형 연쇄 형태로 가르치기로 결정할 수 있다.

선행사건

선행사건은 교수자가 어떤 학생이 수행하기 바라는 행동에 선행하는 자극이다(Alberto & Troutman, 2009; Collins, 2007). 우리의 일상생활에서 이에 대한 예는 끝이 없을 것이다. 초인종이 울리는 것은 문을 열러 나가게 하는 자극이다. 해질녘 어두워지는 것은 불을 켜게 만드는 자극이다. 음식이 타는 냄새는 스토브에 어떤 요리가 남아 있는지 확인하게 하는 자극이다. 컴퓨터에 어떤 메시지가 들어왔을 때의 알림음은 이메일을 확인하게 하는 자극이다. 학습자들이 자연스러운 자극들에 대한 반응으로 습득한 행동들을 제때에 수행하게 될 것이라는 점이 학습자들을 위한 목적이다. 그러나 학습자들을 가르치는 동안 교수자는 원하는 행동으로 귀결될 선행사건이 이들에게 있음을 확실히 해야 한다. 이는 대부분 "이 페이지에 있는 단어들을 읽어라" 혹은 "이 수학 문제들을 풀어라"와 같은 과제 지시가 주어짐으로써 행해진다. 이러한 점은 교수자가 자신에게 하기 바라는 것을 학습자들에게 알려주며, 자연스러운 선행사건(이 예에서는 단어들이 적혀 있는 페이지나 수학 문제가 있는 학습지)과 짝을 이룬다. 과제 지시가 자연스러운 자극과 짝을 이룸으로써 학습자들이 시간이 지나면서 과제 지시 없이 가까이에 있는 과제를 완수하기 시작할 것이다. 더 기능적인 생활 기술로는, 길을 건너는 데 있어 자연스러운 자극은 초록색 '가시오' 신호이다. 하지만 이 기술을 처음 가르칠 때 교수자는 학습자들이 훈련되지 않은 자극에 정확하게 반응할 것이라고 기대하는 대신 "길을 건너라"라는 과제 지시를 주고, 그러고 나서 이들에게 다가오는 차가 없을 뿐 아니라 초록색 '가시오' 신호가 켜질 때까지 기다리도록 가르친다.

후속 결과

정반응이 증가한다면, 모든 행동 혹은 반응에 후속 결과가 뒤따라오는 것은 중요하다(Alberto & Troutman, 2009; Collins, 2007). 후속 결과는 학습자가 반응이 정확했는지 그렇지 않은지 알게 하는 피드백으로 구성된다. 칭찬이나 우수한 성적 등과 같은 후속 결과는 학습자에게 반응이 정확했음을 알려준다. 그리고 만일 그 피드백이 학습자에게 강화로 작용한 것이라면 학습자는 미래에 동일한 반응을 보일 가능성을 높여준다. 오류 교정은 학습자로 하여금 반응의 잘못된 지점과 반응이 어떻게 수행되었어야 하는지 알 수 있게 해준다. 학습자에게 오류를 교정하게 하는 것은 학습자가 정반응을 연습할 수 있게 해주고, 학습자가 앞으로 반응하는 방법을 회상할 가능성을 증가시켜주는 것이다.

정반응에 뒤따르는 강화를 전달할 때도 지켜야 할 몇 가지 규칙들이 있다(Alberto & Troutman, 2009). 첫째, 학습자들에게 후속 결과에 대한 강화를 제공하는 것과 모든 학습자가 동일한 후속 결과로 강화된다고 가정하지 않는 것은 중요한 일이다. 예를 들어, 촉각 방어가 있는 어떤 학습자는 어깨를 가볍게 토닥이는 것에 강화되지 않을 수 있다. 둘째, 강화물들이 반복적으로 사용될 때 그 강화물들은 효력을 잃을 수 있기 때문에 강화물들을 다양하게 준비하는 것이 중요한 일이다. 예를 들어, 칭찬의 말은 "잘했어", "대단해", "멋지게 해냈어", 그리고 "훌륭하게 했어!" 등이 포함될 수 있다. 셋째, 설명이 부가된 칭찬의 말은 학습자들에게 정확한 피드백을 제공하기 때문에 최소한 처음에는 이런 말을 학습자에게 해주는 것이 도움이 될 수 있다. 예를 들면 "나는 줄 위에 띄어쓰기를 하면서 성과 이름을 쓰는 너의 방식이 마음에 들어" 혹은 "손을 잘 씻었구나, 정말 깨끗해!" 등과 같이 말할 수 있다. 넷째, 학습자들이 기준에 도달할 때까지 모든 교수 시행에서 강화를 제공하는 것은 중요한 일이다. 일단 기준에 도달하면, 제7장에 기술된 것처럼 강화는 서서히 없앨 수 있다. 다섯째, 강화는 연령에 적합해야 한다. 예를 들면, 먹을 것이나 스마일 스티커 등은 나이 든 학습자들에게 적절하지 않을 수 있고, 중도지적장애 아동이나 학습자에게는 점수를 얻었다는 개념을 파악하지 못하게 할 수 있다. 마지막으로, 먹을 수 있는 것과 같은 인위적인 강화물은 아껴서 필요할 때에만 사용해야 한다. 모든 경우에서, 사회적 칭찬과 같은 자연스러운 강화물이 더 가치 있는 것이 되어갈 수 있도록 인위적 강화물은 서서히 없애 나가도록 하고, 인위적인 강화물은 자연스러운 강화물과 짝지어져야 한다.

염두해 두면 좋은 원칙은 행동이 증가하지 않는다면 후속 결과는 정적 강화물이 아니라는 것이다. 때때로 교수자들은 학생들이 반응하도록 동기를 부여하기 위해 강화물을 바꾸거나 보강할 필요가 있다는 것을 알게 될 것이다. 또한 만일 어떤 학습자가 교사의 지원에 의존하게 된다면 강화는 독립적인 반응을 보일 때만 제공되고 학생들이 지원을 받는 동안에는 철회되는 **차별 강화**(differential reinforcement)를 활용하는 것이 유용하다(Alberto & Troutman, 2009).

주의집중 단서 및 반응

모든 교수 시행 전에는 학습자들이 주의집중하도록 하는 것이 필요하다. 학습자들은 반응하는 방법을 알고 학습이 일어날 수 있도록 자극과 과제 지시에 주의를 기울일 필요가 있다. 학습자의 주의집중을 확보하는 데에는 (1) 일반적인 **주의집중 단서**(attentional cue), (2) 특정 주의집중 단서 방식이 있다(Collins, 2007). 이와 유사하게, 학습자들이 반응하는 데에도 (1) 일반적인 **주의집중 반응**(attentional response)과 (2) 특정 주의집중 반응의 두 가지 방식이 있다. 이러한 반응들은 교수자로 하여금 학생이 주의를 기울이고 있고 배울 준비가 되어 있음을 알게 해준다. 주의집중 단서를 추가하는 것은 이전 공식을 AC → S → R → C(AC＝주의집중 단서, Collins, 2007, p. 123)로 바꾸게 될 것이다.

대다수의 학습자들은 학습에 대한 준비도를 의미하는 일반적인 반응을 제공함으로써 일반적인 주의집중 단서에 반응하게 될 것이다. 일반적인 주의집중 단서에는 많은 유형이 존재한다. 교수자는 학습자의 이름을 부를 수 있고, "준비됐니?" 혹은 "여기를 봐" 또는 "나를 봐" 등과 같은 교수가 시작될 시간임을 의미하는 무엇인가를 말할 수 있으며, 혹은 불을 켰다 껐다 하거나, 목소리를 크게 했다 작게 했다 하는, 또는 학습자의 어깨를 만지는 것처럼, 학습자의 반응을 얻는 행동을 할 수도 있다. 역으로, 학습자는 교수자와 눈 맞춤을 하거나 동의를 의미하는 음성언어적 반응(예 : "그래요")을 보이거나, 혹은 조용히 앉아서 앞으로 있을 지시를 듣거나 하는 등, 어떤 방식으로든 주의를 기울이고 있음을 알 수 있도록 반응해야 한다. 일단 주의집중이 확보되면 교수자는 학습자가 반응하도록 특정 자극을 자유롭게 전달할 수 있게 된다. 예를 들어, 다음에 제시된 교수자와 학습자 간에 주고받는 말들은 교수 시행을 시작할 수 있다.

일반적인 주의집중 단서 : "카이아, 공부할 준비가 됐니?"

일반적인 주의집중 반응 : "예"

과제 지시 : "좋아, 그러면 이 질문에 대답을 해보렴. 미국 대통령은 누구지?"

어떤 학습자들에게는 일반적인 주의집중 단서가 주의집중을 확보하는 데 충분치 않다. 어떤 학습자들은 쉽게 산만해지거나 자연스러운 일반적 단서들을 알아채지 못하게 만드는 감각장애(예 : 교수자를 못 보거나 교수자의 말을 못 듣는)를 지니고 있을 수 있다. 이러한 경우에 교수자는 주의집중을 하고 있음을 보여주는 특정 반응을 수행하도록 학습자에게 요청하는 특정 주의집중 단서를 활용할 수 있다. 특정 주의집중 단서들은 학습자에게 어떤 행동을 하거나 제시된 과제와 관련이 있을 수도 있고 없을 수도 있는 음성언어적 반응을 하도록 요구할 수 있다. 다음의 상호작용에서 과제와 관련이 없는 특정 주의집중 단서가 묘사되고 있다.

관련 없는 특정 주의집중 단서 : "카이아, 자리에 바르게 앉은 모습을 보여줘. 그래서 네가 공부할 준비가 되어 있음을 알게 해줘."

관련 없는 특정 주의집중 반응 : 카이아는 말하기를 멈추고, 손을 무릎 위에 올려놓으며, 교수자와 눈 맞춤을 한다.

과제 지시 : "좋아, 이제 질문에 대답을 해보렴. 미국 대통령은 누구지?"

다음의 상호작용은 과제와 관련된 주의집중 단서의 한 가지 예이다.

관련된 특정 주의집중 단서 : "카이아, 이 사진에 있는 남자 사진에 손가락을 올려봐."

관련된 특정 주의집중 반응 : 카이아는 미국 대통령의 사진에 손가락을 올려놓는다.

과제 지시 : "좋아, 이제 질문에 대답을 해보렴. 이 사진에 있는 미국 대통령은 누구지?"

학습자에게 완성해야 할 과제에서 적절한 특징에 주의를 기울이도록 요구하는 특정 주의집중 단서를 제시하는 방식은 많다. 이러한 방식들에는 어떤 단어를 읽도록 요청하기 전에 그 단어를 구성하는 문자들의 이름을 대거나, 어떤 단어를 쓰도록 요청하기 전에 그 단어를 구성하는 문자들을 손가락으로 따라 쓰게 하거나, 혹은 어떤 수학 문제를 풀도록 요청하기 전에 그 문제에 있는 숫자들의 이름을 말하게 하는 것 등이다.

촉진

학습자들이 과제 수행을 성공할 수 있도록 하는 촉진에는 (1) **자극 촉진**(stimulus prompts)과 (2) **반응 촉진**(response prompts)의 두 가지 범주가 있다. 이러한 유형의 촉진을 활용하면 교수가 진행되는 동안 학습자들이 하는 오반응의 수를 감소시켜, 거의 **무오류 학습**(errorless learning)을 할 수 있게 된다(Collins, 2007; Spooner, Browder, & Mims, 2011; Wolery, Ault, & Doyle, 1992; Wolery & Gast, 1984; Wolery & Schuster, 1997). 무오류 학습은 보통 한 교수 회기에서 오류율이 20% 이하인 것으로 정의된다. 무오류 학습은 학습자들이 오류를 저지를 기회를 감소시키고, 정반응을 알 수 없을 때 학습자가 느끼는 좌절을 줄이며, 정반응을 수행하기 위해 강화에 접근하는 것을 증가시켜주기 때문에 이득이 된다. 논리는 만일 어떤 학습자가 행동 수행 방법을 모를 때, 교수자는 학습자로 하여금 좌절하게 만들거나 오반응을 연습하게 하며,

혹은 추측하게 두기보다는 그 행동을 정확하게 수행하도록 촉진을 제공해주어야 한다. 일단 학습자가 촉진을 제공받아 반응을 습득하게 되면 촉진은 서서히 없애 나간다.

자극 촉진

교수에 선행하여 실시되고, 학습자가 정반응을 수행할 가능성을 높여주는 촉진인 자극 촉진은 $S/P \rightarrow R \rightarrow C$($S$=자극, P=촉진, R=반응, C=후속 결과, Collins, 2007, p. 124)로 개념화될 수 있다. 하나의 예로, 빨간색이라는 단어가 빨간색 글씨로 출력되게 하는 것처럼, 교수 자료는 목표 자극에 대해 정반응을 하도록 학습자에게 촉진을 제공하는 체제이다. 시간이 지나면서 학습자가 문자들의 색깔보다는 적절한 자극으로서의 단어의 문자들에 초점을 맞추기 시작함에 따라 빨간색은 서서히 없어질 수 있다. 자극 촉진이 있는 상업용 자료들은 구입할 수 있고, 혹은 공학 활용에 능숙한 교수자가 컴퓨터를 이용하여 자극 촉진을 만들어 제공할 수 있다.

반응 촉진

반응 촉진과 반응 촉진을 활용하는 체계적 절차는 이 책에 기술된 교수의 초점이다. 반응 촉진은 학습자들로부터 정반응을 이끌어내기 위해 교수 시행에 삽입하는 절차로, 반응하는 데 거의 오류가 없게 만들고, 그리고 $S(P) \rightarrow R \rightarrow C$($S$=자극, P=촉진, R=반응, C=후속 결과, Collins, 2007, p. 125)로 개념화될 수 있다.

촉진체계(prompt hierarchy)에는 몇 가지 지원 수준들이 있다. 학습자 및 과제에 따라 촉진은 독립성(어떠한 지원이나 촉진도 필요 없음), **언어적 촉진**(verbal prompt), **몸짓 촉진**(gestural prompt), **모델 촉진**(model prompt), **신체적 촉진**(physical prompt) 등 가장 덜 개입하는 것에서부터 가장 깊숙하게 개입하는 것으로 열거할 수 있다. 언어적 촉진은 (1) 직접적 언어 촉진(예 : "그 단어는 '개'야") 혹은 (2) 간접적 언어 촉진(예 : "그 단어는 '그' 소리로 시작해", "그 단어는 짖는 동물의 이름이야")으로 나뉠 수 있다. 신체적 촉진은 (1) 전체적 신체 촉진(예 : '개'라고 쓰도록 손을 잡고 안내함) 혹은 (2) 부분적 신체 촉진(예 : 손으로 '개'라고 쓰기 시작하도록 쿡 찌르기 혹은 손 대신 손목이나 팔뚝으로 안내함) 등으로 구분해볼 수 있다.

대부분의 반응 촉진 절차들에서 일반적인 규칙은 여전히 가능한 한 정반응을 보일 가능성이 높은 가장 덜 개입적인 촉진을 사용하는 것이다. 정반응을 촉진하는 촉진은 **통제 촉진**(controlling prompt)이라고 불린다(Collins, 2007; Wolery et al., 1992). 몇몇 경우에서는 촉진을 짝짓는 것이 바람직하다. 예를 들어, 어떤 교수자는 신체적인 안내가 필요한 학습자를 위해 언어적 촉진을 신체적 촉진과 짝지을 수 있다. 그 교수자는 그러고 나서 학습자가 언어적 지시에 반응하기 시작할 때 신체적 촉진을 서서히 없앨 수 있다. 활용되는 촉진의 유형과 관계없이 모든 촉진들은 시간이 지나면서 학습자가 행동을 독립적으로 수행할 능력을 습득해 감에 따라 서서히 없애나가야 한다.

시행 방식

앞에서 언급했듯이 각 교수 시행은 선행사건 혹은 자극, 행동 혹은 반응, 그리고 후속 결과로 구성된다. 교수 회기는 단일 시행이나 다수 시행으로 구성될 수 있다. 예를 들어, 어떤 학습자는 학교에 도착했을 때 코트를 걸 기회는 한 번일 수 있으나, 해당 학습자는 학교에 있는 내내 또래들과 사회적 인사를 연습할 수 많은 기회가 있을 것이다. 교수가 발생할 수 있는 기본적인 시행 방식은 (1) **집중 시행 방식**(massed trial format), (2) **간격 시행 방식**(spaced trial format), (3) **분산 시행 방식**(distributed trial format)의 세 가지가 있다(Collins, 2007; Wolery et al., 1992). 이 형식들 각각은 장단점이 있다. 세 가지 형식을 활용하는 것이 타당할 때에는 세 가지 형식을 모두 쓰는 게 최선이다. 예를 들어, 새로운 기술을 습득하고 있는 어떤 학습자는 기술에 대한 교수 초기에서는 교수자와 일대일 집중 시행 방식을 요구할 수 있고, 그러고 나서 해당 기회를 분산하여 시행하고 또한 지도받는 집단 상황에서 해당 기술을 다시 연습할 필요가 있을 것이다.

집중 시행 방식

집중 시행은 하나의 교수 시행이 다른 교수 시행 후에 그 시행들 사이에 어떠한 활동도 없이 연달아 발생할 때 일어난다. 집중 시행은 XXXXX(X=목표 기술에 대한 교수 시행, Collins, 2007, p. 122)로 개념화될 수 있다. 교수자는 학습자에게 일련의 시각 단어들을 읽도록 요청하거나 간식 시간 전에 학급 전체에 식사 도구, 접시, 컵을 차려놓거나, 혹은 학습자 자신의 이름과 주소를 쓰는 연이은 시행으로 페이지를 채우게 하는 것처럼 과제 지시를 반복적으로 하나씩 하나씩 제공할 수 있다. 집중 시행은 그러한 시행들이 목표 반응을 연습할 많은 기회를 제공하기 때문에 학습자들이 새로운 행동을 처음으로 배울 때 유익할 수 있다.

간격 시행 방식

간격 시행은 학습자가 반응할 기회를 갖고, 그러고 나서 동일한 기술에 대해 또 다른 시행을 받기 전에 반응에 대해 생각할 얼마간의 시간을 갖거나 다른 학습자들이 반응하는 것을 들을 기회를 얻게 될 때 발생한다. 학습자는 시행과 시행 사이에 어떠한 활동에도 참여하지 않는다. 간격 시행은 XXXXX(X=목표 기술에 대한 교수 시행, Collins, 2007, p. 122)로 개념화될 수 있다. 간격 시행은 모든 학습자들이 동일한 행동에 대해 공부하는 집단 상황에서 자연스럽게 발생한다. 예를 들어, 학습자들은 과학 시간에 질문에 답하도록 번갈아 호명되거나, 하나의 이야기로부터 문장이나 단락을 교대로 읽을 수 있으며, 혹은 물건 구입을 모의 실험하면서 서로 번갈아 가며 돈을 셀 수 있다. 간격 시행은 학습자들을 번갈아 가르침으로써 이들로 하여금 실생활을 준비할 수 있게 해준다. 이와 같은 시행들은 또한 학습자들에게 차례와 차례 사이의 관찰을 통해 서로에게 기술을 습득할 기회도 제공할 수 있다.

분산 시행 방식

분산 시행은 하루 종일 자연스러운 시기에 활동들 전반에 걸쳐 발생한다. 학습자는 교수 시행에 참여할 수 있고, 그러고 나서 다른 교수 시행에 참여할 기회를 갖기 전에 다른 활동에 참가한다. 분산 시행은 XYXYXYXY(X=목표 과제, Y=그날 수행되는 다른 과제들, Collins, 2007, p. 122)로 개념화될 수 있다. 분산 시행은 학생들이 자연스러운 상황 전반에 걸쳐 다양한 사람들이나 자료들에 대해 행동을 수행하는 것을 배우게 되는 일반화를 촉진할 수 있다는 이점이 있다. 학습자가 한 장의 종이에 이름을 반복해서 쓰는 대신, 교수자는 학습자로 하여금 교과 수업에서 사용되는 학습지나 학교에서 하는 활동들의 출석부에, 혹은 체육 수업시간에 사용되는 득점표에 이름을 쓰게 함으로써 교수 시행을 수행할 기회를 갖게 될 것이다. 학습자로 하여금 플래시 카드에 적힌 시각 단어를 읽게 하는 대신 교수자는 목표 단어들이 책이나 신호들, 혹은 상황 전반에 걸친 웹사이트에 나타날 때 교수 시행을 수행할 기회를 갖게 될 것이다.

학습자가 교수를 위한 분산 시행을 활용할 때에는 어떤 기술을 완전히 습득하거나 어떤 행동을 습득하는 것은 더 오래 걸릴 수 있다. 이는 활동, 자료, 상황, 사람들 전반에 걸쳐 시간이 지나면서 시행들을 반복하는 동안 해당 학습자가 반응해야 하기 때문이다. 그러나 해당 학습자가 필요할 때 그 행동을 수행할 수 있기 때문에 결국 습득된 반응은 더 유용할 것이다. 분산 시행들은 다른 활동들을 하는 상황 중에도 발생할 수 있어 **삽입 교수**(embedded instruction)라고도 한다(Grisham-Brown, Schster, Hemmeter, & Collins, 2000).

학습의 단계

이전 논의에서 서로 다른 시행 방식이 학습의 서로 다른 단계들을 촉진하는 데 적절할 수 있음을 언급했다. 학습에는 **습득**(acquisition)과 **유창성**(fluency), 그리고 **유지**(maintenance)와 **일반화**(generalization)의 네 가지 기본적인 단계들이 있다(Alberto & Troutman, 2009; Collins, 2007). 교수는 학습자 개개인과 배우게 될 특정 과제를 위해 학습의 적절한 단계들을 다루도록 설계되어야 한다. 만일 교수가 그렇게 할 수 있도록 설계된다면 한 번에 학습의 단계 중 하나 이상을 다루는 것이 가능할 수 있다.

습득

습득은 새로운 행동이나 반응의 첫 학습이다. 사정 결과 학습자가 해당 행동을 하지 못하는 것으로 밝혀지고 교수팀이 해당 행동이 학습자에게 유익할 것이라고 결정했을 때 교수의 목표가 된다.

유창성

유창성은 어떤 학습자가 특정 행동을 얼마나 잘 수행할 수 있는가를 말한다. 즉, 유창성은 보통 학습자가 얼마나 빨리 반응할 수 있는가를 의미한다. 어떤 행동들은 유창성을 요구한다. 예를 들어, 물건을 구입할 때 물건 값을 지불하기 위해 줄 서 있는 다른 사람들을 기다리게 하지 않고 돈을 세는 것은 바람직한 일이다. 현금 자동 입출금기에 로그아웃되기 전에 개인 식별 번호를 입력할 수 있는 것이 필요하다. 사람들이 지나가 버리기 전에 그들에게 인사를 하거나 반응할 수 있는 능력도 필요하다. 유창성은 또한 정확성을 의미할 수도 있다. 교수자들은 종종 읽기 유창성을 결정하기 위해 1분 동안 정확하게 읽은 단어의 개수 혹은 수학 유창성을 결정하기 위해 1분 동안 정확하게 푼 수학 문제의 개수를 측정한다. 악기를 연주하는 기술에 대한 유창성은 박자는 물론 정확한 음표의 비율로 측정될 것이다.

유지

유지는 어떤 학습자가 시간이 흘렀음에도 어떤 행동을 수행할 수 있는 능력을 일컫는다. 유지는 어떤 학습자가 기준을 충족하였고 강화가 없어졌을 때 측정된다. 예를 들어, 어떤 학습자는 일군의 단어들의 철자를 100% 정확하게 완전히 익혔을 수 있다. 그러나 중요한 것은 해당 학습자가 일주일 혹은 한 달 후에도 여전히 그 단어들의 철자를 쓸 수 있는지 확인하는 것이다. 유지를 촉진하는 방법들은 제7장에서 논의될 것이다.

일반화

학습에서 가장 중요한 단계는 일반화일 것이다. **일반화**는 사람과 상황, 자료, 시간을 포함한 서로 다른 조건 전반에 걸쳐 어떤 행동을 수행하는 능력이다. 예를 들어, 일련의 단어들을 읽는 것을 배운 학습자는 글씨체의 색깔이나 크기에 관계없이 그리고 그 단어들이 학습지에 나오건 책, 혹은 신호들에 나오건 상관없이 그 단어들을 읽을 수 있어야 한다. 만약 학습자들이 일반화를 못하거나 습득된 행동들을 적용하지 못한다면 학습은 의미가 없다. 일반화를 촉진하는 방법은 많은데, 역시 제7장에서 논의될 것이다.

목표

교수자는 교수를 시작하기 전에 앞으로 가르칠 모든 행동에 대한 **행동적 목표**(behavioral objective)(Alberto & Troutman, 2009)를 세우는 것이 매우 중요하다. 목표를 세우는 것은 수업에 초점을 제공하고, 교수자로 하여금 적절한 자료-수집 체제를 만들게 하며, 그리고 어떤 행동을 얼마나 잘 수행해야 그 행동을 완전히 익혔다고 간주되는지 구체적으로 명시해준다. 각각의 행동적 목표들은 (1) 목표가 작성된 대상 학습자(들), (2) 학습자(들)가 수행할 관찰 가능하고 측정 가능한 행동, (3) 해당 행동이 수행될 조건, (4) 어떤 행동이 완전히 습득되었다고 간주될 수 있기 전에 충족되어야 할 특정 기준 등을 구체적으로 명시해야 한다. 다음은 습득에 초점을 맞춘 목표의 예이다.

리플리는 컴퓨터 앞에 앉아 개인 정보를 입력하라는 말을 들었을 때, 자신의 이름과 주소, 그리고 전화번호를 3일 연속 100% 정확하게 입력할 수 있다.

위의 목표는 유창성을 다루기 위해 다음과 같이 바뀔 수 있다.

리플리는 컴퓨터 앞에 앉아 개인 정보를 입력하라는 말을 들었을 때, 자신의 이름과 주소, 그리고 전화번호를 3일 연속 100% 정확하게 1분 이내로 입력할 수 있다.

비록 목표가 3일이라는 조건을 명시하고 있다 하더라도, 시간은 유지를 측정하기 위해 다음과 같이 길어질 수 있다.

리플리는 컴퓨터 앞에 앉아 개인 정보를 입력하라는 말을 들었을 때, 자신의 이름과 주소, 그리고 전화번호를 3일 연속 100% 정확하게 입력할 것이고 그 기술을 이번 학년도가 끝날 때까지 유지할 수 있다.

목표는 일반화를 촉진하기 위해 다음과 같이 확대될 수도 있다.

리플리는 컴퓨터 앞에 앉아 개인 정보를 입력하라는 말을 들었을 때, 자신의 이름과 주소, 그리고 전화번호를 3일 연속 100% 정확하게 다음과 같은 활동들 전반에 걸쳐 입력할 수 있다.

- 컴퓨터실에서 과제를 할 때
- 노트북 컴퓨터로 지원서를 작성할 때
- 교실에 있는 컴퓨터로 과제를 할 때

원하는 경우, 목표는 다음과 같이 학습의 모든 단계들을 다룰 수 있다.

리플리는 컴퓨터 앞에 앉아 개인 정보를 입력하라는 말을 들었을 때, 자신의 이름과 주소, 그리고 전화번호를 3일 연속 100% 정확하게 1분 이내로 입력할 것이고, 다음과 같은 활동들 전반에 걸쳐 그 기술을 이번 학년도가 끝날 때까지 유지할 수 있다.

- 컴퓨터실에서 과제를 할 때
- 노트북 컴퓨터로 지원서를 작성할 때
- 교실에 있는 컴퓨터로 과제를 할 때

교수 프로그램

다음에 제시되는 교수 프로그램들은 비록 이 프로그램들이 반응 촉진 전략을 활용하지 않는다 하더라도, 체계적 교수의 기본 요소들을 보여주고 있다. 비록 그 프로그램의 요소들이 비슷하다 하더라도, 다시 교수 프로그램이 수업계획과 같은 것이 아니라는 것에 주목하는 것은 중요하다. 이전에 언급했던 것처럼, 수업계획은 보통 한 번 가르치는 단일 수업을 위해 설계된다. 교수 프로그램은 학습자들이 기준에 도달할 때까지 반복되는 지속적인 교수 단위이다. 몇몇 경우에는 교수 프로그램이 수업계획 전반에 걸쳐 삽입된 행동들을 다루기도 한다. 예를 들어, 문자 인지를 가르치기 위한 어떤 교수 프로그램은 학습자들이 목표 문자들을 인지하기 위한 시행(예 : 주기율표에 있는 원소들을 알아보기 위해 사용되는 문자들의 이름 말하기, 고대 로마 문명에 대한 단원에서 로마 숫자에 사용된 문자들의 이름 말하기 등)을 받을 기회가 있는 한, 과학과 사회, 언어, 그리고 건강 수업 전반에 걸친 수업계획에 삽입될 수 있다.

교수 프로그램 1

교수자들은 학습자가 회기당 혹은 하루 종일 반응할 더 많은 기회를 가질 때 학습이 더 빨리 일어날 것이라고 기대할 수 있다. 다음의 교수 프로그램은 초등학교 교사가 교수 집단 내의 모든 학습자들로 하여금 어떤 자극이 제시될 때마다 **합창 반응**(choral response)을 할 수 있도록 **반응 카드**(response cards ; Skibo, Mims, & Spooner, 2011)를 활용하여 학습자 1인당 그리고 회기당 반응의 수를 증가시키도록 일간 수업을 어떻게 구조화할 수 있는지에 대한 한 가지 예이다. 이 절차들은 Berrong과 Schuster, 그리고 Morse와 Collins(2007) 등이 수행한 연구에 그 근거를 두고 있다.

핵심 내용 기준

과학
- 학생들은 날씨의 패턴과 날씨 자료들을 기술하여 발견된 패턴을 기반으로 간단한 예측을 하게 될 것이다.
- 학생들은 날씨 자료들을 근거로 그날그날의 그리고 여러 계절 동안의 날씨 변화에 대한 일반화와(혹은) 예측을 할 수 있다.

수학
- 학생들은 돈과 시간(초, 분, 시, 일, 주, 달, 연), 무게(g, kg), 그리고 길이(cm, m, km) 등을 포함한 동일한 측정체제 내에서 단위들을 변환할 수 있다.

행동적 목표

달력을 기준으로 날짜와 날씨, 그리고 공휴일에 대한 질문이 주어질 때, 학습자는 각 질문에 대한 정확한 답을 보여주는 반응 카드를 5일 동안 5초 내에 100% 정확하게 들어 올릴 수 있다.

계속

교수 상황

교수는 각각의 수업일이 시작될 때 초등학교 교실에서 달력을 기준으로 발생한다. 학습자들은 테이블에 둘러앉고 그들 앞에는 자료가 놓여 있다. 학급 보조원들은 과제를 완수하는 데 지원을 요청할 학습자들 뒤에 앉아 있는 것이다.

교수 자료

학생 개개인을 위한 자료는 (1) 각각의 칸에 벨크로 조각이 붙어 있는 가로 8인치, 세로 10인치의 코팅된 빈 달력과 (2) 컴퓨터로 출력한 요일과 월을 가리키는 검정색 단어와 1~31까지와 연도의 숫자, 그리고 공휴일, 특별한 날, 날씨의 그림이 있는 단어가 적혀 있고 뒤에 벨크로가 붙어 있는 작고 코팅된 카드들 묶음으로 구성될 것이다. 교수자는 또한 정반응을 시범 보일 때 사용할 달력 하나와 카드들을 갖고 있을 것이다.

교수 절차

각 교수 시행은 다음과 같이 진행될 것이다.

주의집중 단서	• 교수자는 "달력에 대해 공부할 시간이야. 모두 준비됐니? 좋아 여기를 봐"와 같은 일반적인 주의집중 단서를 제공한다.
과제 지시	• 교수자는 달력에 관한 질문을 한다(예 : "이번 달이 몇 월인지 보여줄 수 있니?").
반응 간격	• 교수자는 학습자들이 정확한 카드를 들도록 5초간 기다린다.
후속 결과	• 교수자는 정확한 카드를 들지 못한 학습자들에게 정반응을 시범 보이면서, 정반응에 대해 칭찬을 한다(예 : "잘했어! 이번 달은 5월이야. 이제 이번 달의 이름을 달력 꼭대기에 붙일 수 있어").
목표 외 정보	• 교수자는 다음 시행을 진행하기 전에 정반응에 대한 진술을 한다(예 : "5월은 1년 중 다섯 번째 달이야. 때때로 사람들은 1년 중 다섯 번째 달을 가리키기 위해 숫자 5를 쓰지. 5월은 날씨가 점점 따뜻해지는 봄에 있어").

자료 수집

교수자는 반응 간격 동안 어떤 학습자들이 오반응을 했거나 반응하는 데 실패했는지 알기 위해 학급을 훑어보고 해당 학습자들의 이름 옆에 빼기 부호를 재빨리 기록한다. 수업이 끝날 때, 교수자는 다시 처음으로 돌아가 정반응을 보인 학습자들의 이름 옆에 더하기 부호를 기록한다. 그림 1.1에서 작성된 자료용지 견본을 볼 수 있다.

유지

일단 모든 학습자들이 하루 동안 100% 정반응이라는 기준을 충족한다면, 교수자는 모든 학습자들이 5일 동안이라는 기준을 충족할 때까지 정반응에 대한 칭찬의 말을 다섯 번에 한 번으로 줄일 것이다[즉, 5 고정비율(fixed ratio), 강화계획(schedule of reinforcement)]. 해당 학기의 남은 기간 동안 교수자는 회기가 끝날 때 학급에서의 수행만을 칭찬할 것이다(예 : "오늘 달력 활동을 하는 동안 정확한 답을 보여주다니 모두 잘했어").

일반화

교수자는 학습자들로 하여금 달력 활동으로부터 얻은 정보를 하루 종일 적용하게 함으로써 일반화를 촉진한다(예 : 과제에 날짜 쓰기, 쉬는 시간에 밖에 나가기 전에 날씨에 대한 토론하기, 공휴일을 주제로 한 예술 활동하기).

행동 관리

교수자는 학습자들이 자신의 자리에 앉아 주의집중하며 참여하는 것에 대해 주기적으로 칭찬을 제공한다(예 : "나는 너희들 모두 똑바로 앉아서 정답을 찾는 방식이 마음에 들어!").

소집단 자료용지

날짜 : ___2월 4일___　　교수자 : ___워드 선생님___

기술 : ___달력___

질문	학생 이름					
	재키	키스	래리	로키	샌디	세아
월	−	+	+	−	+	−
년	−	+	−	+	+	+
요일	+	+	+	−	−	−
달	+	−	+	+	−	+
공휴일/행사	−	+	−	−	+	+
날씨	−	−	+	+	+	−
정반응 수	2/6	4/6	4/6	3/6	4/6	3/6
정반응 %	33%	67%	67%	50%	67%	50%

주 : +부호는 정반응, −부호는 오반응, 0은 무반응을 의미함

그림 1.1　교수 프로그램 1의 자료용지 견본

수업의 변형 및 확장

비록 달력 활동에 집중되는 교실에서의 시간이 초등학생 학습자들에게는 흔한 일이라 하더라도, 달력 보기 기술들은 중등학교 학습자들에게는 더 나이에 적절한 활동들에 삽입되어야 한다. 예를 들어, 달력 보기 기술은 학급회의를 하는 동안 학습자들에게 자신의 개인 계획표에서 정확한 날짜를 찾고 그날의 일정과 그 주의 활동들에 대한 질문에 답하도록 요청해볼 수 있다. 과학 시간 동안 학습자들은 매일매일의 최고, 최저 기온을 찾아 계절이 바뀔 때 이를 그래프로 만들 수 있다. 사회 시간에는 학습자들이 그날의 신문에서 날짜를 찾고 현재 진행되는 행사(예 : 선거일에 출마한 후보자들)에 대한 질문에 답할 수 있다. 하루 종일 학습자들은 자신의 개인 계획표를 이용하여 날짜를 찾아 그들이 제출하는 과제에 기록할 수 있다.

교수 프로그램 2

두 번째 교수 프로그램에서 교수자는 중등도 및 중도장애 중학생들과 '시간 말하기' 수업을 하면서 반응할 기회를 증가시키기 위해 반응 카드를 활용할 수 있다. 이 절차들은 Horn과 Schuster, Collins(2006) 등이 수행한 연구에 그 근거를 두고 있다.

핵심 내용 기준

수학
- 학생들은 동일한 측정체제 내에서 단위들을 변환하고 이 단위들을 활용하여 실생활 문제들을 해결할 수 있다.

생활/직업
- 학생들은 개인적인 작업 습관/노동관(예 : 존중, 시간 관리, 문제해결) 등을 가려내고 직장에서 그것들의 중요성을 설명할 수 있다.

행동적 목표

시계 문자판에 나타난 시간이 주어졌을 때, 학습자는 정확한 답을 보여주는 반응 카드를 5일 동안 5초 내에 100% 정확하게 들 수 있다.

교수 상황

교수는 수학 시간 동안 학습자들이 각자 책상에 앉고 그들 앞에는 자료가 놓여 있는 상태이고, 학급 보조원들은 과제를 완수하는 데 지원을 요청할 학습자들 뒤에 앉아 있다.

교수 자료

학생 개개인을 위한 자료는 코팅되어 스프링 제본된 카드 한 세트로 구성한다. 카드에는 시간이 검은색으로 인쇄되어 있다. 시와 분에 대한 시간들은 분리되어 있다. 1~12까지의 숫자가 매겨지고 뒤에 콜론[:]이 붙어 있는 '시' 카드는 왼편에, 00~59까지의 숫자가 매겨진 '분' 카드는 오른편에 놓는다. 학습자들은 인쇄된 시간을 보기 위해 '시' 카드와 '분' 카드를 따로따로 넘길 수 있다. 교수자는 모든 학습자들이 볼 수 있을 만큼 큰 진짜 시계를 갖고 있다.

교수 절차

회기당 30번의 교수 시행이 있을 것이다. 각각의 시행은 다음과 같이 진행된다.

주의집중
단서
- 교수자는 "우리는 시간을 말하는 공부를 할 거야. 준비가 되었으면 시간 카드를 들어 봐"와 같은 일반적인 주의집중 단서를 제공한다.

과제 지시
- 교수자는 시계에 특정 시간을 맞추고 언어로 과제 지시를 한다(예 : "이게 몇 시인지 보여줘").

반응 간격
- 교수자는 학습자들이 정확한 시간에 정확한 카드를 넘기도록 5초간 기다린다.

후속 결과
- 교수자는 정반응을 칭찬하고(예 : "잘했어. 12시 25분이야. 시침은 12에 있고, 그리고 분침은 12 뒤에 25를 보여주고 있어"), 오반응을 보인 학습자들에게 오류를 교정하도록 5초의 시간을 준다.

목표 외
정보
- 교수자는 다음 시행을 진행하기 전에 시간에 대한 진술을 한다(예 : "한 시간은 60분이야. 나중에 직업을 가졌을 때 시간을 잘 지킬 수 있도록 시간을 말하는 것은 중요한 일이야").

소집단 자료용지

날짜 :   9월 4일   교수자 :   브록 선생님

기술 :   시간 말하기

시간	앤지	채드	프랭클린	리	제이미	조이	마크	리키	스코티	트리나
				학생 이름						
11:01	+	−	−	+	+	+	−	+	−	+
3:22	+	+	−	−	−	+	+	−	+	+
12:40	−	+	+	+	−	−	−	−	−	−
4:45	−	+	−	+	−	+	+	−	+	−
10:00	+	−	−	+	−	+	−	+	+	−
8:27	−	−	+	−	+	+	−	+	+	+
6:33	+	−	+	−	+	−	−	+	−	−
7:48	−	+	−	−	−	−	+	−	−	+
5:05	−	−	+	+	+	−	+	+	−	+
2:16	−	−	−	−	+	−	+	−	+	+
9:42	+	−	−	+	+	+	−	−	−	+
12:55	−	+	−	−	−	−	+	−	+	+
10:08	−	+	−	+	−	+	−	−	−	−
1:05	+	−	+	+	−	−	+	−	+	−
11:18	+	−	−	+	−	−	−	+	+	−
3:40	−	−	+	−	+	−	−	−	+	+
4:49	+	+	−	−	+	−	+	−	+	−
6:11	−	+	−	−	−	−	+	+	−	+
8:20	+	−	+	−	+	+	−	−	−	−
2:30	−	−	−	+	+	−	+	−	+	+
5:50	−	+	−	+	−	−	−	−	−	+
9:28	+	+	−	−	−	+	−	−	+	+
7:43	−	+	+	+	−	+	−	−	−	−
1:59	+	−	−	+	−	+	−	+	−	−
정반응 수	11/24	12/24	8/24	13/24	10/24	12/24	11/24	10/24	11/24	12/24
정반응 %	46%	50%	33%	54%	42%	50%	46%	42%	46%	50%

주 : +부호는 정반응, −부호는 오반응, 0은 무반응을 의미함

그림 1.2 교수 프로그램 2의 자료용지 견본

자료 수집

교수자는 반응 간격 동안 어떤 학습자들이 오반응을 했거나 반응하는 데 실패했는지 알기 위해 학급을 훑어보고 해당 학습자들의 이름 옆에 빼기 부호를 재빨리 기록한다. 수업이 끝날 때, 교수자는 다시 처음으로 돌아가 정반응을 보인 학습자들의 이름 옆에 더하기 부호를 기록할 수 있다. 그림 1.2에서 작성된 자료용지 견본을 볼 수 있다.

계속

유지

일단 모든 학습자들이 하루 동안 100% 정반응이라는 기준을 충족한다면, 교수자는 모든 학생들이 5일 동안이라는 기준을 충족할 때까지 정반응에 대한 칭찬의 말을 다섯 번째 시행마다 하는 것으로 줄일 것이다(즉, 5 고정비율 강화계획). 학습자들이 기준을 충족한다면 교수자는 해당 학년도가 끝날 때까지 하루 종일 학습자들에게 시간을 물어볼 기회를 계속해서 찾는다.

일반화

교수자는 교수가 진행되는 동안 실제 시계를 활용함으로써 일반화를 촉진할 것이다. 수업일 하루 종일 교수자는 시계 문자판이 다르게 보일 수 있는(예 : 원형 대신 사각형, 숫자가 덜 적힌 것, 다른 글씨체의 숫자, 다른 색깔의 배경) 다양한 시계(예 : 자신의 시계, 학생식당에 있는 시계, 사무실에 있는 시계)로 학생들에게 시간을 물어볼 기회를 찾는다.

행동 관리

교수자는 학습자들이 자신의 자리에 앉아, 주의집중하며, 참여하는 것에 대해 주기적으로 칭찬을 제공한다(예 : "시간을 말하는 것은 어려울 수 있어. 나는 네가 주의집중을 하고 정답을 찾으려 하는 방식이 마음에 들어!").

수업의 변형 및 확장

비록 학습도움실에서 직접교수로 시간 말하기 수업을 하는 것은 쉬운 일일 수 있으나, 시간 말하기 수업은 학습도움실에서의 집중 시행 연습을 보충하기 위해 통합학급의 활동들 내에 삽입될 수 있다. 예를 들어, 어떤 교수자는 수학 시간에 모든 학습자들에게 반응 카드를 주고 문제해결 시간을 제시할 수 있다. 그리고 나서 그 교수자는 시계에 시작 시간을 보여주고 학습자들에게 그 시간을 보여주는 카드를 들라고 요청할 수 있다(중등도 및 중도장애 학생들에게는 교수 시행으로 그리고 비장애 또래들에게는 주의집중 단서로 활용될 수 있다). 그리고 교수자는 피드백을 제공하고 문제를 제시할 수 있다(예 : "맞았어, 오후 세 시야. 만약 너희들이 오후 세 시에 하교하고 학교에서 5km 떨어진 곳에 산다면, 그리고 학교 버스가 한 시간 45Km를 간다면, 집에 도착하는 시간은 몇 시일까? 문제를 풀면 답을 카드로 들어봐"). 비장애 학습자들은 연습지에 공식을 쓸 수 있다. 장애가 있는 또래와 짝이 된 학습자들은 짝이 공식을 계산기에 입력하는 것을 도울 수 있다(예 : "숫자 45를 눌러"). 일단 답이 완성되면 비장애 학습자들은 반응 카드를 들어 답을 보여줄 수 있다. 교수자는 "몇 시지?"라고 묻고, 동시에 학급을 둘러보며 정답을 찾고, 그러고 나서 학습자들이 답을 검증할 수 있도록 시계 문자판에 정확한 도착 시간을 입력할 수 있다. 장애를 지닌 학습자들은 시계에 나타나는 정확한 시간에 맞춰 반응 카드를 넘기고 그 카드를 들 수 있다.

요약

이 장은 응용행동분석의 원리를 적용한 체계적 교수의 기본 요소들을 기술하고 있다. 특히 이 장은 반응 촉진 절차에 초점을 맞춰 이 책의 나머지 부분을 위한 토대를 마련하였다. 응용행동분석 기반 교수는 때때로 일련의 집중 별개 시행으로 좁게 정의되고 잘못 해석되곤 한다. 이 장은 응용행동분석 기반 교수를 학습의 모든 단계를 다루는 그리고 체계적 교수가 하루 종일 자연스러운 상황 전반에 걸쳐 수많은 형식으로 제시될 수 있다는 전제에 근거한 더 넓은 맥락에서 제시하고 있다. 체계적 교수를 설계하기 위한 추가적인 자료들은 부록 C에서 찾아볼 수 있다.

성찰을 위한 질문들

1. 각 단계가 관찰 가능하고 측정 가능하다는 것을 확신하면서, 중등도 지적장애를 지닌 학습자에게 가르칠 수 있는 연쇄 과제를 과제분석하라. 다 작성하고 나면, 각 단계들이 더 작은 요소들로 나뉘어야 할 필요가 있는 중도 지적장애 학습자를 위해 연쇄 과제를 다시 작성하라.

2. 교수 회기를 시작하는 데 활용할 수 있는 일반적인 주의집중 단서들과 반응들 몇 가지를 열거하라. 그 다음, 어떤 학습자에게 어떤 단어의 철자를 쓰는 것이나, 간단한 덧셈 문제를 푸는 것, 혹은 컴퓨터에서 어떤 웹사이트 찾는 것을 가르칠 때 활용할 수 있는 특정 주의집중 단서들과 반응들을 열거하라.

3. 집중 시행 교수를 통해 가르칠 수 있는 개별 행동을 가려내라. 세 가지 자연스러운 상황 전반에 걸쳐 서로 다른 활동들을 하는 동안 동일한 기술에 하나의 교수 시행을 삽입할 수 있는 방식을 서술하라.

4. 두 가지 수업계획 모두에서 교수자들은 주의집중을 향상시키고 유지하기 위해 그리고 반응할 기회의 수 또한 증가시키는 동안 학습자들이 계속해서 적극적으로 참여하도록 반응 카드를 활용하였다. 주의집중을 향상시키고 학습자들이 계속해서 적극적으로 참여하게 하는 다른 전략들로는 무엇이 있는가?

5. 일반적으로 나이가 어린 비장애 학습자들에게 가르치는 그리고 더 나이가 든 장애 학습자가 완전히 익힐 필요가 있는 기본 기술을 가려내라. 그 기술을 어떻게 나이에 적절한 방식으로 가르칠 수 있는가? 그 기술을 일상 활동들에 어떻게 삽입할 수 있는가?

참고문헌

Alberto, P.A., & Troutman, A.C. (2009). *Applied behavior analysis for teachers* (8th ed.). Upper Saddle River, NJ: Prentice-Hall.

Berrong, A.K., Schuster, J.W., Morse, T.E., & Collins, B.C. (2007). The effects of response cards on active participation and social behavior of students with moderate and severe disabilities. *Journal of Developmental and Physical Disabilities, 19,* 187–199.

Collins, B.C. (2007). *Moderate and severe disabilities: A foundational approach.* Upper Saddle River, NJ: Pearson, Merrill, Prentice-Hall.

Grisham-Brown, J., Schuster, J.W., Hemmeter, M.L., & Collins, B.C. (2000). Using an embedded strategy to teach preschoolers with significant disabilities. *Journal of Behavioral Education, 10,* 139–162.

Horn, C., Schuster, J.W., & Collins, B.C. (2006). Use of response cards to teach telling time to students with moderate and severe disabilities. *Education and Training in Developmental Disabilities, 41,* 382–391.

Skibo, H., Mims, P., & Spooner, F. (2011). Teaching number identification to students with severe disabilities using response cards. *Education and Training in Autism and Developmental Disabilities, 46*(1), 124–133.

Spooner, F., Browder, D.M., & Mims, P.J. (2011). Evidence-based practices. In D.M. Browder & F. Spooner (Eds.), *Teaching students with moderate and severe disabilities* (pp. 92–122). New York, NY: Guilford.

Wolery, M., Ault, M.J., & Doyle, P.M. (1992). *Teaching students with moderate to severe disabilities.* New York, NY: Longman.

Wolery, M., & Gast, D.L. (1984). Effective and efficient procedures for the transfer of stimulus control. *Topics in Early Childhood Special Education, 4,* 52–77.

Wolery, M., & Schuster, J.W. (1997). Teaching students with moderate to severe disabilities. *Journal of Special Education, 31,* 61–79.

CHAPTER 2

자료용지 개발과 기초선 자료 수집

목표

이 장을 마치면 독자는

- 선수기술 선별과 사정 수행 방법을 기술할 수 있다.
- 교수가 진행되는 동안 행동을 증가시키는 데 활용할 수 있는 개인화된 강화물들을 사정하는 방법을 기술할 수 있다.
- 어떤 행동의 기능 및 형식 사이의 차이를 구분하고, 각각을 다루는 행동적 목표들을 작성할 수 있다.
- 어떤 행동의 기초선 수행을 사정하는 기본적인 자료용지를 설계할 수 있다.
- 기초선 자료를 수집하기 위한 단일 기회 및 복수 기회 형식 사이의 차이를 진술할 수 있다.
- 기초선 자료 수집을 멈추고 교수로 진행할 시기를 결정하기 위한 지침을 제공할 수 있다.
- 형식적 교수 자료를 보여주는 그래프를 만들고 표시할 수 있다.
- 교수의 효과를 결정하기 위해 여러 가지 시각적 분석 도구를 활용할 수 있다.

핵심 용어

가로 좌표	단일 기회 형식	세로 좌표	총괄평가 자료
강화물 선호도 검증	목표 별표	수행의 평균 수준	치료적 경향
기능	반치료적 경향	수행 자료	형성평가 자료
기준점	복수 기회 형식	요약 정보	형식
기초선	상황 정보	자료 경로	
눈금	선별	조건 변경선	
단계 변경선	선수기술	중복	

체계적 교수에서 자료 수집과 분석은 매우 중요하다. 이 장에서는 기본적인 자료 수집 및 그래프 만들기 등을 기술하고, 앞으로 특정 반응 촉진 절차에 대해 자료를 수집하고 그래프로 만드는 방법에 대해 상술할 것이다.

선별

대다수의 교수자들은 어떤 학습자와 처음으로 같이하기 시작할 때 가능한 교수 목표들에 대한 아이디어를 갖고 있을 것이다. 이러한 목표들은 개별화교육계획(Individualized Education Program, IEP)을 엮는 데 있어 철저한 사정을 통해 규명되어 왔다. 사정 자료는 적응행동척도와, 생태학적 목록(Brown et al., 1979; Spooner, Browder, & Richter, 2011), 기능적 행동사정(Horner, Albin, Todd, Newton, & Sprague, 2011; Horner & Carr, 1997), 보조공학 사정(Parette, Peterson-Karlan, Wojcik, & bardi, 2007), 관련 서비스 제공 인력(예 : 작업치료사, 물리치료사, 말-언어 병리학자 등)의 사정 보고서, 학습자는 물론 그 가족들과의 면담[예 : COACH 사정(Giangreco, Cloninger, & Iverson, 2011)] 등으로부터 도출될 수 있다. 게다가, 교수자들은 연령에 적합한 핵심 내용 기준이나 전환계획을 위해 만들어진 목적들에 대한 실용적 지식을 지니고 있을 것이다. 교수 프로그램을 설계할 때 이 모든 자료원들이 고려된다. 그러나 특정 목표기술에 대한 목표들을 작성하기 전에 학습자들이 이미 완전히 익힌 기술들을 선별할 필요가 있다. 예를 들어, 생존을 위해 필요한 단어들(개별 과제)을 목표로 삼기 전에, 교수자는 어떤 단어들을 이미 읽고, 정의하며, 적용할 수 있는지 알고자 할 것이다. 음식 준비(연쇄 과제)를 목표로 삼기 전에, 교수자는 학습자가 어떤 품목들을 이미 준비할 수 있는지 알고 싶어 할 것이다.

기본적인 **선별**(screening)은 많은 부분 비형식적 과정이다. 교수자는 학습자와 일대일로 앉아서 카드 한 세트를 재빨리 훑어보며, 알고 있는 카드와 모르는 카드로 표시할 수 있다. 교수자는 단락들을 단순한 것에서 복잡한 것에 이르기까지 보여주며 학습자에게 오류가 반복되지 않을 때까지 읽게 할 수 있다. 교수자는 학습자가 과제들(예 : 코트를 벗어 걸기, 자신의 책상 찾기, 일정 확인하기, 수업자료 꺼내기 등) 중 어떤 것을 완수하는 데 어려움을 보이는지 알기 위해 아침 일과 동안 해당 학습자를 관찰할 수 있다. 교수자는 학습자에게 학급을 위해 다양한 간식 준비(예 : 샌드위치 만들기, 전자레인지로 간식 데우기, 마트에서 파는 믹스가루에서 한 가지를 준비하기 등)를 도와줄 것을 요청하고 해당 학습자가 어떤 종류의 간식을 준비할 수 있고, 준비할 수 없는지를 관찰할 수 있다. 학습자가 연쇄 과제를 수행하는 데 오류를 보인다면, 교수자는 그냥 해당 학습자가 완수하지 못한 단계를 수행해줄 수 있다. 교수자가 교수를 위한 잠재적인 목표를 비형식적으로 선별하는 데 시간을 보냈다면 행동적 목표가 작성되고, **기초선**(baseline) 자료를 수집하고 그리고 교수 프로그램은 개발할 수 있다.

선수기술 사정

일단 선별이 수행되고 나면 교수 프로그램 설계 전에 교수자는 학습자가 기초선 및 교수 회기에 참여하여 목표 행동을 완전히 익히는 데 필요할 **선수기술**(prerequisite skills)을 규명해야 한다. 선수기술에는 시력 및 청력, 대근육 혹은 소근육 운동기술, 정해진 시간 동안 주의집중할 수 있는 능력, 모델을 모방할 수 있는 능력, 음성언어나 보완적 의사소통 기술, 혹은 문자나 숫자 인식 등을 포함할 수 있으나 이런 기술들에만 국한되는 것은 아니다. 교수자는 비형식적 관찰이나 해당 학습자의 기록에 대한 조사, 혹은 직접 검사 등을 통해 어떤 학습자가 이러한 선수기술들을 지니고 있는지의 여부를 결정할 수 있다. 어떤 경우에는 안경이나 보조 기기 등과 같은 적합화(adaptation)가 요구될 수도 있을 것이다. 또 어떤 경우에는 학습자들이 문자의 소리를 가려내거나 수 세기와 같은 기술들에 대한 예비 교수를 필요로 할 수도 있다. 학습자들은 또한 앉아서 주의집중하는 방법이나 촉진을 기다리는 방법, 혹은 모델을 모방하는 방법 등을 배울 필요도 있다.

선수기술 사정에는 **강화물 선호도 검증**(reinforcer preference testing)도 포함되어야 한다(Alberto & Troutman, 2009). 강화물 선호도 검증은 음성언어를 사용하는 학생들에게 어떤 강화물을 선호하는지 진술하도록 요청하는 것처럼 단순한 것일 수 있다. 음성언어를 사용하지 못하는 학습자들은 (1) 잠재적인 강화물을 선택할 때 그들이 무엇을 고르는지 보거나, (2) 학생들이 두 가지 중 하나(예 : 우유 한 모금과 물 한 모금)를 선택하게 함으로써 강화물을 체계적으로 사정하고, 혹은 (3) 어떤 학습자가 다양한 활동들(예 : 음악 듣기, 잡지 보기)에 얼마나 오래 참여하는지 측정함으로써 결정할 수 있다. 어떤 학습자들은 칭찬만으로는 반응하지 않을 수 있기 때문에 교수자가 다양한 강화물을 준비하는 것은 중요한 일이다. 강화물 선호도 검증을 수행하는 방법에 대한 자세한 내용은 다른 글을 참고할 수 있다(예 : Alberto & Troutman, 2009; Westling & Fox, 2009).

행동적 목표

제1장에서 행동적 목표와 학습의 특정 단계를 다루기 위해 행동적 목표를 어떻게 작성할 수 있는지 논의했다. 자료 수집 체제를 설계하기 전에, 목표를 개별 행동을 위해 작성할 것인지, 연쇄 행동을 위해 작성할 것인지 고려하는 것은 중요하다. 어떤 행동들을 어떻게 측정할 것인지 결정하는 데 있어 **형식**(form)이 더 중요한지 아니면 **기능**(function)이 더 중요한지 결정하는 것 또한 중요하다.

개별 행동을 위한 목표

제1장에서 정의한 것처럼, 개별 행동은 단일 단계로 구성된다. 그러므로 자료는 학습자가 어떤 개별 행동을 수행했는지 여부를 가리킬 것이다. 다음은 개별 행동을 위한 행동적 목표의 한 가지 예이다.

학급 활동을 위해 필요한 교수 자료의 사진이 주어졌을 때, 브로건은 5일 동안 주어진 기회마다(100%) 교실 선반에 있는 일련의 자료들 중에서 해당 물건을 가져올 수 있다.

이 목표는 브로건이 무엇을 해야 하는지, 브로건은 어떤 자극에 반응할 것인지, 그리고 해당 기술을 완전히 익히기 위해 어떤 기준을 충족해야 하는지 분명히 하고 있다. 선별 결과 브로건이 어떤 물건을 선택할 것인지 결정했을 것이다. 예를 들어, 브로건은 이미 연필과 종이, 풀, 가위는 가려낼 수 있지만 크레용과 마커펜 혹은 각각의 색깔은 구분할 수 없다. 일단 브로건이 목표에 맞는 기준을 완전히 익혔다면, 교수자는 다른 교수 자료들(예 : 연습 문제집, 독서 교과서, 과학 실험자료)을 가려내게 할 수 있다.

연쇄 과제를 위한 목표

제1장에서 정의한 것처럼, 연쇄 과제는 일련의 개별 행동이나 단계로 구성되며, 각각의 행동이나 단계들은 따로 따로 측정할 수 있다. 어떤 연쇄 과제를 위한 행동적 목표를 작성하는 데 있어 교수자는 다음과 같은 과제분석을 첨부할 수 있다.

빨래를 하라고 할 때 이브는 학교나 집 혹은 셀프 서비스 세탁소에서 세 번의 기회 중 세 번 모두 100% 의 정확성으로 다음의 과제분석 단계를 독립적으로 완수할 수 있다.

1. 세탁물 분류하기
2. 세탁물을 세탁기에 넣기
3. 정확한 양의 세제 넣기
4. 세탁할 세탁물에 적절한 모드 설정하기
5. 세탁 시작 버튼 누르기
6. 세탁기에서 세탁물 꺼내기
7. 세탁물 건조기에 넣기
8. 건조할 세탁물에 적절한 모드 설정하기
9. 건조기에서 세탁물 꺼내기
10. 세탁물 개기

IEP 및 전환팀은 이브가 성인기로 전환을 준비하고 있기에 이브에게 빨래하기는 중요한 기술이라고 결정했을 것이다. 일반화를 촉진하기 위해 이 기술은 여러 상황 전반에 걸쳐 가르칠 것이다. 선별 결과, 이브가 과제분석 단계 중 몇 가지(즉, 세탁물을 세탁기와 건조기에 넣고 세탁기와 건조기에서 꺼내기)를 독립적으로 완수할 수 있음을 보여주었지만, 이브는 모든 단계의 과제를 수행할 수는 없었다. 따라서 그것이 교수 목표가 되었다.

형식 대 기능

어떤 행동의 기능은 그 결과이고, 형식은 그 행동의 수행 방법이 된다(Collins, 2007). 이전 절에서의 예들에 있어, 브로건이 교수 자료를 선택하는 기능 혹은 결과는 브로건이 수업 전반에 걸쳐 더 독립적이 될 것이고, 이브에게 주어진 기능 혹은 결과는 이브를 보다 더 독립적이게 하고 또한 매일 입을 깨끗한 옷과 필요할 때 깨끗한 시트와 수건을 갖게 된다는 것이다. 이러한 목표 기능 모두를 학습자들이 성취해야 한다면 형식도 중요하다. 브로건을 위한 자료를 수집하는 데 있어 브로건이 정확한 물건을 집을 때마다 정반응이 표시된다. 만일 목표에 선택하다라는 용어를 사용했다면, 브로건은 자유롭게 여러 형식을 사용할 수 있다. 즉 브로건은 어떤 물건을 집어 드는 대신, 해당 물건을 응시하거나 손가락으로 가리킴으로써 그것을 인식하고 있음을 보여줄 수 있다는 것이다. 그러나 이는 브로건의 독립성을 향상시켜주지는 못할 것이다. 이브를 위한 자료를 수집함에 있어 이브가 각각의 단계(예 : 버튼 누르기)를 위해 어떤 형식을 사용해야 하는지가 분명해진다. 이 단계들 중 어떤 한 단계가 이브에게 어렵다는 것으로 입증된다면, 과제분석은 훨씬 더 세분화된 단계들(예 : 찬물 세탁 버튼 누르기, 건조기 문 열기)로 나눌 수 있다. 게다가 이브가 어떻게 측정하는지 모른다면 이브로 하여금 미리 측정된 세제 상자나 종이 형태의 섬유 유연제를 사용하게 하는 것처럼 몇몇 단계들은 수정할 수 있다.

어떤 경우에 교수자는 형식이 기능만큼 중요하지 않다고 결정할 수 있다. 이러한 경우에는 교수자가 학습자로 하여금 기능이 성취되는 한 다양한 형식이 활용될 수 있도록 허용할 수 있다. 예를 들어, "이름이 뭐지?"라는 질문에 반응하기 위해 활용할 수 있는 많은 형식들이 존재한다. 체이스는 자신의 이름을 말로 진술하거나, 몸짓을 할 수 있으며, 글로 쓰거나, 입력하고, 준비된 카드에 적힌 자신의 이름을 가리키고, 혹은 자신의 이름을 알려주기 위해 음성산출 기기의 버튼을 누를 수 있다. 형식에 관계없이 기능은 요청한 정보를 제공했기에, 자료에는 정반응을 했다는 것으로 기록될 것이다. 하지만 말-언어 병리학자는 체이스가 음성언어로 말할 수 있고, 말을 좀 더 이해할 수 있게 하는 데 목적이 있다는 것을 보여줘야 할 것이다. 이러한 경우 자료는 만일 체이스가 자신의 이름을 말로 진술한다면 이때에만 정반응을 한 것으로 기록되어야 할 것이다. 요약하면, 목표는 교수의 목적이 형식인지 기능인지 여부를 분명하게 보여줘야 한다. 만일 형식이 가장 중요한 목표라면 교수 프로그램의 목표는 다음과 같이 작성되어야 한다.

> 개인정보를 요청했을 때 체이스는, 다섯 번의 기회 중 다섯 번을 100%의 정확성으로 요청한 항목들을 말할 수 있다.

만약 기능이 가장 중요한 목표라면, 교수 프로그램의 목표는 다음과 같이 작성되어야 한다.

> 개인정보를 요청했을 때 체이스는, 다섯 번의 기회 중 다섯 번을 100%의 정확성으로 반응할 수 있다.

자료용지

일단 교수자가 어떤 교수 프로그램의 행동적 목표를 작성했다면 자료 수집 체제를 설계해야 한다. 자료용지가 기초선 회기가 진행되는 동안에, 교수 회기에, 유지 회기에, 아니면 일반화 회기가 진행되는 동안에 자료를 수집하도록 설계된 것인지의 여부에 관계없이 모든 자료용지는 (1) **상황 정보**(situational information), (2) **수행 자료**(performance data), (3) **요약 정보**(summary information)의 세 부분으로 구성된다. 어떤 자료용지들은 다른 자료용지들이 여러 명의 학습자나 여러 번의 회기 전반에 걸쳐 자료를 기록할 수 있게 해주는 반면, 교수자가 단 한 명의 학습자나 단 한 번의 회기에 대한 정보를 기록할 수 있게 해준다. 교수자들이 워드 프로세서의 표 만들기 기능이나 컴퓨터의 자료관리 시스템(예 : 엑셀)을 이용하여 컴퓨터로 자료용지를 만드는 것은 쉽다. 어떤 교수자들은 자료를 전자적인 방식(예 : 노트북 컴퓨터를 이용하여)으로 기록할 수도 있다. 그러나 종이와 연필로 자료를 기록하는 것의 이점은 교수자가 교수 회기에 대하여 쉽게 기록할 수 있다는 점이다(예 : 교내 방송을 통해 일련의 공지를 함으로써 중간에 중단된 교수, 다른 학생과의 언쟁 때문에 통제하기 어려운 학생의 행동). 자료용지 출력본 여러 장을 교수 프로그램과 그래프가 있는 공책에 보관하는 것이 유용하다. 그렇게 함으로써 교수가 발생하는 동안 교수 인력들 중 누구든 쉽게 공책을 집어들고 자료를 기록하며 그리고 그래프를 그릴 수 있다.

상황 정보

자료용지의 상황 정보는 각 회기에 대한 기본 정보를 제공한다. 여기에는 회기에 참여한 학습자(들)의 이름

(들)과 회기를 수행한 교수자의 이름, 교수의 목표가 된 행동이나 기술의 명칭, 그리고 교수가 발생한 상황 등이 포함될 것이다. 교수자들은 또한 조건(예 : 기초선, 교수, 일반화, 유지)이나, 회기가 수행되는 시간, 혹은 제공되는 강화 일정(예 : 매 시행마다, 한 번 걸러 한 번씩) 등 추가 정보를 기록할 수 있다.

수행 자료

각 자료용지의 대부분은 각각의 교수 시행에 대한 학습자나 학습자들의 수행을 기록하는 데 할애된다. 각 시행에 제시되는 특정 자극은 개별 행동들을 위해, 그리고 과제분석의 단계들은 연쇄 과제를 위해 열거되어야 한다. 자료용지는 정반응이나 오반응, 혹은 반응 실패에 대한 자료를 기록하는 방법을 보여주는 것에 초점을 맞춰야 한다.

요약 정보

각 자료용지 하단에는 자료를 요약할 곳이 있어야 한다. 이는 최소한 정반응의 수/비율로 구성될 것이지만 여기에는 오반응이나 반응 실패의 수, 교수가 진행되는 동안 촉진된 반응 수 등이 포함될 수도 있다.

기초선 자료 수집

기초선 자료는 더 형식적인 과정을 통해 습득되고 어떤 학습자가 시간이 지나면서 진전을 보였는지를 결정하기 위해 자료를 나중에 비교하기 위한 기본적인 척도로 활용된다는 측면에서 선별 자료와는 다르다. 기초선 자료 수집 회기들은 일대일 형식으로 수행되고 나중에 교수 회기 동안 사용될 것과 동일한 자료 및 자극 혹은 과제 지시가 사용된다. 기초선 자료 수집 회기들은 집중 시행 방식으로 수행되거나 하루 종일 자연스러운 상황에서 활동들 전반에 걸쳐 삽입될 수 있다. 만약 일반화가 목적이라면 기초선 회기는 학습자가 궁극적으로 해당 행동을 수행할 것으로 예측될 상황과 동일한 상황에서 자연스러운 자료들을 활용하여 이루어져야 한다.

개별 과제와 연쇄 과제

개별 과제에 대하여 교수자는 각 기초선 회기 동안 항목당 여러 번의 시행으로부터 자료를 수집하고자 할 것이다. 그렇게 하는 것이 어떤 학습자의 능력에 대한 더 정확한 척도를 제공한다. 예를 들어, 만일 어떤 교수자가 5개의 시각단어를 가르칠 계획을 갖고 있다면, 각 단어는 회기당 다섯 번씩, 총 25번 제시될 수 있다.

연쇄 과제에 대해 회기당 여러 번 시행하는 것이 최선이기는 하지만, 어떤 활동들은 한 회기에 단 한 번만 수행되기 때문에 교수자는 한 번 수행할 기회만을 갖게 될 수 있다. 예를 들어, 간식을 준비하는 회기는 푸딩 만들기처럼 어떤 과제를 수행할 단 한 번의 기회로 구성될 수 있다. 하지만 간식을 먹는 회기는 손으로 숟가락 들기, 숟가락으로 푸딩 뜨기, 숟가락을 들어 입으로 가져가기, 숟가락을 입에 넣기, 푸딩을 먹기 위해 입 다물기, 숟가락을 입에서 빼기, 그리고 숟가락을 테이블에 내려놓기 등의 연쇄 과제를 수행할 여러 번의 기회를 제공할 수 있다.

단일 기회 형식과 복수 기회 형식

교수자에게는 한 연쇄 과제에 대한 기초선 자료를 수집하는 데 있어 (1) **단일 기회 형식**(single-opportunity format)과 (2) **복수 기회 형식**(multiple-opportunity format)의 두 가지 선택권이 있다(Brown & Snell, 2011). 단일 기회 형식(Collins, Hager, & Galloway, 2011)에서는 학습자가 과제분석을 수행할 단 한 번의 기회를 갖게 되고, 회기는 첫 번째 오류가 발생할 때 끝난다. 예를 들어, 교수자는 학습자에게 푸딩을 만들라고 요청할 수 있다. 첫 번째 오류가 발생하자마자 교수자는 해당 학습자에게 도와줘서 고맙다는 말을 하고 그 학습자를 위해 과제를 마쳐야 한다. 비록 해당 교수자가 과제를 마치는 것을 학습자가 보도록 허용되지 않는다 하더라도 학습자는 푸딩을 먹을 수 있다. 복수 기회 형식(예 : Graves, Collins, Schuster, & Kleinert, 2005)에서는 학습자가 과제분석의 각 단계를 시도하는 것이 허용된다. 오류가 발생하면 교수자는 학습자를 위해 그 단계를 수행하고, 그러고 나서 해당 학습자가 그다음 단계를 수행할 수 있는지를 지켜본다. 예를 들어, 교수자는 학습자에게 푸딩을 먹으라고 말할 수 있다. 해당 학습자는 숟가락을 들었지만 푸딩을 뜨지 않고 숟가락을 들어 입술로 가져갈 수 있다. 교수자는 학습자를 멈추게 하고, 해당 학습자의 손에 다시 숟가락을 쥐어주기 전에 학습자의 손에서 숟가락을 가져와 학습자를 위해 푸딩을 떠주고 기다리면서 해당 학습자가 다음에 무엇을 하는지 봐야 한다.

기초선 회기 동안에는 교수는 절대로 일어나서는 안 된다. 이는 만일 복수 기회 형식이 사용되면 교수자가 학습자에게 관찰하게 하지 않고 해당 학습자를 위해 각 단계를 수행해야 하기 때문이다. 어떠한 종류의 촉진하기도 기초선 회기에서는 절대로 사용하지 않는다. 기초선 자료를 수집하는 목적은 학습자들이 도움을 받지 않고 스스로 정확하게 할 수 있는 것을 결정하는 데 있다.

기초선 회기 동안 정반응에 대한 후속 결과 여부에 대한 결정은 교수자에게 달려 있다. 비록 학습자의 더 정확한 현재 능력에 대한 격려가 없을 때도 얻어질 수 있다 하더라도, 학습자가 정반응에는 피드백을 받고 그렇지 않은 반응에는 피드백을 받지 않을 것이기 때문에 정반응을 칭찬하는 것은 학습자들로 하여금 시행착오를 통하여 기술들을 습득하게 할 수 있게 된다. 예를 들어, 시각단어를 읽을 때 정확하게 추측하고 어떠한 피드백도 받지 못한 학습자는 다음 번 시행에서는 다르게 추측할 수 있다. 그러나 시각단어를 읽는 데 있어 정확하게 추측하고 칭찬을 받은 학습자는 정반응을 기억하고 앞으로의 시행에서 계속 그러한 추측을 할 수 있다.

기초선 회기에서 정반응에 대한 긍정적인 피드백이 주어지든 그렇지 않든 학습자가 반응하려는 시도에 대해 칭찬하는 것은 중요하다. 그렇게 하는 것은 좌절을 감소시키고 주의집중과 적절한 행동을 유지하게 하는 데 도움이 될 것이다. 교수자들은 "네가 답을 모를 때 열심히 노력하는 방식이 마음에 들어" 혹은 "넌 조용히 앉아서 잘 듣는 것을 멋지게 해내고 있어. 이미 너 혼자 할 수 있는 것을 알게 되면 곧바로 널 가르치기 시작할 거야" 등과 같은 강화가 될 수 있는 말들을 자유롭게 해야 한다.

한 번 이상의 기초선 회기를 수행하는 것은 중요한 일이다. 3개의 **기준점**(data point)이 있어야 하나의 경향선을 만든다. 자료가 안정적이거나(그림 2.1에 나타난 것처럼 회기 전반에 걸쳐 동일함) 하강한다면(그림 2.2에 나타난 것처럼) 교수가 시작될 수 있다. 하지만 만약 자료가 상승한다면(그림 2.3에 나타난 것처럼) 이는 학습자들이 시행착오를 통해 목표 행동을 수행할 능력을 습득하고 있음을 보여주는 것일 수 있다. 이러한 경우에 학습자들이 진전을 멈추고 자료가 안정될 때까지 교수를 제공할 필요는 없다.

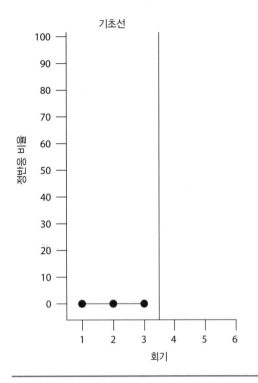

그림 2.1 기초선 반응에서 안정성을 보여주는 자료 그래프

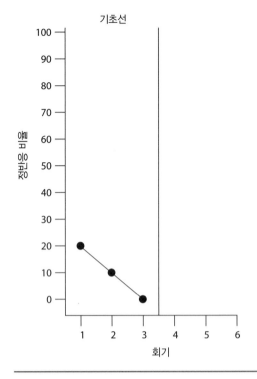

그림 2.2 기초선 반응에서 감소를 보여주는 자료 그래프

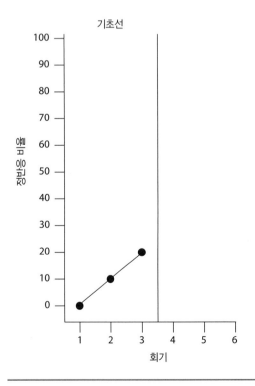

그림 2.3 기초선 반응에서 증가를 보여주는 자료 그래프

기초선 자료 수집 회기에 대한 형식 견본

다음 절은 교수자들이 기초선 자료를 수집할 회기들에 대한 형식의 견본을 제공하고 있다. 한 가지는 개별 행동에 대한 것이고, 다른 한 가지는 연쇄 과제에 대한 것이다.

개별 행동을 위한 기초선 자료 수집 회기 견본

다음 절은 시각단어 규명이라는 개별 행동을 가르치기 위한 교수 프로그램의 일부로서 기초선 회기 수행을 위한 지침들을 제공하고 있다.

행동적 목표

조리법 단어들을 포함한 물건들이 제시될 때 맥스는, 5일 동안 100% 정확하게 과제 지시 5초 내에 해당 단어를 말로 진술할 수 있다.

교수 상황

기초선 회기는 교수자와 맥스가 마주보는 일대일 형식을 취한다.

교수 자료

자료는 뒷면에 목표 조리 단어들이 적힌 요리용 믹스가루 세 상자(예 : 케이크용 가루, 브라우니용 가루, 과자용 가루)로 구성된다.

사정 절차

단어당 세 번의 시행, 회기당 총 15번의 시행이 있을 것이다. 각 교수 시행은 다음과 같이 진행된다.

주의집중 단서	• 교수자는 맥스가 혼자서 요리용 믹스가루를 준비할 수 있도록, 믹스가루 상자 뒷면에 있는 단어들 중 몇 개를 읽을 수 있는지 알아내고자 한다고 설명함으로써 회기를 시작한다. 그러고 나서 교수자는 상자 뒷면에 있는 단어 하나를 가리키며, "맥스야, 이 단어 첫 번째 문자의 이름을 말해줘"라고 하면서 특정 주의집중 단서를 제공하고, 맥스가 반응하도록 기다린다.
과제 지시	• 교수자는 주의집중과 관련된 반응을 칭찬하고, "잘 봐 맥스, 그 단어는 문자 B로 시작돼. 그 단어는 뭐지?"라고 하면서 과제 지시를 제공한다.
반응 간격	• 교수자는 맥스가 반응하도록 5초간 기다린다.
후속 결과	• 맥스가 어떤 단어를 정확하게 읽었을 때, 교수자는 그 반응을 칭찬할 것이다. 교수자는 반응 간격 동안 오반응이나 반응 실패는 무시한다.

자료 수집

교수자는 각각의 정반응에 대해 자료용지에 더하기 부호를, 오반응 각각에 대해서는 자료용지에 빼기 부호를 기록한다. 그림 2.4에서 기초선 자료 수집을 위해 작성된 자료용지 견본을 볼 수 있다.

행동 관리

교수자는 맥스가 자신의 자리에 앉아, 주의집중하며, 참여하는 것에 대해 주기적으로 칭찬을 제공한다(예 : "이 단어들이 어렵다는 것은 알고 있어. 나는 네가 주의를 기울이고 그 단어들을 읽으려고 노력하는 방식이 마음에 들어!").

계속

기초선 자료용지

이름 : _맥스_   교수자 : _스미스 선생님_

기술 : _조리 단어_   상황 : _소비자 과학 수업_

단어	1월 2일	1월 3일	1월 4일
	날짜		
1. 굽다	0	+	0
2. 믹스가루	−	0	0
3. 예열하다	0	0	0
4. 분	−	+	0
5. 젓다	0	−	+
6. 믹스가루	0	0	−
7. 예열하다	+	0	0
8. 분	0	−	0
9. 젓다	+	0	+
10. 굽다	−	+	0
11. 예열하다	0	0	0
12. 분	−	0	0
13. 젓다	0	+	−
14. 굽다	0	0	0
15. 분	0	−	+
정반응 수	2/15	4/15	3/15
정반응 %	13%	27%	20%

주 : +부호는 정반응, −부호는 오반응, 0은 무반응을 의미함

그림 2.4 개별 과제를 위한 기초선 자료 수집 회기에 대해 작성된 자료용지 견본

연쇄 과제를 위한 기초선 자료 수집 회기 견본

다음 절은 '계산기로 백분율 계산하기'라는 연쇄 과제를 가르치기 위한 교수 프로그램의 일부로서 기초선 회기 수행을 위한 지침들을 제공하고 있다.

행동적 목표

백분율을 이용한 문장형 문제가 주어졌을 때 스펜서는, 과제 지시 5초 내에 각 문제를 풀기 시작하고, 5일 동안 20초 내에 100% 정확하게 문제 각각에 대한 과제분석을 완수한다. 과제분석은 다음과 같은 단계들로 구성된다.
1. 작은 수 입력하기
2. '나누기' 버튼 누르기
3. 큰 수 입력하기
4. '곱하기' 버튼 누르기
5. 100 입력하기
6. 답을 말로 진술하거나 적기

교수 상황

기초선 회기는 테이블에 스펜서가 교수자 옆에 앉는 일대일 형식을 취한다.

교수 자료

자료는 계산기 하나와 물건 구입 목록, 다양한 할인쿠폰, 물건 구입 목록에 있는 상품들의 소매가 목록, 목록에 있는 음식물들의 열량 목록, 키에 따른 몸무게를 유지하기 위한 일일 열량 섭취 차트, 그리고 준비 시간이나 굽는 시간이 적힌 조리법 등으로 구성한다.

사정 절차

회기당 다섯 번의 시행이 있을 것이다. 각 교수 시행은 다음과 같이 진행될 것이다.

주의집중 단서	• 교수자는 스펜서가 백분율을 이용한 수학문제를 얼마나 잘 풀 수 있는지 알아내고자 한다고 설명함으로써 회기를 시작한다. 그리고 나서 교수자는 "준비 됐니?"라는 일반적인 주의집중 단서를 제공한다.
과제 지시	• 스펜서가 주의를 기울일 때 교수자는 문제를 설명하고, 그리고 나서 "이 광고는 이 상표의 비누를 10% 할인된 가격으로 살 수 있다고 적혀 있어. 네가 가진 목록에는 이 상표의 비누 정가가 2달러야. 네 계산기를 이용해서 이 쿠폰을 사용하면 몇 퍼센트 절약할 수 있는지 알아봐"라는 과제를 지시한다. 절약 비율을 계산하는 것에 대한 문제들에 덧붙여 스펜서는 자신의 키에 해당되는 누군가를 위한 일일 열량 허용치에서 어떤 음식물의 열량이 차지하는 비율과 소비자 과학 수업 시간에서 음식을 준비하는 데 필요한 준비 시간이 차지하는 비율을 계산하는 문제들도 받게 된다.
반응 간격	• 교수자는 스펜서가 문제를 풀기 시작하도록 5초간 기다린다. 만약 스펜서가 문제를 풀기 시작한다면 교수자는 스펜서가 문제를 다 풀도록 추가로 20초를 기다릴 수 있다.
후속 결과	• 교수자는 단일 기회 형식을 이용한다. 만일 스펜서가 반응 간격 내에 문제 풀기를 시작하지 못하거나 문제를 풀면서 오류를 범한다면, 교수자는 "이제 그만하고 다른 문제를 풀어도 돼" 혹은 "이제 그만하고 이 문제는 다른 날 풀 거야"라고 하면서 해당 시행을 종료한다. "문제를 풀어서 고마워" 외에 정반응에 대한 다른 칭찬은 없다.

계속

기초선 자료용지

이름 : 스펜서 교수자 : 로웰 선생님

기술 : 백분율 상황 : 수학 수업

단어	날짜		
	9월 4일	9월 5일	9월 6일
1. 작은 수 입력하기	0	0	0
2. '나누기' 버튼 누르기	0	0	0
3. 큰 수 입력하기	0	+	+
4. '곱하기' 버튼 누르기	0	−	0
5. 100 입력하기	0	0	0
6. 답을 말로 진술하기/적기	−	0	−
정반응 수	0/6	1/6	1/6
정반응 %	0%	17%	17%

주 : +부호는 정반응, −부호는 오반응, 0은 무반응을 의미함

그림 2.5 연쇄 과제에 대한 기초선 자료 수집 회기를 위해 작성된 자료용지 견본

자료 수집

교수자는 과제분석의 정확한 단계 각각에 대해 자료용지에 더하기 부호를 기록한다. 만일 스펜서가 반응 간격 내에 반응하지 못하거나 오류를 범한다면, 교수자는 해당 단계 및 그 이후의 모든 단계들에 대해 자료용지에 빼기 부호를 기록한다. 그림 2.5에서 연쇄 과제를 위해 작성된 자료용지 견본을 볼 수 있다.

행동 관리

교수자는 스펜서가 자신의 자리에 앉아, 주의집중하며, 참여하는 것에 대해 주기적으로 칭찬한다(예 : "이 문제들을 풀려고 노력하는 모습이 멋져!").

그래프 표현

형성평가 자료(formative data)는 교수 회기들 전반에 걸쳐 지속적으로 수집된 자료이고, **총괄평가 자료** (summative data)는 어떤 교수 프로그램의 마무리 부분에서 사정을 통해서만 수집되는 자료이다. 교수 프로그램들에서 누적 자료는 검사 전에서 검사 후까지 일반화에 대해 수집되는 반면, 형성평가 자료는 매일 매일의 진전에 대해 수집된다. 형성평가 자료 수집의 목적은 만일 어떤 학습자가 시기에 적절한 방식으로 기준에 도달할 수 있게 적절한 진전이 이루어지지 않는다면 교수 절차에 수정이 가해질 수 있도록 학습자들의 진전을 모니터하는 데 있다. 교수 프로그램이 진행되는 동안 자료를 기반으로 한 결정을 내리기 위해

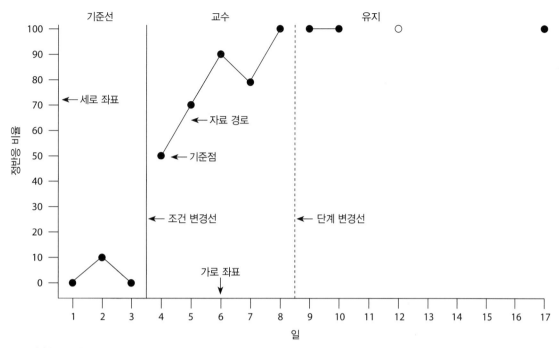

주 : ● = 정반응, ○ = 일반화된 반응

그림 2.6   표시된 요소들을 보여주는 그래프 견본

교수자들은 지속적으로 자료를 도표화할 필요가 있다. 그래프는 교수자들과 학습자들 그리고 다른 사람들이 단순한 시각적 분석을 통해 진전율을 결정할 수 있도록 충분히 명확해야 한다.

그래프의 요소

모든 그래프는 표준 요소들을 지니고 있다. 그림 2.6에 나타난 것처럼, 서로 교차하는 2개의 선들이 그래프의 기반을 형성한다. 수직선은 **세로 좌표**(ordinate)이며 측정되는 행동을 보여준다. 표시된 눈금(tic marks)은 세로 좌표 위에 놓이며 정반응의 수나 비율을 가리킨다. (만약 숫자가 표준 척도로 사용되면, 모든 교수 회기들은 동등한 수행 수를 포함해야 한다.) 수평선은 **가로 좌표**(abscissa)이며 자료 수집에 사용된 시간 척도를 보여준다. 표시된 눈금은 가로 좌표 위에 놓이며 회기나 일을 가리킨다. 세로 좌표 및 가로 좌표 모두 분명하게 표시되어야 한다. 실선으로 된 **조건 변경선**(condition change lines)은 조건들이 바뀌는 지점을 보여준다(예 : 기초선과 교수 사이). 점선으로 된 **단계 변경선**(phase change lines)은 교수의 단계가 바뀌는 지점을 가리킨다(예 : 교수에 가해진 수정). 모든 조건과 단계는 표시되어야 한다.

기준점은 어떤 학습자가 각 교수 회기에 보여준 정반응을 보여주도록 표시된다. 기준점들은 조건이나 단계에 변화가 있거나 공휴일 혹은 결석 등으로 인해 계획된 교수에 중단이 있지 않는다면 **자료 경로**(data paths)에 의해 연결된다. 보통 정반응은 검은색 동그라미로 표시된다. 다른 기호들은 다른 유형의 반응들을 표시하기 위해 사용된다(예 : 빈 동그라미는 일반화된 반응을, 빈 삼각형은 촉진된 반응을 가리킨다). 각각의 기준점 유형이 무엇을 나타내는지 보여주는 주석은 모든 그래프에 있어야 한다.

비록 컴퓨터로 만들어진 그래프가 매력적이고 소프트웨어(예 : 엑셀, 파워포인트)를 활용하여 쉽게 만들어질 수 있다 하더라도, 하나의 교수 회기가 끝나자마자 연필과 종이로 그래프를 그린다면 교수자가 형식적 자료를 기록할 가능성은 더 높아질 것이다(자료는 필요하다면 나중에 전자 프로그램으로 옮길 수 있다). 이 방법은 교수자로부터의 진전에 관한 진술(예 : "자, 너는 어제보다 오늘 더 잘했어", "오늘은 네가 진전을 보이지 못해서 유감이야. 하지만 내일 더 열심히 노력할 수 있어")과 함께 자료가 학습자에게 곧바로 이용 가능해진다는 이점이 있다. 이 방법은 또한 교수자가 변동이 심한 자료의 가능한 원인을 설명하기 위해 메모를 해놓을 수 있게 해준다(예 : 교수 전 발작, 복용 약의 변화). 어떤 학습자들은 그들 자신의 진전을 그래프로 만드는 것이 강화물 혹은 목표 수학기술로서 이득을 볼 수 있다. 쉬운 접근을 위해 그래프 출력본을 교수 프로그램과 그래프가 있는 공책에 보관하는 것이 유용하다.

그래프화된 자료의 시각적 분석

그래프화된 교수 자료의 시각적 분석을 수행하기 위한 방법에는 몇 가지가 있다(Alberto & Troutman, 2009 ; Gast, 2009). 첫째, 교수자는 자료의 경향을 지켜볼 수 있다. 대다수의 교수 프로그램들에 대해 증가하는 자료는 **치료적 경향**(therapeutic trend)을, 감소하는 자료는 **반치료적 경향**(contratherapeutic trend)을 보여준다. 만약 자료가 안정적인 모습을 보이고 기초선 수준 이상의 진전을 보이지 않거나, 혹은 반치료적 경향이 보인다면, 교수자는 교수에 수정을 가하고자 할 것이다. 만일 자료가 너무 불규칙해서 어떤 경향을 결정할 수 없다면(즉, 변동성의 정도가 높다면), 교수자는 교수 프로그램 수정을 고려할 필요도 있다[이 책에 기술되지 않은 경향 결정 방법이 있는데, 그 방법들은 교수자보다는 연구자에게 더 가치 있다. 상세한 예는 Gast(2009)를 참조].

둘째, 교수자는 학습자가 기준을 충족시킬 것으로 예상되는 지점(예 : 6주간의 채점 기간이 끝날 무렵, 학기 말)을 추정하는 데 유용하다. 교수자는 그래프 위 해당 지점에 **목표 별표**(aim star)를 그리고, 학습자의 기초선 수행 평균부터 목표 별표까지 선을 그을 수 있다. 만약 학습자의 자료가 시간이 지나면서 이 선 아래로 떨어진다면, 해당 학습자는 바랐던 지점에서 기준을 충족시킬 가능성이 낮은 것이다. 이는 교수 절차를 수정하는 것이 타당함을 의미하는 것이다.

기초선 조건과 교수 사이의 **수행의 평균 수준**(mean level of performance)을 비교하고, 기초선 조건과 교수 사이의 **중복**(overlap)을 계산하는 것은 이러한 방법들이 교수자들에게 목표 별표를 향한 경향이나 진전을 보는 것만큼 유용하지 않을 수 있다 하더라도 자료를 시각적으로 분석하는 추가적인 방식이다. 그러나 이러한 방법들이 기준에 대한 설정된 목표가 구체화되지 않았다 하더라도 교수자가 어떤 행동의 전반적인 증가를 예상하고 있는 기술들에 적절한 것일 수 있다. 예를 들어, 음성언어 의사소통 기술들을 가르치는 교수자는 기초선 조건 동안 알아들을 수 있는 말의 평균 수준과 중재가 실행된 후 알아들을 수 있는 말의 평균 수준을 비교할 수 있다. 해당 교수자는 또한 기초선에서 가장 높은 기준점으로부터 중재로 수평선을 확장시켜 긋고, 그리고 나서 중재 기간 동안 해당 기준점 아래로 떨어지는 기준점들의 비율을 계산할 수도 있다. 중복이 적을수록 학습자는 더 많이 진전한 것으로 볼 수 있다.

자료 결정 규칙

교수자들은 규칙적으로(예 : 매일 혹은 매주) 그래프화된 교수 자료의 시각적 분석을 수행한다. 어떤 학습자가 진전을 보이지 못하거나 바라는 정도로 진전하지 못하고 있다면, 교수자는 진전을 촉진하기 위해 교수 수정 방법에 대한 결정을 내릴 필요가 있다. 진전의 부족은 어떤 기술이 학습자에게 너무 어려운 것임을 의미하는 것일 수 있다. 이러한 경우 해당 교수자는 가르치는 행동들의 수를 줄이거나(예 : 한 번에 10개가 아닌 5개의 시각단어 가르치기), 혹은 교수자가 해당 과제의 더 쉬운 형태를 가르칠 수 있다(예 : 신발 끈 묶는 것에 대한 다른 과제분석을 가르치거나 해당 학습자에게 신발 끈을 묶는 대신 벨크로를 조이도록 가르치기). 매우 변동이 심한 자료는 학습자가 정반응을 수행할 능력이 있으나 행동 문제(예 : 주의집중을 하지 않는)나 의학적 문제(예 : 발작 행동) 등이 행동을 할 수 없게 만들고 있음을 보여주는 것일 수 있다. 행동 문제가 원인인 경우 교수자는 칭찬에 덧붙여 정반응에 대한 더 강력하게 선호하는 강화물(예 : 먹을 수 있는 것, 스티커, 활동)을 제공하려 할 수 있다. 만약 해당 학습자가 촉진에 의존하게 된 것으로 의심이 된다면 교수자는 독립적 반응에 강화를 제공하고 촉진된 반응에는 강화를 철회함으로써 차별강화를 시도할 수 있다. 학습자가 진전을 보이기는 하지만 그 정도가 원하는 날짜까지 기준에 도달하기에는 적합하지 않다면, 교수자는 회기당 시행 횟수를 늘릴 수 있다. 교수에 대한 다른 수정에는 교수 절차 변경시키기, 더 새로운 혹은 흥미로운 자료 활용하기, 응용된 방식으로 가르침으로써 학습자에게 교수를 더 의미 있게 혹은 적절하게 만들기, 집단에서 일대일 형식으로 가르치는 것으로 바꾸기, 칭찬받는 또래를 교수자로 활용하기, 촉진의 유형을 정반응을 보이는 다른 것으로 바꾸기, 반응 간격 늘리기, 혹은 주의집중 단서를 일반적인 것에서 구체적인 것으로 바꾸기 등이 포함될 수 있다. 수정 방식은 무수히 많지만, 수정이 효과적이거나 효과가 없다는 것이 자료로 밝혀질 때까지 한 번에 교수의 단 한 가지 변인만 바꾸는 것이 중요하다. 효과를 보일만큼 시간을 주기 위해 충분히 오래 수정을 시도하는 것 또한 중요하다. 예를 들어, 교수자는 만약 해당 학생이 10번의 교수 회기 후에 기준을 향해 바라는 만큼 진전을 보이지 못했다면 교수에 수정이 가해질 것이고 다른 것을 시도하기 전에 다섯 번의 교수 회기 동안 수정을 실행할 것이라는 결정 규칙을 갖고 있을 수 있다.

요약

이 장에서는 교수 전에 선별 자료 및 기초선 자료를 수집하는 것의 중요성을 기술하였다. 게다가, 형성평가 자료를 그래프로 만들고 시각적 분석을 수행하는 것의 중요성이 강조되었다. 교수를 시작하는 것에 대해 걱정하는 교수자들은 이러한 단계들을 건너뛰고자 하는 유혹을 느낄 수 있다. 그러나 기초선 수행에 대한 자료를 수집하는 것은 교수 수행에 대해 타당한 이유와 진전 결정에 대한 근거를 제공한다. 기초선 자료 수집에 대한 순서도는 부록 A, 개별 과제 및 연쇄 과제 모두에 대한 기초선 자료를 수집하는 데 사용될 수 있는 자료용지 견본은 부록 B를 참조하라.

> **성찰을 위한 질문들**
>
> 1. 중등도 혹은 중도장애 학생에게 가르칠 수 있는 행동을 가려내라. 해당 기술을 수행하는 데 요구되는 선수기술은 무엇인가? 어떤 수정이 필요한가?
> 2. 숫자 인지라는 개별 기술을 가르치는 데 사용할 수 있는 자료용지를 만들라. 받아올림이 있는 덧셈이라는 더 복잡한 기술을 가르치는 데 사용할 수 있는 자료용지를 만들라.
> 3. 기초선 회기 동안의 단일 기회 형식과 복수 기회 형식이 갖고 있는 장점과 단점은 무엇인가?
> 4. 당신은 교수 회기 동안의 자료가 10%와 95% 사이에서 변동을 거듭하는 학생과 함께 하고 있다. 이 자료를 안정화시키기 위해 시도할 수 있는 수정은 무엇인가?

참고문헌

Alberto, P.A., & Troutman, A.C. (2009). *Applied behavior analysis for teachers* (8th ed.). Upper Saddle River, NJ: Prentice-Hall.

Brown, L., Branston, M.B., Hamre-Nietupski, S., Pumpian, I., Certo, N., & Gruenwald, L. (1979). A strategy for developing chronological-age-appropriate and functional curricular content for severely handicapped adolescents and young adults. *Journal of Special Education, 13,* 81–90.

Brown, F., & Snell, M.E. (2011). Measuring student behavior and learning. In M.E. Snell & F. Brown (Eds.), *Instruction of students with severe disabilities* (7th ed., pp. 186–223). Upper Saddle River, NJ: Pearson.

Collins, B.C. (2007). *Moderate and severe disabilities: A foundational approach.* Upper Saddle River, NJ: Pearson.

Collins, B.C., Hager, K.D., & Galloway, C.C. (2011). The addition of functional content during core content instruction with students with moderate disabilities. *Education and Training in Developmental Disabilities, 46,* 22–39.

Gast, D.L. (2009). *Single subject research methodology in behavioral sciences.* New York, NY: Routledge.

Giangreco, M.F., Cloninger, C.J., & Iverson, V.S. (2011). *Choosing outcomes and accommodations for children (COACH): A guide to educational planning for students with disabilities* (3rd ed.). Baltimore, MD: Paul H. Brookes Publishing Co.

Graves, T.B., Collins, B.C., Schuster, J.W., & Kleinert, H. (2005). Using video prompting to teach cooking skills to secondary students with moderate disabilities. *Education and Training in Developmental Disabilities, 40,* 34–46.

Horner, R.H., Albin, R.W., Todd, A.W., Newton, J.S., & Sprague, J.R. (2011). Designing and implementing individualized positive behavior support. In M.E. Snell & F. Brown (Eds.), *Instruction of students with severe disabilities* (7th ed., pp. 257–303). Upper Saddle River, NJ: Pearson.

Horner, R.H., & Carr, E.G. (1997). Behavioral support for students with severe disabilities: Functional assessment and comprehensive intervention. *Journal of Special Education, 31,* 84–104.

Parette, H.P., Peterson-Karlan, G.R., Wojcik, B.W., & Bardi, N. (2007). Monitor that progress? Interpreting data rends for assistive technology decision making. *Teaching Exceptional Children, 40,* 22–29.

Spooner, F., Browder, D.M., & Richter, S. (2011). Community and job skills. In D.M. Browder & F. Spooner (Eds.), *Teaching students with moderate and severe disabilities* (pp. 342–363). New York, NY: Guilford.

Westling, D.L., & Fox, L. (2009). *Teaching students with severe disabilities* (4th ed.). Upper Saddle River, NJ: Pearson.

CHAPTER 3

점진적 안내, 최대-최소 촉진, 그리고 최소 촉진체계 절차의 활용

목표

이 장을 마치면 독자는

- 점진적 안내와 최대-최소 촉진, 그리고 최소 촉진체계 절차 등의 단계들을 기술하고 수행할 수 있다.
- 점진적 안내와 최대-최소 촉진, 그리고 최소 촉진체계 절차 등으로 개별 행동 및 연쇄 과제를 가르치기 위한 자료용지를 설계할 수 있다.
- 점진적 안내와 최대-최소 촉진, 그리고 최소 촉진체계 등으로 한 교수로부터 수집된 형성평가 자료를 그래프로 그리고 분석할 수 있다.
- 언어적 촉진과 더 개입적 촉진을 짝짓기 위한 근거를 진술할 수 있다.

핵심 용어

반응 간격	점진적 안내 절차	최소 촉진체계 절차
변동비율 강화계획	최대-최소 촉진 절차	

중등도 및 중도장애 학생들에게 효과적인 것으로 보고된, 전문 학술문헌에 따르면, 가장 오래된 세 가지 체계적 교수 절차에는 (1) 점진적 안내 절차, (2) 최대-최소 촉진 절차, (3) 최소 촉진체계 절차 등이 포함된다. 각각의 절차들은 제1장에 기술된 원칙의 틀을 근간으로 이 장에서 설명할 것이다. 덧붙여 전문 연구 조사를 기반으로 한 교수 프로그램과 자료용지 견본, 그래프 견본 등을 제공할 것이다.

점진적 안내

점진적 안내 절차(graduated-guidance procedure)(Collins, 2007; Snell & Brown, 2011; Spooner, Browder, & Mims, 2011; Westling & Fox, 2009; Wolery, Ault, & Doyle, 1992)는 모든 반응 촉진 절차 중 가장 실행하기 쉬운 절차이고 효과에 대한 오랜 역사(예: MacDuff, Krantz, & McClannahan, 1993)를 가지고 있다. 이 절차는 신체적 촉진에 의존하기 때문에, 도구 사용하기, 쓰기, 걷기, 장비 사용하기, 혹은 위험할 가능성이 있는 과제 수행하기 등과 같이 신체적 지원을 필요로 할 행동들을 가르치는 데 적절하다. 신체적 촉진은 학습자가 순간순간 얼마나 많은 지원을 필요로 하는지에 대한 교수자의 판단에 따라 전달되며, 시간이 지나면서 지원이 더 이상 필요하지 않을 때 철회된다. 자신의 첫발을 내딛는 어떤 영아를 따라 걷는다고 상상해보라. 성인은 그 아이가 넘어질 때 받쳐 주고, 필요한 어떤 순간에 균형을 잡을 수 있게 자신의 손을 준비하게 된다. 아이가 균형을 잡고 걸음을 뗄 수 있게 됨에 따라 성인은 더 이상 그 아이의 신체를 만지지 않게 되지만 여전히 아이의 움직임을 따라다니며 항상 지원을 제공할 준비를 한다.

점진적 안내 절차에서 촉진은 교수자가 순간순간 적절하다고 느낄 때 철회될 수 있다. 촉진은 또한 점진적으로 철회될 수 있다. 예를 들어, 혼자 밥 먹는 기술을 가르칠 때 교수자는 자신의 손으로 학습자의 손을 잡는 신체적 촉진을 시작할 수 있다. 학습자가 더 능숙해지는 것을 교수자가 관찰하면서, 교수자는 학습자의 손목을 잡고 가볍게 안내하게 된다. 학습자가 준비가 되었다는 것을 교수자가 느낄 때, 교수자는 학습자의 팔뚝으로, 그리고 나서 나중에는 팔꿈치에 손을 대는 것으로 나아갈 수 있다. 며칠 혹은 몇 주가 걸릴 수 있는 이 철회 순서가 진행되는 동안, 교수자는 필요하다면 학습자가 오류를 범하지 않도록 더 적극적인 신체적 촉진으로 개입할 준비가 항상 되어 있어야 한다. 따라서 이 절차는 거의 오류가 없는 것으로 간주된다.

점진적 안내 절차를 활용할 때 각 시행의 단계들은 다음과 같다.

1. 학습자의 주의집중을 확보하라.
2. 과제 지시를 전달하라.
3. 필요에 따라 학습자의 움직임을 따라다니며 신체적 촉진을 사용하라.
4. 만일 학습자가 오류를 범하기 시작한다면, 즉시 더 적극적인 신체적 촉진을 사용하라.
5. 학생이 수행한 촉진되지 않은 행동은 물론 촉진된 행동도 칭찬하라.
6. 시간이 지나면서 학생이 더 독립적이 되어감에 따라 신체적 촉진을 철회하라.

점진적 안내 절차는 어린 학습자들이나 말로 하는 지시를 따르는 데 필요한 수용언어를 아직 갖지 못하거나 모델 촉진을 따르기에는 아직 충분히 모방하지 못하는 심한 지적장애 학습자들에게 적절하다. 그러나 교수자들은 학습자가 시간이 지남에 따라 말로 하는 지시를 이해할 능력을 갖는 것을 촉진하기 위해, 말로 하는 지시를 학습자가 수행하는 각 행동과 짝짓게 할 수 있다. 예를 들어, 그릇에서 푸딩을 숟가락 가득 뜨도록 학습자를 신체적으로 촉진하는 교수자는 동시에 "푸딩을 떠"라고 말할 수 있다. 점진적 안내 절차는 심한 운동기능 장애를 지니고 있고 운동기능 행동을 수행하는 데 신체적 안내가 필요한 학생들에게도 적합하다.

점진적 안내 절차를 활용할 때 자료 수집은 간단하다. 교수자는 그저 학습자가 해당 행동을 독립적으로 수행할 수 있는지(예 : *I*로 기록) 혹은 학습자가 신체적 촉진을 필요로 하는지(예 : *P*로 기록) 여부를 자료용지에 열거하면 된다. 이 절차는 개별 행동이나 연쇄 과제와 함께 사용될 수 있다. 점진적 안내 절차와 함께 교수된 개별 행동에 대해 작성된 자료용지 견본은 그림 3.1에서 점진적 안내 절차와 함께 교수된 연쇄 과제에 대해 작성된 자료용지 견본은 그림 3.2에서 볼 수 있다. 점진적 안내 절차에서 도출된 자료를 그래프로 만들 때 교수자는 촉진되지 않은(독립적인) 정확한 행동들을 보여주기만 하면 된다.

점진적 안내 자료용지

이름 : 에머러   교수자 : 브록 선생님

기술 : 예/아니요를 전달하기 위해 스위치 작동시키기   상황 : 초등 학급

단계	날짜		
	9월 7일	9월 8일	9월 9일
1. 예	P	P	P
2. 아니요	I	P	I
3. 아니요	P	P	P
4. 아니요	P	P	I
5. 예	P	I	P
6. 예	P	I	I
7. 예	P	P	I
8. 예	I	P	P
9. 아니요	P	I	P
10. 아니요	P	P	P
정반응 수	2/10	3/10	4/10
정반응 %	20%	30%	40%

주 : I(독립적 수행), P(신체적 촉진). 학생이 각 시행에서 정반응 또는 오반응을 했음을 의미함

그림 3.1 점진적 안내를 활용한 개별 과제 자료용지 견본

점진적 안내 자료용지

이름 :	매디건	기술 :	칼로 자르기	날짜 :	4월 22일
교수자 :	스미스 선생님	상황 :	부엌-소비자 과학	시간 :	1:00

단계	반응
1. 치즈 한 덩어리를 도마에 놓기	P
2. 왼손으로 도마 잡기	I
3. 오른손으로 칼날을 치즈 덩어리 끝에서 1인치 되는 곳에 놓기	P
4. 칼날이 치즈를 완전히 자를 때까지 오른손으로 누르기	P
5. 칼을 도마 위에 내려놓기	P
6. 치즈 조각을 접시에 놓기	P
정반응 수	1/6
정반응 %	16%

주 : I(독립적 수행), P(신체적 촉진)

그림 3.2 점진적 안내를 활용한 연쇄 과제 자료용지 견본

최대-최소 촉진

점진적 안내 절차에서와 같이 한 가지 신체적 촉진에 의존하는 대신 **최대-최소 촉진 절차**(most-to-least prompting procedure)(Collins, 2007; Snell & Brown, 2011; Spooner et al., 2011; Westling & Fox, 2009; Wolery et al., 1992)는 통제 촉진이나 학습자가 정반응을 수행하는 데 필요한 가장 개입적인 촉진으로 시작되는 촉진체계(제1장에 기술된 것과 같은)를 따른다. 촉진체계는 대부분 신체적 촉진일 것이다. 이 촉진은 바라는 행동을 학습자가 정확하게 그리고 독립적으로 수행할 수 있을 때까지, 미리 정해진 촉진 순서를 한 번에 하나씩 진행함으로써 점진적으로 철회된다. 교수자는 학습자가 준비되었을 때에만 덜 개입적인 촉진으로 옮겨가면서, 이 순서를 느리게 진행한다. 이 절차는 최소한 세 가지 촉진 수준(예 : 신체, 모델, 독립)을 필요로 한다. 그러므로 이 절차는 어떤 학습자가 기준을 충족시키는 데는 수 주일이 걸릴 수 있다. 예를 들어, 교수자는 1주일간 신체적 촉진으로 시작하고, 1주일 동안은 부분적인 신체적 촉진으로, 1주일 간 모델 촉진으로, 1주일 동안은 언어적 촉진으로 진행하고, 그러고 나서 학습자가 행동을 독립적으로 수행하도록 허용할 수 있다. 점진적 안내 절차와 같이 언어적 촉진은 처음부터 더 개입하는 촉진과 짝지어질 수 있고 시간이 지나면서 의미를 습득할 수 있는 음성 언어에 학습자를 노출시키게 된다.

하나의 촉진 수준에서 다른 촉진 수준으로 이동하는 데에는 몇 가지 방법이 있다. 교수자는 학습자가 언제 준비되었는지에 대해 개인적인 판단에 의존할 수 있다. 또 다른 선택권은 어떤 학생과 각각의 촉진을 사용하기 위해 미리 결정된, 설정된 회기 수를 정해야 한다. 어떤 경우에도 교수자는 만일 학습자가 해당 반응을 덜 개입하는 촉진으로 수행할 수 없다면 이전 촉진 수준으로 되돌아 갈 수 있다. 두 번째 방법이 더 체계적이다. 교수자는 학습자가 다음의 덜 개입하는 촉진으로 이동할 준비가 되어 있는지 여부를 사정하

최대-최소 촉진 자료용지

이름 : 자카리　　　　　　　　　　　　교수자 : 새일러 선생님

기술 : 상의 지퍼 맞물리기　　　　　　상황 : 쉬는 시간

	회기																				
	1주					2주					3주					4주				
	1	2	3	4	5	1	2	3	4	5	1	2	3	4	5	1	2	3	4	5
시행 1	P	P	P	P	P	M	M	M	M	M	V	V	V	V	V	I	I	I	I	I
시행 2	P	P	P	P	P	M	M	M	M	M	V	V	V	V	V	I	I	I	I	I
시행 3	P	P	P	P	P	M	M	M	M	M	V	V	V	V	V	I	I	I	I	I
시행 4	P	P	P	P	P	M	M	M	M	M	V	V	V	V	V	I	I	I	I	I
시행 5	P	P	P	P	P	M	M	M	M	M	V	V	V	V	V	I	I	I	I	I
정반응 수	5	5	5	5	5	5	5	5	5	5	5	5	5	5	5	5	5	5	5	5

주 : I(독립), M(모델), P(신체), V(언어)

그림 3.3 최대-최소 촉진 절차를 활용한 개별 과제 자료용지 견본

기 위한 조사 회기를 수행할 수 있다. 예를 들어, 어떤 신체적 촉진을 사용한 지 5일 후에 교수자는 해당 학습자에게 촉진 없이, 언어적 촉진으로, 그리고 모델 촉진으로 행동을 수행해볼 기회를 제공한다. 해당 학습자의 수행에 근거하여 교수자는 다음 수준의 촉진하기로 진행한다. 어떤 교수자가 하나의 촉진 수준에서 다른 촉진 수준으로의 이동을 어떻게 결정하든 상관없이, 해당 교수자는 만약 학습자가 요청한다면 이전의, 더 개입적인 촉진으로 돌아갈 수 있다. 최대-최소 촉진 절차에서 핵심은 회기 내에서가 아니고 회기 전반에 걸쳐 촉진의 수준을 바꾸는 데 있다. 최대-최소 촉진 절차를 활용하기 위한 단계들은 다음과 같다.

1. 학습자의 주의집중을 확보하라.
2. 과제 지시를 전달하라.
3. 학생이 정반응을 수행하는 데 필요한 가장 개입적인 촉진(예 : 신체)을 즉시 사용하고, 모든 정반응을 칭찬하라.
4. 몇 회기 후 위계에 있는 다음의 덜 개입적인 촉진(예 : 모델) 수준으로 진행하고, 모든 정반응을 칭찬하라.
5. 몇 회기 후 위계에 있는 다음의 덜 개입적인 촉진(예 : 언어) 수준으로 진행하고, 모든 정반응을 칭찬하라.
6. 해당 학습자가 몇 회기 전반에 걸쳐 반응을 독립적으로 수행할 수 있을 때까지 계속하라.

최대-최소 촉진 절차는 어린 학습자들이나 새로운 행동에 대한 교수 초기에 많은 지원을 필요로 할 수 있는 심한 지적장애 학습자들에게 적절하다(Summers & Szatmari, 2009). 이 절차는 또한 학습자들이 교수 초기에 어려움을 발견할 수 있는 과제들(예 : 지퍼를 맞물리게 하기, 알파벳 문자 쓰기)에도 적합하다. 점

최대-최소 촉진 자료용지

이름 : 휘트니

교수자 : 스미스 선생님

기술 : 양치질

상황 : 화장실

	회기																			
	1주					2주					3주					4주				
	1	2	3	4	5	1	2	3	4	5	1	2	3	4	5	1	2	3	4	5
1. 물 틀기	P	P	P	P	P	M	M	M	M	M	V	V	V	V	V	I	I	I	I	I
2. 칫솔 적시기	P	P	P	P	P	M	M	M	M	M	V	V	V	V	V	I	I	I	I	I
3. 치약 짜기	P	P	P	P	P	M	M	M	M	M	V	V	V	V	V	I	I	I	I	I
4. 앞니 닦기	P	P	P	P	P	M	M	M	M	M	V	V	V	V	V	I	I	I	I	I
5. 왼쪽 닦기	P	P	P	P	P	M	M	M	M	M	V	V	V	V	V	I	I	I	I	I
6. 오른쪽 닦기	P	P	P	P	P	M	M	M	M	M	V	V	V	V	V	I	I	I	I	I
7. 입 헹구기	P	P	P	P	P	M	M	M	M	M	V	V	V	V	V	I	I	I	I	I
8. 세면대에 물 뱉기	P	P	P	P	P	M	M	M	M	M	V	V	V	V	V	I	I	I	I	I
9. 물 잠그기	P	P	P	P	P	M	M	M	M	M	V	V	V	V	V	I	I	I	I	I
정반응 수	9	9	9	9	9	9	9	9	9	9	9	9	9	9	9	9	9	9	9	9

주 : I(독립), M(모델), P(신체), V(언어)

그림 3.4   최대-최소 촉진 절차를 활용한 연쇄 과제 자료용지 견본

진적 안내 절차와 같이 교수자는 해당 학습자가 시간이 지나면서 지시를 따르는 데 필요한 수용언어 기술을 습득할 것이라는 바람으로, 언어적 촉진을 활용하기 전에 해당 학습자를 음성 언어에 노출시키기 위해 언어 촉진을 더 개입적인 촉진과 짝지으려 할 수 있다.

자료를 수집할 때 교수자는 해당 행동을 정확하게 수행하는 데 요구되는 촉진 수준(예 : FP = 전체 신체, PP = 부분 신체, M = 모델, V = 언어, I = 독립)을 기록한다. 개별 과제에 대해 작성된 자료용지 견본은 그림 3.3에서, 연쇄 과제를 작성한 자료용지 견본은 그림 3.4에서 볼 수 있다. 학습자는 각 촉진 수준에서 해당 행동을 정확하게 수행할 수 있어야 하기 때문에, 그래프는 그림 3.5에 제시된 것처럼 해당 학습자가 기준에 도달할 때까지 지원을 받으면서 기준 수준에서 반응을 수행하고 있음을 보여주어야 한다. 촉진하기의 각 단계는 그래프에 표시되어야 하고, 어떤 학습자가 촉진하기의 다음 단계나 다음 수준으로 진행할 준비가 되어 있는지 여부를 결정하기 위한 검사 시행이 표시되어야 한다.

최소 촉진체계

점진적 안내 절차와 최대-최소 촉진 절차가 어떤 행동을 수행하는 데 있어 초기에 많은 지원이나 촉진을

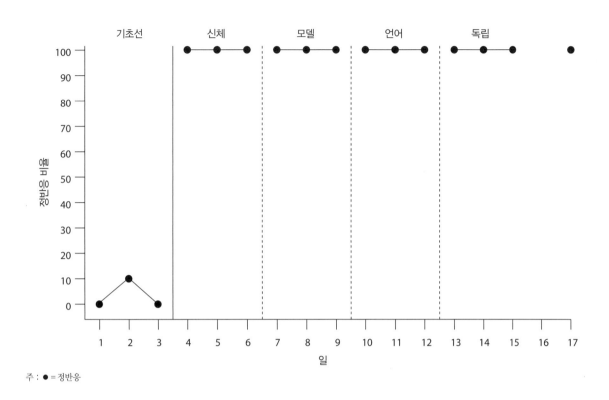

그림 3.5 최대-최소 촉진 절차 그래프 견본

필요로 하는 학습자들에게 적절한 반면, 어떤 학습자들은 덜 개입하는 촉진에 반응할 수 있고, 때때로 독립적으로 반응할 수도 있다(Demchak, 1989). 이 절차(Collins, 2007; Snell & Brown, 2011; Spooner et al., 2011; Westling & Fox, 2009; Wolery et al., 1992)는 학습자가 정반응을 수행하는 데 필요한 지원의 양만 받을 수 있게 해준다. 최대-최소 촉진 절차와 같이 촉진의 체계가 활용된다. 그러나 교수자는 촉진을 전달하기 전에 학습자가 어떤 행동을 독립적으로 수행할 수 있게 허용함으로써 시작하고, 가장 덜 개입적인 촉진에서 출발하여 해당 학습자가 반응을 정확하게 그리고 독립적으로 수행할 수 있을 때까지 최소 개입하는 것부터 최대한 개입하는 것까지 위계 전체를 진행한다. 그러므로 어떤 학습자는 한 시행에서는 언어적 촉진을, 다른 시행에서는 모델 촉진을 요구하고, 그리고 또 다른 시행에서는 아무런 촉진도 요구하지 않을 수 있다. **최소 촉진체계 절차**(system-of-least prompts, SLP procedure)*는 비전문가의 용어로 기술하기가 쉽다: "만약 학습자들이 무엇을 해야 할지 모를 때, 말해줘라. 만일 그들이 아직도 무엇을 해야 할지 모를 때 보여줘라. 그들이 여전히 무엇을 해야 할지 모를 때, 도와줘라." 최대-최소 촉진 절차와 같이 최소 촉진체계 절차는 최소한 세 가지 촉진 수준(예 : 신체, 모델, 독립)을 필요로 한다. 최대-최소 촉진 절차가 하나 혹은 그 이상의 회기 전반에 걸쳐 동일 수준의 촉진을 사용하는 반면, 최소 촉진체계 절차에서 사용되는 촉진 수준은 한 회기 내에서 시행마다(개별 과제들) 혹은 한 시행 내에서 단계마다(연쇄 과제들) 다를 수 있다. 각각의 시행이 진행되는 동안 교수자는 촉진 과정을 시작하기 전에 학습자가 독립적으로 반응하

---

* 최소 촉진체계 절차는 보통 SLP로 축약되고, 이 책에서의 SLP는 말-언어 병리학자(speech-language pathologist)의 약어로 일반적으로 사용되는 SLP와 혼동하지 말아야 한다.

도록 미리 정해진 **반응 간격**(response interval)(예 : 3초)을 기다리고, 학습자가 각 촉진 수준 사이에 행동을 수행하도록 동일 반응 간격을 기다리다가 만약 해당 학습자가 지원을 기다리는 대신 오류를 범하기 시작한 다면 오류들을 중단시킨다.

비록 연구자들이 이 절차의 여러 변형들을 연구해왔다 하더라도(예 : Doyle, Wolery, Ault, & Gast, 1988; West & Billingsley, 2005), 최소 촉진체계 절차를 활용하기 위한 전형적인 단계들은 다음과 같다.

1. 학습자의 주의집중을 확보하라.
2. 과제 지시를 전달하라.
3. 학습자가 독립적으로 반응할 수 있도록 설정된 시간(즉, 반응 간격) 동안 기다려라.
4. 해당 학습자가 정확히 반응한다면 칭찬하라. 반응이 없거나 오류를 보인다면, 위계에 있는 가장 덜 개입적인 촉진(예 : 언어)을 제공하고, 다시 설정된 시간 동안 반응을 기다려라.
5. 해당 학습자가 정확히 반응한다면 칭찬하라. 반응이 없거나 오류를 보인다면, 위계에 있는 그다음으로 덜 개입하는 촉진(예 : 모델)을 제공하고 다시 설정된 시간 동안 반응을 기다려라.
6. 해당 학습자가 정확히 반응한다면 칭찬하라. 반응이 없거나 오류가 있다면, 해당 학습자가 정확하게 반응할 때까지 계속해서 위계에 있는 그다음으로 덜 개입하는 촉진(예 : 신체)을 제공하라.
7. 개별 행동에 대한 다음 시행으로 혹은 연쇄 과제를 위한 과제분석의 단계로 진행하기 전에 정반응을 칭찬하라.

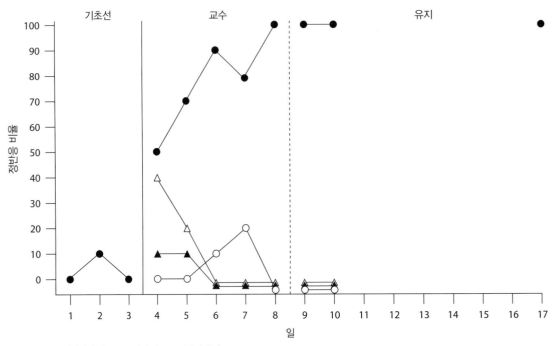

주 : ● = 독립, ○ = 언어적 촉진, ▲ = 모델 촉진, △ = 신체적 촉진

그림 3.6   최소 촉진체계 절차 그래프 견본. 이 그래프는 학습자가 촉진에 덜 의존하게 됨에 따라 독립적으로 행한 정반응 비율이 상승하고 있음을 보여준다. 촉진이 제공되지 않을 때까지 모든 촉진 수준은 해당 학습자가 기준에 도달할 때까지 그래프화한다. 촉진 수준이 사용되지 않을 때, 해당 회기에 대한 촉진 수준 값은 0%이다.

최소 촉진체계 절차는 다양한 과제 전반에 걸쳐 중등도 및 중도장애 학습자들에게 효과적이라는 오랜 역사가 있다(예 : Collins, Branson, Hall, & Rankin, 2001; Collins, Hall, & Branson, 1997; Jones & Collins, 1997; Manley, Collins, Stenhoff, & Kleinert, 2008; Smith, Collins, Scuster, & Kleinert, 1999). 비록 최소 촉진체계 절차가 학습자가 필요한 양만큼만 지원을 받게 할 수 있다는 이점을 가지고 있다 하더라도, 이 절차는 교수자가 매 시행이나 단계에서 위계에 있는 각각의 촉진을 거쳐야 하기 때문에 시간이 많이 걸릴 수 있다. 하지만 최소 촉진체계 절차는 독립성을 결코 성취할 수 없을 학습자들이 시간이 지나면서 줄어들 수 있는 필요한 양만큼의 지원을 활용함으로써 계속해서 진전을 보일 수 있게 해준다. 예를 들어, 어떤 학습자는 어떤 기술을 수행하는 데 있어 독립성에 도달할 수 없을 수 있지만 해당 학습자가 필요로 하는 지원은 신체적 촉진에서 언어적 촉진으로 낮아질 수 있다.

자료를 수집할 때 교수자는 해당 행동을 정확하게 수행하는 데 요구되는 촉진 수준을 기록하는 데 세 가지 선택권을 갖는다. 교수자는 (1) 문자 하나(예 : I=독립, V=언어, G=몸짓, M=모델, P=전체 신체)로 촉진 수준을 보여주거나, (2) 촉진 목록에 있는 촉진 수준에 동그라미를 치거나, 혹은 (3) 표시된 열 아래 있는 촉진 수준을 체크할 수 있다. 이 장의 뒷부분에는 교수 프로그램에 딸려 있는 자료용지 견본이 있다. 최소 촉진체계 절차에서 도출된 자료를 그래프로 만들 때, 독립적 반응을 의미하는 기준점들은 기준에 포함되는 것들이다. 그러나 교수자는 다른 촉진된 반응들을 지원의 수준에 따라 그래프로 만들고자 할 수도 있다. 이는 두 가지 방식으로 할 수 있다. 교수자는 (1) 각 촉진 수준에 대해 별개의 그래프를 만들거나 혹은 (2) 같은 그래프에 서로 다른 촉진을 보여주기 위해 다른 유형의 기준점(예 : 흰 동그라미나 검은 동그라미, 혹은 삼각형)을 사용하거나 기준점의 색깔을 달리하는 방식을 택할 수 있다. 그래프 견본이 교수 프로그램과 함께 그림 3.6에 제시되어 있다.

교수 프로그램

최소 촉진체계 절차가 사용하기에 자연스러운 절차이고, 최소 촉진체계 절차가 점진적 안내나 최대－최소 촉진 절차들보다 전문 서적에서 더 자주 인용되기 때문에 이 장에 제시된 교수 프로그램은 중등도 및 중도장애 학습자들에게 행동을 가르치기 위해 최소 촉진체계 절차를 활용하는 예들을 제공하고자 한다.

교수 프로그램 1

전화를 거는 것은 몇 가지 이유에서 중등도 및 중도장애 학습자들에게 중요하다. 작문을 통한 의사소통(예 : 이메일, 문자)을 잘할 수 없는 학습자들에게 전화를 거는 것은 이들이 중요한 정보를 주고받을 수 있게 해준다. 예를 들어, 지역사회에서 지원을 필요로 할 수 있는 학습자들은 도움을 요청하고 자신이 있는 위치에 대한 그리고 주의를 요하는 특정 문제가 있는지에 대한 정보를 제공할 수 있다. 전화 통화는 또한 또래들과 연락하고 우정을 형성할 기회를 제공할 수 있으며, 이는 신체적이나 감각적, 혹은 인지적 장애로 인해 이동 능력에 제한이 있을 수 있는 학생들에게는 특히 중요할 수 있다. 다음의 교수 프로그램은 중등도에서 중도장애 학습자에게 전화 통화를 하는 연쇄 과제를 가르치기 위한 일간 수업을 구조화하기 위해 초등학교 교사가 최소 촉진체계 절차를 어떻게 활용했는지에 대한 한 가지 예이다. 이 절차들은 Manley 등(2008)이 수행한 연구를 기반으로 하고 있다.

핵심 내용 기준

실제 생활/
직업
- 학생들은 집과 학교에서 사용되는 기술 장비들(예 : 전자 게임, 전화, 컴퓨터)을 가려낼 것이다.
- 학생들은 개인적 복지와 건강한 가족관계를 촉진하는 기술들을 보여준다.
- 학생들은 정신적으로 그리고 정서적으로 건강해지고 그 상태를 유지하기 위한 전략들을 보여준다.

행동적 목표

학교에서 혹은 지역사회에서 전화 통화를 하기 위한 과제 지시를 받을 때 타일러는, 5일 동안 100% 정확하게 다음의 과제분석 단계들을 완수하여 친구들에게 실황의 그리고 녹음된 전화 통화를 할 수 있다.

1. 수화기를 들거나 전화기 열기
2. 전화번호부에 등재되어 있는 번호 누르기
3. 어떤 사람이 "여보세요"라고 말하거나 "메시지를 남겨주세요"라고 녹음된 말소리가 들린 후 누가 전화를 걸었는지 말하기(예 : "저는 타일러입니다")
4. 전화를 건 목적 말하기(예 : "너 오늘 뭐하는지 알고 싶어 전화했어")
5. 대화를 하거나 메시지를 남긴 후 통화 종료하기(예 : "잘 있어")
6. 전화를 끊거나 전화기 닫기

교수 상황

교수는 일대일 형식으로 두 가지 상황에서 발생할 것이다. 대부분의 경우 교수는 학교의 학습도움실에서 교사가 타일러와 마주앉은 상태로 진행된다. 또한 교수는 타일러가 매주 교사가 자신의 옆에 서 있는 상태로 지역사회중심 교수를 받을 때에는 다양한 상황에서 진행된다. 타일러의 전화번호부에 있는 친구들은 매일 특정 시간대에 타일러로부터의 전화를 받을 수 있음을 알고 있다. 이때 학교에 있는 또래들은 학급 전화에 응답할 수 있도록 교사의 허락을 받는다.

교수 자료

자료는 통화가 가능한 일반 전화나 핸드폰 그리고 개인 전화번호부로 한다. 가로 8인치, 세로 10인치의 코팅된 전화번호부는 해당 학생의 가족 및 친구들 한 사람당 사진 하나가 들어 있을 것이며, 각각의 사진 밑에는 커다란 검은색 블록체로 인쇄된 전화번호가 있다.

교수 절차

각 교수 시행은 다음과 같이 진행된다.

주의집중
단서
- 교사는 "타일러, 오늘 전화할 누군가를 네 전화번호부에서 찾아라"라는 특정 주의집중 단서를 제공한다.

과제 지시	• 일단 타일러가 통화를 원하는 사람의 사진이 있는 면으로 전화번호부를 편다면, 교사는 "그 사람의 이름을 불러봐"라는 과제 지시를 한다.
최소 촉진 체계 절차	• 촉진체계는 독립, 언어, 모델, 신체 등이 될 것이다. 교사는 타일러가 과제분석 각 단계를 수행하도록 5초의 반응 간격 동안 그리고 단계마다 각 촉진 수준 사이에 5초의 지연 간격 동안 기다린다. • 각 회기는 친구들에게 전화하는 두 차례의 시행으로 구성한다. 일단 타일러가 첫 번째 전화를 걸 친구를 선택한다면, 교사들은 그 통화가 실제 통화인지 녹음인지 주목하고 타일러를 위해 확실히 다른 유형의 통화 결과가 나올 다음 친구를 선택한다. 다른 말로 하자면, 만약 타일러의 첫 번째 통화가 실제 통화였다면, 교사들은 전화를 받지 않아 타일러가 녹음된 통화를 경험할 수 있는 사람에게 전화를 하도록 타일러의 전화번호부에서 누군가를 선택한다.
후속 결과	• 교사는 모든 정반응을 칭찬할 것이다(예 : "잘했어!"). 친구에게 전화로 얘기하는 행위는 타일러에게 자연스러운 강화물이 되어야 한다. 만약 타일러가 전화번호를 누르는 동안 오류를 범한다면, 교사는 다음 촉진 수준을 사용하기 전에 통화를 종료할 것이다. 교사가 전화번호 누르는 것을 시범 보일 때, 번호를 실제로 누르지는 않는다.
목표 외 정보	• 타일러가 과제분석을 완수한 후에 교사는, 칭찬을 하면서 전화 통화를 하는 다른 목적에 대한 교수적 피드백을 덧붙인다(예 : "전화 통화 잘했어! 전화는 9, 1, 1을 눌러서 응급상황을 신고하기 위해서도 쓸 수 있어").

자료 수집

교사는 과제분석의 각 단계에 대해, 통화를 할 때 사용될 촉진 수준(즉, 독립, 언어, 모델, 신체)을 보여주기 위해 정확한 열 아래 ×표를 한다. 각 촉진 수준은 그래프화한다. 그림 3.7에서 작성된 자료용지 견본을 볼 수 있다.

유지

일단 타일러가 하루 동안 100% 정반응이라는 기준을 충족한다면, 교사는 타일러가 5일 동안이라는 기준을 충족할 때까지 정반응에 대한 칭찬의 말을 세 번째 시행마다 하는 것으로 줄인다(즉, 3 고정비율 강화계획). 유지를 모니터하기 위해 월간 조사 회기들이 진행되는 동안, 타일러는 친구와 얘기하는 것이라는 자연스러운 강화만으로 통화를 한다.

일반화

교사는 타일러로 하여금 일반 전화로 통화를 하는 것과 핸드폰으로 하는 것을 번갈아 하게 함으로써 일반화를 촉진한다. 일단 타일러가 기준에 도달한다면, 교사는 새로운 전화기(예 : 타일러의 집 전화, 공중전화)로 통화를 하게끔 요청한다. 만약 타일러가 일반화하지 못한다면, 교사는 새로운 전화기를 사용하여 검토한다.

행동 관리

교사는 타일러가 주의집중하는 것에 대해 주기적으로 칭찬을 제공한다(예 : "나는 네가 전화를 거는 방법을 배우기 위해 열심히 노력하는 방식이 마음에 들어!").

수업의 변형 및 확장

일단 타일러가 친구들에게 정보를 전하기 위해 전화 거는 것을 완전히 익혔다면, 앞으로의 수업은 다른 유형의 통화를 한다. 통화의 한 가지 유형은 응급상황을 신고하는 것(예 : 911에 전화하기)이 될 수 있다. 또 다른 유형의 통화는 정보를 얻는 것(예 : 영화 상영 시간 알아내기, 어떤 상점이 어떤 상품을 취급하는지 알아내기)이 될 수 있다. 그리고 또 다른 유형의 통화는 어떤 기능을 수행하는 것(예 : 미용실 예약하기, 피자 주문하기)이 될 수 있다. 이러한 것들은 연결되지 않은 전화기를 이용한 모의수업을 통해 배울 수 있다.

계속

최소 촉진체계 자료용지

이름 : **타일러**　　기술 : **전화 걸기**　　날짜 : **5월 8일**

교수자 : **엘람 선생님**　　상황 : **초등학교 학급**　　시간 : **10:00**

과제분석 단계	실제 통화				녹음된 메시지 통화			
	I	V	M	P	I	V	M	P
1. 수화기를 들거나 전화기 열기				×	×			
2. 전화번호 누르기				×	×			
3. 메시지를 남기거나 본인 이름 말하기		×					×	
4. 전화를 건 목적 말하기			×				×	
5. 통화 종료하기		×				×		
6. 전화를 끊거나 전화기 닫기				×			×	
독립 횟수/%	2/17%							
언어 횟수/%	3/25%							
모델 횟수/%	4/33%							
신체 횟수/%	3/25%							

주 : I(독립), M(모델), P(신체), V(언어)

그림 3.7　최소 촉진체계 절차를 활용한 교수 프로그램 1의 자료용지 견본

교수 프로그램 2

중등도 및 중도장애를 지닌 학습자들이 일반교육 수업에 통합되는 것의 사회적 측면에서 이득을 볼 수 있고 그러한 환경에서 교수되는 핵심 내용에 접근할 필요가 있다 하더라도, 충분한 지원을 제공하는 것은 도전이 될 수 있다. 다음의 교수 프로그램에서 한 특수교사는 중등도 장애를 지닌 학습자에게 상급영어 수업에서 편지 쓰는 법을 가르치기 위한 절차를 개발하기 위해 일반교사와 협력하였다. 비장애 또래들이 그들의 쓰기 포트폴리오를 위한 여러 작품들에 공을 들이고 있는 동안 장애를 지닌 학습자인 알렉스는 또래교수자의 지원을 받아 편지를 쓰는 데 애쓰고 있었다. 이 절차들은 Collins 등 (2001)이 수행한 연구를 기반으로 하고 있다.

핵심 내용 기준

쓰기
- 학생들은 서식의 특성들을 고수함으로써 진정한 독자와 의사소통하는 것으로 집중된 목적을 확립하고 유지할 수 있다.
- 학생들은 정확한 구두점과 정확한 대·소문자 구분 등을 활용함으로써 분명하게 의사소통할 수 있다.

행동적 목표

편지를 쓰라는 말을 들을 때 알렉스는 5일 동안 정확한 들여쓰기와 대·소문자 구분, 그리고 구두점 등과 함께 날짜와 인사말, 내용 단락, 맺음말을 포함한 편지를 쓸 수 있다.

교수 상황

매일 특수교사는 알렉스와 함께 날짜와 알렉스가 편지를 쓸 사람, 그리고 알렉스가 전하고자 하는 내용 등을 진술한 서식을 작성한다. 알렉스는 이를 가지고 비장애학생들이 쓰기 포트폴리오에 들어갈 것들을 독립적으로 작업하고 있는 상급 영어 수업에 간다. 알렉스가 앉을 때, 영어교사는 그 서식을 읽고 과제 지시를 한다. 또래 교수자는 알렉스의 옆에 앉아 알렉스가 편지를 쓸 때 지원과 도움을 제공한다. 영어교사는 수업시간에 학급을 돌며 알렉스의 책상 옆에 멈춰 설 때마다 알렉스에게 피드백을 제공한다. 수업이 끝날 때 영어교사는 어떻게 했는지 알렉스에게 말한다. 그러면 알렉스는 자신의 포트폴리오에 포함시키기 위해 특수교사에게 자신이 쓴 것을 가지고 간다.

교수 자료

알렉스는 공책과 연필을 사용한다. 여기에 덧붙여 알렉스는 날짜와 자신이 편지를 쓸 사람, 그리고 자신이 편지에 포함시키고자 하는 일련의 내용 등을 진술한 서식을 갖게 된다. 또래 교수자는 알렉스가 편지를 쓸 때 필요로 하는 촉진 수준을 보여주는 자료용지를 갖게 된다.

교수 절차

각 교수 시행은 다음과 같이 진행된다.

주의집중 단서	• 영어교사는 날짜와 알렉스가 편지를 쓸 사람, 그리고 알렉스가 편지에 포함시키고자 하는 내용 등을 말하거나 가리키도록 알렉스에게 요청하는 특정 주의집중 단서를 제공한다.
과제 지시	• 일단 알렉스가 주의집중 단서에 반응하면, 영어교사는 "알렉스, (내용)에 대해 (이름)에게 편지를 써"라는 과제 지시를 한다.
최소 촉진체계 절차	• 촉진체계는 독립, 언어, 모델, 신체 등이 된다. 또래 교수자는 알렉스가 정확한 대·소문자 구분과 정확한 구두점 등을 활용하여 날짜와 인사말(예 : "월든에게"), 내용 단락(예 : "토요일에 너에게 가려고 해. 같이 수영하러 갈 수 있을까?"), 그리고 맺음말(예 : "알렉스로부터")을 쓸 수 있는지 알기 위해 지켜본다. 만약 알렉스가 이 요소들 중 하나를 수행하지 못하거나 오류를 범하기 시작한다면 또래 교수자는 각 촉진 수준 사이에 3초의 반응 간격을 허용하면서 위계로부터의 촉진을 한다. 철자는 교수 목표의 일부가 아니기 때문에 또래 교수자는 알렉스가 물어보면 단어들의 철자를 쓰는 방법을 말해주지만 철자에 대한 촉진을 하거나 자료에 기록하지는 않는다.
후속 결과	• 또래 교수자는 알렉스가 편지를 쓸 때 모든 정확한 촉진된 혹은 촉진되지 않은 반응에 뒤이어 일반적인 칭찬(예 : "좋아!")을 한다. 영어교사는 알렉스의 책상 옆에 멈춰 설 때마다 서술적 칭찬(예 : "[Dear]와 [Walden]을 대문자로 시작하고 [월든에게] 뒤에 쉼표를 찍다니, 잘했어")을 한다. 수업이 끝날 때 영어교사는 알렉스의 완료된 편지를 읽고, 알렉스에게 어떻게 했는지 말한다("알렉스, 오늘 편지 쓰기를 훌륭하게 해냈어. 토요일에 월든네 집에서 좋은 시간을 보내기 바란다").
목표 외 정보	• 이 교수 프로그램에 포함된 목표 외 정보는 철자이다. 비록 교수의 대상은 아니지만, 알렉스는 또래 교수자가 자신을 위해 철자를 써준 일부 단어들의 철자를 배운다.

자료 수집

또래 교수자는 독립(I), 언어(V), 모델(M), 혹은 신체(P) 등과 같은 설명표를 활용함으로써 편지의 각 부분에 필요한 가장 개입적인 촉진 수준을 자료용지에 나타낼 것이다. 예를 들어, 알렉스는 독립적으로 편지 내용 중 첫 문장의 끝에 마침표를 찍을 수 있으나 두 번째 문장의 끝에 물음표를 찍기 위해서는 시범이 필요하다. 이러한 경우, 모델 촉진이 정반응을 하기 위해 알렉스가 필요로 하는 가장 개입하는 촉진이므로 이를 보여주기 위해 또래 교수자는 M이라고 쓸 것이다. 각각의 촉진 수준은 동일한 그래프에 표시한다. 그림 3.8에서 작성된 자료용지 견본을 볼 수 있다.

계속

최소 촉진체계 자료용지

이름 : 알렉스   상황 : 영어 수업   날짜 : 10월 15일

교수자 : 허드슨 선생님   기술 : 편지 쓰기   시간 : 2:30

문법	편지의 부분			
	날짜	인사말	본문	맺음말
정확한 들여쓰기	P	P	P	P
정확한 대소문자 구분	I	V	I	M
정확한 구두점	M	P	P	P
독립 횟수/%	2/17%			
언어 횟수/%	1/8%			
모델 횟수/%	2/17%			
신체 횟수/%	7/58%			

주 : I(독립), M(모델), P(신체), V(언어)

그림 3.8 최소 촉진체계 절차를 활용한 교수 프로그램 2의 자료용지 견본

유지

일단 알렉스가 하루 동안 100% 정반응이라는 기준을 충족한다면, 교사는 알렉스가 5일 동안이라는 기준을 충족할 때까지 정반응에 대한 칭찬의 말을 평균 세 번째 시행마다 하는 것으로 줄인다[즉, 3 **변동비율**(variable ratio) 혹은 VR3 **강화계획** (schedule of reinforcement)]. 알렉스는 계속해서 영어 수업 시간에 한 달에 한 번 다정한 편지를 쓸 것이다.

일반화

특수교사는 알렉스로 하여금 매일 다른 사람에게 편지를 쓰게 함으로써 그리고 영어 수업 시간에 알렉스를 지원하기 위해 서로 다른 또래 교수자들을 보냄으로써 일반화를 촉진한다. 일단 알렉스가 다정한 편지 쓰기를 완전히 익혔다면, 편지를 컴퓨터에 입력한다.

행동 관리

영어교사와 또래 교수자는 알렉스가 자리에 앉아 편지를 쓰는 것에 대해 주기적으로 칭찬한다(예 : "너는 오늘 조용히 편지 쓰기를 잘했어").

수업의 변형 및 확장

일단 알렉스가 다정한 편지 쓰기를 완전히 익혔다면, 알렉스는 사무용 편지 쓰기를 시작한다. 알렉스는 또한 컴퓨터에서 이메일 메시지를 보내고 답장하는 것도 시작한다. 이러한 기술을 핵심 내용의 다른 영역들로 확장하기 위해 알렉스는, 핵심 내용 수업의 공부 주제들에 대한 정보를 사람들에게 글로 써 보내거나 이메일로 보낸다(예 : 환경 정책에 대해 국회의원에게 편지 쓰기).

요약

이 장은 전문 서적에서 그 효과가 증명된 세 가지 반응 촉진 절차들을 제시한다. 점진적 안내 절차는 교수자의 판단에 따라 더 이상 필요하지 않을 때 점진적으로 철회되는 신체적 촉진에 의존한다. 최대-최소 촉진 절차는 회기 전반에 걸쳐 그리고 시간이 지남에 따라 촉진의 수준을 다음 수준으로 체계적으로 철회하는, 가장 개입하는 것에서부터 가장 덜 개입하는 것에 이르는 촉진들의 위계를 활용한다. 최소 촉진체계 절차는 시행 혹은 단계마다 필요한 촉진의 수준만을 제공함으로써 점진적으로 철회하는, 개입 수준이 가장 높은 것에서부터 가장 낮은 것에 이르는 촉진들의 위계를 활용한다. 이 장에 기술된 절차들을 활용하기 위한 순서도는 부록 A에서 찾아볼 수 있다. 각각의 절차에 사용될 수 있는 빈 자료용지들은 부록 B에서 찾아볼 수 있다. 또한 이 장에 제시된 절차들을 기술하고 비교하는 추가적인 자원들의 목록은 부록 C에서 찾아볼 수 있다.

성찰을 위한 질문들

1. 최대-최소 촉진과 최소 촉진체계 절차 사이의 유사점과 차이점은 무엇인가? 각각의 장점 및 단점은 무엇인가?

2. 이 장에 기술된 세 가지 절차들 중 어떤 것이 사용하기에 가장 쉽거나 가장 자연스러운가? 그 이유는 무엇인가?

3. 촉진 수준들은 어떻게 더 작은 촉진들로 나뉠 수 있는가?

4. 최소 촉진체계 자료를 그래프로 만드는 방법은 다른 방법들보다 더 나은가? 왜 그런가? 혹은 왜 그렇지 않은가?

5. 그림들은 최소 촉진체계 절차에서 어떻게 사용될 수 있는가? 그림들은 하나의 촉진 수준으로 철회되어야 하는가 아니면 반응할 자극의 일부로 영원히 유지되어야 하는가? 그 이유는 무엇인가?

참고문헌

Collins, B.C. (2007). *Moderate and severe disabilities: A foundational approach.* Upper Saddle River, NJ: Pearson, Merrill, Prentice-Hall.

Collins, B.C., Branson, T.A., Hall, M., & Rankin, S.W. (2001). Teaching secondary students with moderate disabilities in an inclusive academic classroom setting. *Journal of Developmental and Physical Disabilities, 13,* 41–59.

Collins, B.C., Hall, M., & Branson, T.A. (1997). Teaching leisure skills to adolescents with moderate disabilities. *Exceptional Children, 63,* 499–512.

Demchak, M. (1989). A comparison of graduated guidance and increasing assistance in teaching adults with severe handicaps leisure skills. *Education and Training in Developmental Disabilities, 24*(1), 45–55.

Doyle, P.M., Wolery, M., Ault, M.J., & Gast, D.L. (1988). System of least prompts: A systematic review of procedural parameters. *Journal of The Association for Persons with Severe Handicaps, 13*(1), 28–40.

Jones, G.Y., & Collins, B.C. (1997). Teaching microwave skills to adults with disabilities: Acquisition of nutrition and safety facts presented as non-targeted information. *Journal of Physical and De-*

velopmental Disabilities, 9, 59–78.

MacDuff, G.S., Krantz, P.J., & McClannahan, L.E. (1993). Teaching children with autism to use photographic activity schedules: Maintenance and generalization of complex response chains. *Journal of Applied Behavior Analysis, 26,* 89–97.

Manley, K., Collins, B.C., Stenhoff, D.M., & Kleinert, H. (2008). Using a system of least prompts procedure to teach telephone skills to elementary students with cognitive disabilities. *Journal of Behavioral Education, 17*(3), 221–236.

Smith, R.L., Collins, B.C., Schuster, J.W., & Kleinert, H. (1999). Teaching table cleaning skills to secondary students with moderate/severe disabilities: Measuring observational learning during downtime. *Education and Training in Mental Retardation and Developmental Disabilities, 11,* 139–158.

Snell, M.E., & Brown, F. (2011). Selecting teaching strategies and arranging educational environments. In M.E. Snell & F. Brown (Eds.), *Instruction of students with severe disabilities* (7th ed., pp. 122–185). Upper Saddle River, NJ: Pearson.

Spooner, F., Browder, D.M., & Mims, P.J. (2011). Evidence-based practices. In D.M. Browder & F. Spooner (Eds.), *Teaching students with moderate and severe disabilities* (pp. 92–122). New York, NY: Guilford.

Summers, J., & Szatmari, P. (2009). Using discrete trial instruction to teach children with Angelman syndrome. *Focus on Autism and Other Developmental Disabilities, 24,* 216–226.

West, E.A., & Billingsley, F. (2005). Improving the system of least prompts: A comparison of procedural variations. *Education and Training in Developmental Disabilities, 40,* 131–144.

Westling, D.L., & Fox, L. (2009). *Teaching students with severe disabilities* (4th ed.). Upper Saddle River, NJ: Pearson.

Wolery, M., Ault, M.J., & Doyle, P.M. (1992). *Teaching students with moderate to severe disabilities.* New York, NY: Longman.

CHAPTER 4

시간 지연 및 동시 촉진
절차의 활용

목표

이 장을 마치면 독자는

- 교수자가 수행하기에 시간 지연이 최대–최소 촉진이나 최소 촉진체계 절차보다 더 쉬울 수 있는 이유를 설명할 수 있다.
- 기다리기 훈련이 왜 필요한지 그리고 기다리기 훈련이 어떻게 수행되어야 하는지 설명할 수 있다.
- 점진적 시간 지연 절차의 단계들을 기술하고 수행할 수 있다.
- 점진적 시간 지연 절차로 개별 행동 및 연쇄 과제를 가르치기 위한 자료용지를 만들 수 있다.
- 점진적 시간 지연 절차를 활용하는 교수로부터 수집된 형성평가 자료를 그래프로 만들고 분석할 수 있다.
- 지속적 시간 지연 절차와 점진적 시간 지연 절차의 차이를 진술할 수 있다.
- 지속적 시간 지연 절차의 단계들을 기술하고 수행할 수 있다.
- 지속적 시간 지연 절차로 개별 행동 및 연쇄 과제를 가르치기 위한 자료용지를 만들 수 있다.
- 지속적 시간 지연 절차를 활용하는 교수로부터 수집된 형성평가 자료를 그래프로 만들고 분석할 수 있다.
- 시간 지연과 동시 촉진 절차의 차이를 진술할 수 있다.
- 동시 촉진 절차의 단계들을 기술하고 수행할 수 있다.
- 동시 촉진 절차에서 조사 시행이 훈련 시행을 선행해야 하는 이유를 진술할 수 있다.
- 동시 촉진 절차로 개별 행동 및 연쇄 과제를 가르치기 위한 자료용지를 만들 수 있다.
- 동시 촉진 절차를 활용하는 교수로부터 수집된 형성평가 자료를 그래프로 만들고 분석할 수 있다.

핵심 용어

기다리기 훈련	시간 지연 간격	점진적 시간 지연 절차	지속적 시간 지연 절차
동시 촉진 절차	시간 지연 절차	조사 시행	훈련 시행

이 장에서는 (1) 시간 지연 절차(점진적 시간 지연 절차)와 지속적 시간 지연 절차, (2) 동시 촉진 절차 등 중등도 및 중도장애 학생들에게 효과적인 것으로 전문 학술문헌에 보고된 절차 두 가지가 더 기술되고 있다. 제3장에서 소개된 촉진 절차가 강도 및 개입 정도에 따라 촉진을 줄어들게 하는 반면, 이 장에 소개되는 절차 모두는 시간의 차원에 따라 촉진을 줄어들게 한다. 이 장에는 또한 전문 연구와 자료용지 견본, 그래프 견본 등에서 도출된 조사를 바탕으로 한 교수 프로그램도 포함되어 있다.

시간 지연

시간 지연 절차(time-delay procedure)는 실행하기 용이하고 종종 학습자들이 더 짧은 시간 내에 혹은 더 짧은 교수 시행 횟수 내에 기준에 도달할 수 있는 증거기반 절차이다(Browder, Ahlgrim-Delzell, Spooner, Mims, & baker, 2009; Schuster et al., 1998; Walker, 2008; Wolery, Holcomb, et al., 1992). 제3장에 기술된 절차와 같이 시간 지연 절차는 오랫동안 다양한 과제 전반에 걸쳐 중등도 및 중도장애 학생들에게 효과적인 것으로 알려져 있다(예 : Branham, Collins, Schuster, & Kleinert, 1999; Collins, Hager, & Galloway, 2011; Falkenstine, Collins, Schuster, & Kleinert, 1009; Godsey, Schuster, Lingo, Collins, & Kleinert, 2008; Miracle, Collins, Schuster, & Grisham-Brown, 2001; Roark, Collins, Hemmeter, & Kleinert, 2002; Yilmaz, Birkan, Konukman, & Erkan, 2005; Yilmaz et al., 2010). 게다가 시간 지연 절차는 최소 촉진체계보다 더 효과적인 것으로 밝혀졌다(Doyle, Wolery, Gast, Ault, & Wiley, 1990; Godby, Gast, & Wolery, 1987). 시간 지연 절차는 교수자가 모든 교수 시행과 회기 전반에 걸쳐 활용될 단 하나의 촉진을 선택하게 한다. 이 촉진은 통제 촉진이어야 하고, 이는 대다수의 교수 시행에서 정반응을 할 가능성이 높아져야 함을 의미한다. 더욱이 선택된 통제 촉진은 필요한 촉진 중 가장 덜 개입적이어야 한다. 선택된 촉진은 가르칠 기술에 달려 있을 것이다. 예를 들어 신체적 촉진은 읽기나 음성언어를 이용한 의사소통을 가르치는 데에는 적절치 않다. 게다가 선택된 촉진은 학생의 특성에 따라 달라질 것이다. 언어적 촉진은 청각장애 혹은 수용언어 기술을 갖추지 못한 학습자에게, 모델 촉진은 모델을 모방할 수 없는 학습자에게, 그리고 신체 촉진은 촉각 방어적 학습자에게는 적절하지 않을 것이다.

시간 지연 절차를 활용하기 전에 교수자는 학습자가 정반응을 알지 못할 경우에 자극이나 과제에 반응하기 전 정해진 몇 초 동안 기다리는 능력인 기다리기 반응을 학습자가 갖추고 있는지 여부를 검사해야 한다. 시간 지연 절차는 어떤 학습자가 반응이 어떤 것이어야 하는지 추측하고 오류를 범하기보다는 촉진을 어떻게 기다리는지를 알 때 거의 오류가 없다. 어떤 학습자가 기다리기 반응을 습득하지 못하고 있다면, 교수자는 **기다리기 훈련**(wait training)을 수행해야 한다. 기다리기 훈련은 나이가 어리거나 심한 지적장애를 지니고 있는, 혹은 이 절차가 처음인 학습자들에게 흔히 적용할 수 있는 실제이다.

기다리기 훈련에서 교수자는 학습자가 정확하게 반응할 것을 추측하고 정반응하는 것이 가능한 과제를 선택한다. 여기에는 해당 학생에게 무의미한 단어들을 읽거나 정의하게 하거나(예 : "belly whomper가 뭐지?"), 사진에서 모르는 누군가의 이름을 말하게 하고(예 : "윌리를 보여줘"), 많은 동물들이 있는 사진에서 어떤 동물을 가리키게 하거나, 혹은 해당 학생이 어떻게 하는지 모르는 어떤 운동 동작을 수행하게 하는 것(예 : 어떤 손인지 구체적으로 말하지 않은 채, "손 들어") 등이 포함될 수 있다. 학습자가 할 수 있는 반응과 관계없이, 만일 해당 학습자가 촉진을 기다리지 않는다면 반응은 부정확할 것이다(예 : "너는 오른손을 들었어야 했는데, 왼손을 들었어. 기다리면 다음에는 네가 할 것을 보여줄게"). 교수자가 해당 학습자가 촉진을 기다리도록 동기를 부여하기 위해 가치 있는 강화물을 선택하는 것 또한 중요하다(예 : 사회적 칭찬, 간단한 먹을 것, 좋아하는 물건에의 접근). 기다리기 훈련의 시행은 다음과 같이 진행된다.

1. 학습자의 주의 끌기
2. "무엇을 해야 할지 모른다면 기다려. 그러면 내가 도와줄게"와 같이 상기할 수 있는 것 제공하기
3. 과제 지시 진술하기
4. 미리 정해진 시간(보통 3~5초) 기다리기
5. 통제 촉진 전달하기
6. 만일 해당 학습자가 정반응을 한다면 강화를 하고, 오반응을 한다면 기다리기에 대해 상기할 수 있는 것을 다시 진술하기

일단 학습자가 기다리기 반응을 갖췄다고 판단되면 교수자가 교수를 시작할 수 있다. 시간 지연 절차에는 (1) 점진적 시간 지연 절차와 (2) 지속적 시간 지연 절차의 두 가지 유형이 있다(Collins, 2007; Snell & Brown, 2011; Spooner, Browder, & Mims, 2011; Westling & Fox, 2009; Wolery, Ault, & Doyle, 1992). 이 두 절차들은 다음 절에서 기술될 것이다.

점진적 시간 지연 절차

전문 서적에서 시간 지연 절차에 대한 언급은 **점진적 시간 지연 절차**[progressive time-delay(PTD) procedure]를 모두에 기술하고 있고, 이 절차는 중등도 및 중도장애 학습자들에게 행동을 가르치는 데 있어 효과적인 것이라고 밝히고 있다. 점진적 시간 지연 절차의 기반이 되는 전제는 선별 및 기초선 회기를 통해 밝혀진 학습자가 하지 못하는 행동을 해당 학습자에게 수행하도록 요청하는 것이다. 대신 교수자는 학습자의 주의를 확보하고, 과제 지시를 하며(예 : "어떤 단어지?"), 그리고 0초 **시간 지연 간격**(delay interval)을 활용하여 통제 촉진을 즉시 전달한다(예 : "그 단어는 나무야"). 만약 학습자가 정확하게 반응한다면 칭찬을 한다. 학습자의 능력과 목표 행동의 복잡성을 기반으로 교수자는 0초 시간 지연 간격을 활용하여 한 회기 이상 수행하도록 선택할 수 있다.

　0초 시간 지연 간격을 활용한 초기 교수를 한 후에, 교수자는 정반응이 습득되었다면 해당 학습자가 독립적으로 반응할 수 있도록 하고, 정반응이 아직 습득하지 못했다면 촉진을 기다릴 수 있게 하면서, 서서히 회기 전반에 걸쳐 시간의 양을 점차 더 많이 늘리는 방향으로 시간 지연의 간격을 늘린다. 예를 들어, 교수자는 두 번째 교수 회기에서는 1초 시간 지연 간격을, 세 번째 교수 회기에서는 2초 시간 지연 간격을, 그리고 네 번째 교수 회기에서는 3초 시간 지연 간격을 활용할 수 있다. 교수자는 반응이 실생활 적용에 유용하도록 학생이 얼마나 유창하게 정반응을 수행할 수 있어야 하는지 결정할 필요가 있을 것이다(유창성에 대한 논의는 제1장 참조). 학습자가 3초 내에 정반응을 수행하는 것이 유창성에 대한 기준이라면, 교수자는 해당 학습자가 기준(예 : 3회기 동안 100% 촉진되지 않은 정반응)에 도달할 때까지 모든 후속 교수 회기 동안 3초 지연 간격을 계속해서 활용할 수 있다. 점진적 시간 지연 절차를 활용할 때 각 시행의 단계들은 다음과 같다.

1. 학습자의 주의 끌기
2. 과제 지시하기

3. 학습자가 반응하도록 미리 정해진 시간 기다리기(예 : 첫 번째 회기에서는 0초 시간 지연 간격, 두 번째 회기에서는 1초 시간 지연 간격, 세 번째 회기에서는 2초 시간 지연 간격, 그리고 모든 후속 회기에서는 3초 시간 지연 간격)

4. 통제 촉진 전달하기

5. 미리 정해진 반응 간격 기다리기(예 : 3초)

6. 정반응을 칭찬하거나 오반응 혹은 반응 실패에 촉진 반복하기

비록 점진적 시간 지연 절차가 모든 학습자들에게 효과적일 수 있다 하더라도, 이 절차가 정반응을 하기 위한 지원을 받기 전에 더 긴 시간 간격을 기다리도록 천천히 가르치므로 추측을 통해 범할 수 있는 오류들을 감소시킬 수 있기 때문에 이 절차는 특히 나이가 어리거나 심한 지적장애를 지니고 있는, 혹은 충동적인 행동을 보이는 학습자들에게 도움이 될 것이다.

점진적 시간 지연 절차를 활용할 때, (1) 촉진 전 정반응(즉, 정확한 예상), (2) 촉진 전 오반응(즉, 부정확한 예상), (3) 촉진 후 정반응(즉, 정확한 기다리기), (4) 촉진 후 오반응(즉, 부정확한 기다리기), 혹은 (5) 촉진 후 무반응 등 다섯 가지 유형의 자료가 수집된다. 자료는 두 가지 방식으로 기록될 수 있다. 교수자는 그림 4.1에 제시된 것처럼 촉진 전 혹은 촉진 후로 분류된 표제 밑 열에 +(정확)나 −(부정확), 혹은 0(무반응) 등을 기록할 수 있다. 또는 교수자가 이 장의 후반부에 제시된 것처럼 표의 아래부분에 행해진 반응의 유형(예 : +는 정반응, −는 오반응, 0은 무반응)을 표시할 수 있다(교수 프로그램 1 참조). 자료를 그래프로 만들 때, 촉진 전 정반응을 표시하기 위해 부호(보통은 검정색 동그라미)가, 촉진 후 정반응을 표시하기 위해 다른 부호(보통은 흰색 동그라미)가 사용된다. 오류 및 반응 실패는 그래프에 나타내지 않는다. 그래프로 만들어진 자료는 촉진 후 정반응에 있어 상응하는 감소가 있을 때 촉진 전 정반응의 증가를 보여줄 것이다. 점진적 시간 지연 절차에 대한 그래프 견본은 그림 4.2에서 볼 수 있다.

지속적 시간 지연 절차

지속적 시간 지연 절차[constant time-delay(CTD) procedure]는 점진적 시간 지연 절차만큼 효과적이고 교수자가 회기 전반에 걸쳐 지연 간격을 바꾸지 않아도 되기 때문에 활용하기 더 쉽다. 지속적 시간 지연 절차와 함께 사용되는 지연 간격은 단 두 가지이다. 첫 번째는 초기 교수가 첫 회기에 발생할 때의 0초 시간 지연 간격이고, 두 번째는 교수자가 유창성을 위해 규명한 마지막 지연(예 : 3초)으로 모든 후속 회기들에 사용된다. 그러므로 지속적 시간 지연 절차를 활용할 때 각 시행을 위한 단계들은 다음과 같다.

1. 학습자의 주의 끌기

2. 과제 지시하기

3. 학습자가 반응하도록 미리 정해진 시간 기다리기(예 : 첫 번째 회기에서는 0초 지연 간격, 모든 후속 회기에서는 3초 지연 간격)

4. 통제 촉진 전달하기

5. 미리 정해진 반응 간격 기다리기(예 : 3초)

6. 정반응을 칭찬하거나 오반응 혹은 반응 실패에 촉진 반복하기

자료 수집 및 그래프 만들기는 점진적 시간 지연 절차와 동일한 방식으로 이루어진다. 지속적 시간 지연 절

점진적 시간 지연 자료용지

이름 : 　조이　　　　　　　　　　　　교수자 : 　클라크 선생님　

단계	날짜		상황	지연 간격	날짜		상황	지연 간격
	9월 7일		학교 횡단보도	0초	9월 8일		큰 길	1초
	촉진 전		촉진 후			촉진 전	촉진 후	
단계	+	−	+	−	0	+	−	+	−	0
1. 멈춤			×					×		
2. 왼쪽 보기			×						×	
3. 오른쪽 보기			×			×				
4. 왼쪽 보기			×						×	
5. 건너기			×			×				
수	0/5	0/5	5/5	0/5	0/5	2/5	0/5	1/5	2/5	0/5
%	0%	0%	100%	0%	0%	40%	0%	20%	40%	0%

주 : +부호는 정반응, −부호는 오반응, 0은 무반응을 의미함

그림 4.1　점진적 시간 지연 절차를 활용한 연쇄 과제 자료용지 견본

차에 대해 작성된 자료용지 견본은 이 장 후반부에 있는 교수 프로그램 1에 포함되어 있다.

동시 촉진

동시 촉진 절차[stimultaneous-prompting(SP) procedure]는 가장 최근에 전문 학술문헌에 보고된 것이고, 아주 오랫동안 활용되어 왔으며, 중등도 및 중도장애 학습자들에게 다양한 기술을 여러 연령 수준 전반에 걸쳐 가르칠 수 있는 하나의 증거기반 실제(Morse & Schuster, 2004)로, 충분히 많은 연구에서 보고되었다(예 : Birkan, 2005; Collins, Evans, Creech-Galloway, Karl, & Miller, 2007; Colozzi, Ward, & Crotty, 2008; Fetko, Schuster, Harley, & Collins, 1999; Palmer, Collins, & Scuster, 1999; Parrott, Schuster, Collins, & Gassaway, 2000; Rao & Mallow, 2009; Sewell, Collins, Hemmeter, & Schuster, 1998). 동시 촉진 절차는 초기 연구에서 선행 촉진 및 검증(antecedent prompt and test)(Ersoy, Tekin-Iftar, & Kircaali-Iftar, 2009; Singleton, Schuster, Morse, & Collins, 1999; Wolery, Ault et al., 1992)으로 언급되었던 과거 절차의 체계적 형태이다. 동시 촉진 절차는 지속적 시간 지연을 활용한 많은 연구들에서 학습자들이 보통 최소한의 교수 회기만에 행동들을 습득했다는 증거에 근거한다(Kurt & Tekin-Iftar, 2008; Schuster, Griffen, & Wolery, 1992). 따라서 동시 촉진 절차는 학습자들이 기준에 도달할 때까지만 0초 시간 지연 간격을 사용한다. 그리고 회기 전반에 걸쳐 지연 간격의 증가는 없다. 교수가 진행되는 동안 학습자들이 독립적 반응을 수행할 기회가 없기 때문에, 학습자가 수행의 기준 수준에서 정반응을 습득했을 때를 결정

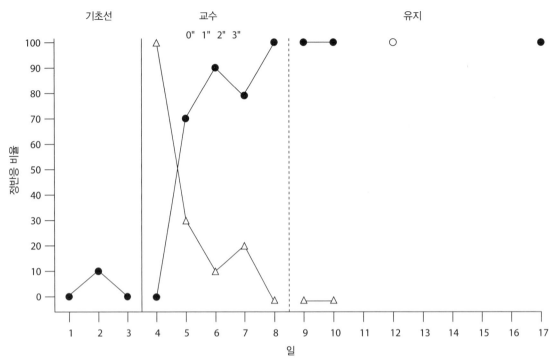

주 : ● =촉진 전 정반응, △ =촉진 후 정반응, ○ =일반화된 반응

그림 4.2   점진적 시간 지연 절차에 대해 그래프로 만들어진 자료 견본. 이 그래프는 촉진 전에 생성된 정반응의 비율에 있어 증가를, 통제 촉진이 덜 필요해짐에 따라 촉진된 정반응에 있어 상응하는 감소와 함께 보여주고 있다. 촉진 전이나 후에 정반응이 없을 때에는 해당 회기의 값은 0%이고, 이 자료 경로에 대한 점들은 해당 학생이 기준에 도달할 때까지 계속해서 그래프화된다.

할 **조사 시행**(probe trials)을 매일 수행할 필요가 있다. 행동 습득을 평가하기 위한 이 조사 시행들은 항상 0초 지연 시행들 전에 일어나고, 0초 시간 지연 시행들은 만일 조사 시행에서 도출된 자료가 0초 시간 지연 시행이 필요하다는 것을 보여줄 때만 발생한다. 다른 말로 하자면 동시 촉진 절차는 목표 행동을 가르치기 위한 매일매일의 교수 혹은 **훈련 시행**(training trials)에 뒤따라오는 학습을 평가하기 위해 교수자들이 매일 검사나 조사 시행을 수행하는 단순한 절차인 것이다. 이러한 일련의 연속적인 활동들은 학습자가 조사 시행이 진행되는 동안 기준을 충족할 때까지 계속된다.

동시 촉진 절차를 활용하기 위한 단계들은 다음과 같다(Collins, 2007; Snell & Brown, 2011; Spooner et al., 2011; Westling & Fox, 2009).

첫째, 조사 시행을 수행하라.
  1. 주의집중 단서 전달하기
  2. 과제 지시하기
  3. 학습자가 정반응을 수행하도록 미리 정해진 몇 초(즉, 반응 간격) 기다리기
  4. 반응이 정확하거나 그렇지 않거나 촉진이나 오류 교정 없이 다음 시행으로 진행하기

둘째, 훈련 시행을 수행하라.
  1. 주의집중 단서 전달하기

2. 과제 지시하기
3. 학습자가 정반응을 수행하는 데 필요한 가장 덜 개입적인 촉진(즉, 통제 촉진)을 즉시 사용하고, 모든 정반응에 칭찬을 하고 모든 오류들은 교정하기
4. 다음 시행으로 진행하여 반복하기

동일한 회기 내에서 훈련 시행은 조사 시행을 즉시 뒤따를 수 있거나, 조사 시행이 해당 수업일 일찍 일어나고 자연스럽게 훈련은 그날 나머지 내내 분포된 형식으로 시행할 수 있다. 유일한 조건은 매일 조사 시행이 훈련 시행을 선행하는 것인데, 이러한 형태가 교수자로 하여금 학습자가 어떤 반응을 시간이 지나도(예 : 어떤 날과 그다음 날) 유지하고 있는지의 여부를 측정할 수 있게 해주기 때문이다.

조사 시행 자료가 어떤 기술이 습득되었는지 여부를 결정하기 위해 기준에 포함되는 자료이기 때문에, 동시 촉진 절차가 진행되는 동안 교수자가 기록하는 유일한 자료는 조사 시행 자료이다. 그리고 훈련 시행 자료의 수집은 선택적인 것이지만 그러한 자료는 만약 교수자가 오류 비율을 모니터하고자 한다면 수집될 수 있다. 교수자가 할 필요가 있는 모든 것은 각 시행이 끝난 후 반응이 정확한지(+), 반응이 부정확한지(−), 혹은 반응이 없는지(0)를 기록하는 것이다. 교수자가 그래프로 만들 필요가 있는 모든 것은 조사 자료이다. 동시 촉진 절차에 대해 작성된 자료용지 견본이 이 장 후반부에 있는 교수 프로그램 2에 포함되어 있다. 동시 촉진 절차에서 도출된, 그래프로 만들어진 자료는 제2장의 그림 2.6에서 볼 수 있는 그래프와 유사한 것 같다.

교수 프로그램

다음의 교수 프로그램은 시간 지연과 동시 촉진 절차가 중등도 및 중도장애 학생들에게 어떻게 실행될 수 있는지를 보여주고 있다. 비록 첫 번째 교수 프로그램이 지속적 시간 지연 절차를 활용하고 있다 하더라도, 교수자가 연속적으로 더 많은 시간의 양으로 지연 간격을 활용하는 교수 시행을 끼워 넣고자 한다면 교수 프로그램은 점진적 시간 지연 절차를 이용해서 쉽게 실행될 수 있다.

교수 프로그램 1

학습자들은 보통 표현언어 기술 전에 수용언어 기술을 습득한다. 처음으로 나타나는 수용언어 기술은 사물에 대한 수용 식별이다. 이 기술이 학습자가 선택을 시작하고 사물들이 활동을 대표하는(예 : 테니스화＝체육 수업) 일간 일정을 사용하게 한다는 측면에서 이 기술은 유용할 수 있다. 또한 학습자들이 알아들을 수 있는 말을 사용하도록 배우기 전 이들에게 반응의 방식을 제공하도록 몸짓상징 음성언어와 짝지어지는 일은 흔하다. 다음의 교수 프로그램에서 말-언어 병리학자는 심한 인지장애를 지닌 중등학교 학습자에게 해당 학습자가 식사시간에 혹은 식료품점에서 도움을 받으면서 물건을 구입할 수 있도록 먹을 음식을 선택할 수 있게 함으로써 그 학습자가 전환을 할 때 그의 삶에서 자기결정을 촉진할 수 있고, 음식에 대한 수용 식별을 가르치기 위해 지속적 시간 지연을 활용한다. 게다가 이 말-언어 병리학자는, 해당 학생이 각 사물에 대해 신호와 음성언어 표시 사이의 연계를 촉진하기 위해 교수 시행마다 몸짓상징을 포함하고 있다. 이 절차들은 Roark 등(2002)이 수행한 연구를 기반으로 하고 있다.

핵심 내용 기준

실제 생활/
직업

- 학생들은 소비재와 서비스를 평가하고 효과적인 소비자 결정을 내린다.
- 학생들은 신체적으로 건강한 상태를 유지하고 그들 자신의 신체적 복지에 대한 책임감을 받아들이는 데 필요한 지식과 기술들을 보여준다.

행동적 목표

네 가지 음식 선택과 특정 음식을 가리키도록 하는 음성언어 과제 지시가 제시될 때, 짐은 5일 동안 100% 정확하게 정확한 음식을 가리킬 수 있다.

교수 상황

교수는 예정된 회기 동안 말-언어 병리학자와의 일대일 형식으로 진행된다. 말-언어 병리학자는 특수교사가 말-언어 병리학자 없이 회기를 수행할 수 있도록 특수교사와 협력할 것이다. 따라서 교수자라는 용어를 사용한다.

교수 자료

자료는 초콜릿, 과일, 달걀, 스파게티, 땅콩버터, 차, 팝콘, 젤리, 그리고 수프 등의 음식 각각에 대한 세 가지 예(즉, 세 가지 제품)로 구성될 것이다. 교수자는 거부를 잘 하지 않음 및 표정 등을 통하여 나타난 것으로 이 음식들이 짐이 즐겨먹는 음식임을 관찰해 왔다. 교수자는 한 번에 세 가지 음식들을 기준으로 가르칠 것이고 거부와 표정을 통해 짐이 좋아하지 않는 것으로 나타난 음식들을 포함시킬 수 있다. 비록 일반화 시행 동안에는 실제 음식이 사용될 것이라 하더라도 교수 시행 동안에는 빈 상자를 사용할 수 있다.

교수 절차

각 교수 시행은 다음과 같이 진행된다.

주의집중
단서

- 각 회기를 시작할 때 교수자는 수업을 소개한다(예 : "짐, 나는 네가 즐겨 먹을 것 같은 음식 몇 가지를 네게 보여줄 거야. 내가 어떤 음식의 이름을 말해주면, 네가 그 음식을 가리켜라. 만약 어떤 음식을 가리켜야 하는지 모른다면 기다려, 그러면 내가 도와줄 거야"). 그리고 나서 교수자는 "짐, 여길 봐"와 같은 일반적인 주의집중 단서를 제공한다.

과제 지시

- 일단 교수자가 짐의 주의를 끌었다면, 교수자는 좋아하는 음식 세 가지와 좋아하지 않는 음식 한 가지를 짐 앞에 테이블 위에 놓고, 그 음식들 중 하나를 가리키도록 해당 음식에 대한 몸짓상징과 함께 음성언어로 과제를 지시한다(예 : "짐, 초콜릿을 가리켜 봐").

지속적 시간
지연 절차

- 통제 촉진은 시범이 된다(즉, 교수자가 해당 음식을 가리킨다). 첫 회기 동안 교수자는 자극의 제시와 함께 과제 지시를 한 후 즉시 정반응을 시범 보인다(즉, 0초 시간 지연 간격). 모든 후속 회기 동안에는 정

지속적 시간 지연 절차	반응을 시범 보이기 전 5초 시간 지연 간격을 기다릴 것이다. 각 회기는 음식 하나당 세 번의 시행으로 구성되어 회기당 총 아홉 번의 시행을 한다. 일단 짐이 세 가지 음식 한 세트에 대해 기준을 충족했다면 교수자는 세 가지 새로운 음식을 도입한다.

후속 결과
- 교수자는 촉진된 그리고 촉진되지 않은 모든 정반응을 칭찬한다(예 : "잘했어!"). 짐이 촉진을 받기 전에 오류를 범한다면, 교수자는 짐이 정반응을 모르겠다면 도움을 기다리는 것을 상기시키고, 그리고 나서 짐에게 정반응을 시범 보인다. 짐이 촉진 후 오반응을 보이거나 반응을 보이지 못한다면, 교수자는 신체적 촉진을 이용하여 짐이 정반응을 하도록 돕는다(즉, 정확한 음식을 가리킨다).

목표 외 정보
- 이 교수 프로그램에 포함된 목표 외 정보는 각 음식에 대한 몸짓상징이다. 교수자는 과제 지시(예 : "초콜릿을 보여줘")를 할 때 각 몸짓상징을 보여줄 것이다. 이러한 활동은 짐이 음성언어를 말하는 것은 물론 음식에 대한 몸짓상징을 배우는 것을 촉진하기 위함이다.

자료 수집

교수자는 촉진 전이나 후로 표시된 열에 정반응에는 +부호, 오반응에는 −부호, 혹은 무반응에는 0을 기록할 것이다. 촉진을 받은 그리고 촉진을 받지 않은 정반응은 매일 그래프에 그린다. 그림 4.3에서 작성된 자료용지 견본을 볼 수 있다.

지속적 시간 지연 자료용지

이름 : 짐   교수자 : 메트컬트 선생님

음식	날짜 9월 15일 / 상황 발표 / 지연 0초		날짜 9월 16일 / 상황 발표 / 지연 5초		날짜 9월 17일 / 상황 발표 / 지연 5초	
	전	후	전	후	전	후
초콜릿		+	−		+	
팝콘		+	+			−
과일		+		−	+	
팝콘		+	+			+
과일		+		0		0
팝콘		+		+	+	
초콜릿		+		−		+
과일		+	+		+	
초콜릿		+	+		+	
정반응 총수	0/0	9/9	4/9	1/9	5/9	2/9
정반응 %	0%	100%	44%	11%	56%	22%

주 : +부호는 정반응, −부호는 오반응, 0은 무반응을 의미함

그림 4.3 개별 과제로 지속적 시간 지연 절차를 활용한 교수 프로그램 1의 자료용지 견본

계속

유지

짐이 하루 동안 100% 정반응이라는 기준을 충족했다면, 교수자는 짐이 3일 동안이라는 기준을 충족할 때까지 세 번째 시행마다 정반응에 칭찬의 말을 하는 것으로 줄인다(즉, 3 고정비율 강화계획). 교수자는 해당 학년도의 남은 기간 동안 일주일에 한 번씩 계속해서 유지 상태를 지켜볼 것이다.

일반화

교수자는 짐에게 한 회기에 진행되는 교수 시행 동안 가려내도록 요청한 음식의 다양한 제품들로 일반화를 촉진한다. 예를 들어, 짐은 각 교수 시행 동안 허쉬 초콜릿, 네슬레 초콜릿, 그리고 캐드베리 초콜릿 등을 가려내도록 요청받을 것이다. 일주일에 한 번 짐의 선생님은 지역사회 기반 교수를 하는 동안 짐을 식료품점으로 데려가 목표가 되는 음식을 가려내라고 요구한다.

행동 관리

교수자는 짐이 주의집중하는 것에 대해 주기적으로 칭찬을 제공한다(예 : "바르게 앉아 잘 듣다니 잘했어!").

수업의 변형 및 확장

이 교수 프로그램이 말-언어 병리학자가 개별 시행의 규칙적으로 예정된 회기 동안 짐과 함께 하기 위해 이 시행들에 대해 직접교수로 지도한다고 하더라도, 말-언어 병리학자는 또한 매일 가능할 때는 언제나 분산 시행 방식에 교수 시행을 삽입할 기회를 갖게 될 짐의 교사와 협력한다. 예를 들어, 교사는 쉬는 시간이나 점심시간 동안, 소비자 과학 수업에서 브라우니를 구울 때, 혹은 식료품점에서 지역사회 기반 교수를 할 때 짐에게 초콜릿을 가려내도록 요청하기 위해 동일한 지속적 시간 지연 절차를 활용하고 말-언어 병리학자와 같은 방식으로 자료를 기록한다.

교수 프로그램 2

다음 교수 프로그램에서 학교에 있는 내내 화장실에서 중등도 및 중도장애 초등학생을 지원하는 보조원은 동시 촉진 절차를 활용하여 손 씻기를 가르친다. 비록 손 씻기가 좋은 위생을 유지하고 질병을 예방하기 위한 중요한 기능적 기술이라 하더라도, 해당 보조원은 학생에게 유용할 기술에 핵심 내용을 삽입하기 위한 기회를 갖게 된다. 이 절차들은 Parrott 등 (2000)이 수행한 연구를 기반으로 하고 있다.

핵심 내용 기준

실제 생활/
직업
- 학생들은 건강을 증진하고 질병을 예방하는 전략들(예 : 식이요법, 운동, 휴식, 면역)과 좋은 위생 실제들 (예 : 손 씻기, 양치질하기, 티슈 사용하기)을 가려낸다.

수학
- 학생들은 그들이 일생 동안 맞닥뜨리게 될 목적과 상황에 기본 의사소통 및 수학 기술들을 활용할 수 있다.

읽기
- 학생들은 여러 의미들을 지닌 몇몇 단어들을 알고 해당 단어가 사용될 때 정확한 의미를 가려낸다.
- 학생들은 동의어나, 반의어, 혹은 복합어에 대한 지식을 이해에 적용한다.

행동적 목표

화장실에서 손을 씻으라는 말을 들을 때, 사라는 손을 씻기 위한 과제분석 단계를 5일 동안 100% 정확하게 수행할 수 있다.

1. 세면대로 걸어간다.
2. 찬물을 튼다.
3. 따뜻한 물을 튼다.
4. 용기에서 비누를 손에 짜낸다.
5. 흐르는 물에 손을 갖다 댄다.
6. 모든 비누거품이 없어질 때까지 손을 함께 비빈다.
7. 따뜻한 물을 잠근다.
8. 찬물을 잠근다.
9. 벽에 걸린 통에서 종이타월을 잡아당긴다.
10. 종이타월로 물기를 닦는다.
11. 종이타월을 쓰레기통에 버린다.

교수 상황

특수교사가 작성한 일간 일정표대로 화장실에서 도움을 필요로 하는 학생들과 하루 종일 동반하도록 보조인력을 배정한다. 이러한 경우 교사는 사라의 개별화교육계획에 사라를 대상으로 맞춰진 과제분석의 핵심 내용을 삽입하는 방법을 학급 보조원에게 가르치고 사라에게 손 씻기를 체계적으로 가르치기 위한 절차를 학급 보조원과 함께 수행하도록 한다.

자료

보조원은 (1) 따뜻한 물과 찬물을 틀고 잠글 수 있는 수도꼭지가 있는 세면대, (2) 벽에 부착된 용기에서 나오는 비누, (3) 통에서 뽑아 쓰는 종이 타월, (4) 쓰레기통 등 보통의 학교 화장실에서 이용 가능한 자료들만 필요하다.

교수 절차

각 교수 시행은 다음과 같이 진행된다.

주의집중
단서
- 사라가 화장실을 사용하고 난 후 보조원은 사라의 주의를 끌기 위해 이름을 불러 일반적인 주의집중 단서를 제공한다.

과제 지시
- 일단 사라가 보조원을 봄으로써 주의집중 단서에 반응했다면, 보조원은 "이제 손을 씻을 시간이야"라는 과제 지시를 한다.

동시 촉진
절차
- 하루 중 첫 번째 손 씻기 회기는 동시 촉진 절차의 조사 시행으로 이용한다. 보조원은 사라가 과제분석의 각 단계를 시작하도록 5초간 기다린다. 만약 사라가 어떤 단계를 시작하는 데 실패한다면 보조원은 그 단계를 실행하고 "다음은 뭐지?"라고 묻는다.

계속

동시 촉진 절차	• 0초 시간 지연 간격을 활용한 훈련 시행은 그날의 모든 후속 손 씻기 회기 동안 진행한다. 이 시행이 진 행되는 동안 보조원은 정반응을 수행하는 데 있어 사라를 돕기 위해 즉시 신체적 촉진을 활용한다. 보조 원은 신체적 도움을 언어적 지시와 동시에 제공한다(예 : 사라가 찬물을 트는 것을 신체적으로 도우면서 "찬물을 틀어").
후속 결과	• 조사 시행 동안 보조원은 수행에 대해 어떠한 피드백도 제공하지 않는다. 훈련 시행 동안 보조원은 서술 적 칭찬을 한다.

목표 외 정보

훈련 시행 동안 보조원이 사라가 보인 정반응에 칭찬을 할 때, 보조원은 사라의 개별화교육계획의 목표로 설정된 읽기(즉, 동의어, 동음이의어), 수학(즉, 순서대로 세기), 그리고 건강(즉, 세균의 개념) 등에 목표 외 정보를 다음과 같이 추가한다.

"잘했어! 너는 오른손으로 찬물을 틀었어(잠갔어)."

"잘했어! 너는 왼손으로 따뜻한 물을 틀었어(잠갔어)."

"훌륭해! 너는 비누를 한 번, 두 번, 세 번 짜냈어."

동시 촉진 자료용지

이름 :	사라	기술 :	손 씻기	날짜 :	4월 22일
교수자 :	카루바 선생님	상황 :	화장실	시간 :	9:00

단계	반응
1. 세면대로 걸어간다.	+
2. 찬물을 튼다.	−
3. 따뜻한 물을 튼다.	−
4. 용기에서 비누를 손에 짜낸다.	−
5. 흐르는 물에 손을 갖다 댄다.	+
6. 모든 비누거품이 사라질 때까지 손을 함께 비빈다.	+
7. 따뜻한 물을 잠근다.	−
8. 찬물을 잠근다.	0
9. 벽에 걸린 통의 종이타월을 잡아당긴다.	+
10. 종이타월로 물기를 닦는다.	0
11. 종이타월을 쓰레기통에 버린다.	0
정반응 수	4
정반응 %	36%

주 : +부호는 정반응, −부호는 오반응, 0은 무반응을 의미함

그림 4.4   연쇄 과제로 동시 촉진 절차를 활용한 교수 프로그램 2의 자료용지 견본

"손을 잘 씻었어. 비누와 물로 씻으면 세균이 죽고, 넌 아프지 않을 거야"
"훌륭해! 너는 종이 타월을 한 장, 두 장, 세 장 셌어."

자료 수집

보조원은 매일 손 씻기의 첫 회기 동안 발생하는 조사 시행이 진행될 때에만 자료를 수집한다. 보조원은 자료용지에 정반응에는 +부호, 오반응에는 −부호, 그리고 반응 실패에는 0을 기록한다. 촉진을 받은 그리고 촉진을 받지 않은 정반응은 매일 그래프로 만든다. 그림 4.4에서 작성된 자료용지 견본을 볼 수 있다.

유지

사라가 하루 동안 100% 정반응이라는 기준을 충족한다면, 과제가 끝날 때까지 칭찬을 줄인다(즉, 11 고정비율 강화계획). 사라의 독립적 손 씻기는 해당 학년도의 남은 기간 동안 계속 모니터한다.

일반화

보조원은 사라가 또래들과 동일한 화장실에서 동일한 자료로 손을 씻게 함으로써 일반화를 촉진한다. 일단 사라가 해당 과제를 완전히 익힌다면, 사라는 보조원의 감독하에 비장애 또래의 도움을 받아 손을 씻는다.

행동 관리

보조원은 화장실에서의 사라의 행동을 주기적으로 칭찬한다(예 : "다른 모든 큰 아이들과 마찬가지로 화장실을 사용하다니 다 컸구나").

수업의 변형 및 확장

공립학교 화장실에 있는 자료들과 집 화장실에 있는 자료들이 다르기 때문에 특수교사는 바뀐 과제분석으로 동일한 절차를 활용하여 집에서 혼자 손 씻기를 촉진하는 것에 대해 부모와 협력한다. 예를 들어, 집 화장실에는 고체 비누와 천으로 된 타월이 있을 수 있다. 핵심 내용 수업 동안, 손 씻기에 연계가 이루어질 수 있다. 예를 들어, 보건교사는 "이건 감염을 일으키는 세균 사진이야. 이게 바로 화장실 사용을 마칠 때마다 손을 씻는 것이 매우 중요한 이유지"라고 말한다.

요약

이 장은 (1) 시간 지연과 (2) 동시 촉진 절차 등 시간의 차원을 통해 촉진을 점진적으로 없애나가는 두 가지 반응 촉진 절차들을 제시하였다. 이 절차들은 그 효과에 대해 전문적인 학술문헌의 수많은 증거들로 뒷받침되고 있다. 시간 지연 절차는 통제 촉진의 즉각적인 전달(0초 시간 지연 간격)로 시작된다. 시간 지연에는 두 가지 유형이 있다. 점진적 시간 지연에서는 지연 간격이 통제 촉진을 제공하기 전에 시간이 지남에 따라 조금씩 증가한다. 지속적 시간 지연에서는 촉진 전 지연 간격이 교수가 시행되는 내내 정해진 시간(초)으로 유지된다. 동시 촉진 절차는 0초 시간 지연 간격을 활용하는 매일의 훈련 시행이 뒤따르는 매일의 조사 시행으로 구성된다. 이 장에 기술된 절차들을 활용하기 위한 순서도는 부록 A에서 볼 수 있다. 각 절차에 대해 사용될 수 있는 빈 자료용지는 부록 B에서 찾아볼 수 있다. 또한 이 장에 제시된 절차들을 서술하고 비교하는 추가 출처 목록은 부록 C에서 볼 수 있다.

성찰을 위한 질문들

1. 이 장에 있는 절차들 중 어떤 절차가 실행하기 가장 쉬워 보이는가? 그 이유는 무엇인가?
2. 지속적 시간 지연 절차와 점진적 시간 지연 절차의 차이는 무엇인가?
3. 동시 촉진 절차로 조사 회기들을 훈련 시행 다음보다는 전에 수행하는 것의 이점은 무엇인가?
4. 시간 지연 절차로 오류를 모니터하는 것이 중요한 이유는 무엇인가? 어떤 학습자가 회기당 20% 이상의 오류를 범한다면 교수자는 무엇을 할 수 있는가?
5. 교수자가 오류를 조사 시행 동안의 동시 촉진 절차에는 높고, 훈련 시행 동안에는 낮을 것이라고 예상하는 이유는 무엇인가?

참고문헌

Birkan, B. (2005). Using simultaneous prompting for teaching various discrete tasks to students with mental retardation. *Education and Treatment in Developmental Disabilities, 40,* 68–79.

Branham, R., Collins, B.C., Schuster, J.W., & Kleinert, H. (1999). Teaching community skills to students with moderate disabilities: Comparing combined techniques of classroom simulation, videotape modeling, and community-based instruction. *Education and Training in Mental Retardation and Developmental Disabilities, 33,* 170–181.

Browder, D., Ahlgrim-Delzell, L., Spooner, F., Mims, P.J., & Baker, J.N. (2009). Using time delay to teach literacy to students with severe developmental disabilities. *Exceptional Children, 75,* 343–363.

Collins, B.C. (2007). *Moderate and severe disabilities: A foundational approach.* Upper Saddle River, NJ: Pearson.

Collins, B.C., Evans, A., Creech-Galloway, C.G., Karl, A., & Miller, A. (2007). A comparison of the acquisition and maintenance of teaching functional and core content in special and general education settings. *Focus on Autism and Other Developmental Disabilities, 22,* 220–233.

Collins, B.C., Hager, K.D., & Galloway, C.C. (2011). The addition of functional content during core content instruction with students with moderate disabilities. *Education and Training in Developmental Disabilities, 46,* 22–39.

Colozzi, G.A., Ward, L.W., & Crotty, K.E. (2008). Comparison of simultaneous prompting procedure in 1:1 and small group instruction to teach play skills to preschool students with pervasive developmental disorder and developmental disabilities. *Education and Training in Developmental Disabilities, 43,* 226–248.

Doyle, P.M., Wolery, M., Gast, D.L., Ault, M.J., & Wiley, K. (1990). Comparison of constant time delay and the system of least prompts in teaching preschoolers with developmental delays. *Research in Developmental Disabilities, 11*(1), 1–22.

Ersoy, G., Tekin-Iftar, E., & Kircaali-Iftar, G. (2009). Effects of antecedent prompt and test procedure on teaching simulated menstrual care skills to females with developmental disabilities. *Education and Training in Developmental Disabilities, 44,* 54–66.

Falkenstine, K.J., Collins, B.C., Schuster, J.W., & Kleinert, K. (2009). Presenting chained and discrete tasks as nontargeted information when teaching discrete academic skills through small group instruction. *Education and Training in Developmental Disabilities, 44,* 127–142.

Fetko, K.S., Schuster, J.W., Harley, D.A., & Collins, B.C. (1999). Using simultaneous prompting to teach a chained vocational task to young adults with severe intellectual disabilities. *Education and Training in Mental Retardation and Developmental Disabilities, 34,* 318–329.

Godby, S., Gast, D.L., & Wolery, M. (1987). A comparison of time delay and system of least prompts in teaching object identification. *Research in Developmental Disabilities, 8*(2), 283–305.

Godsey, J.R., Schuster, J.W., Lingo, A.S., Collins, B.C., & Kleinert, H.L. (2008). Peer-implemented time delay procedures on the acquisition of chained tasks by students with moderate and severe disabilities. *Education and Training in Developmental Disabilities*, *43*, 111–122.

Kurt, O., & Tekin-Iftar, E. (2008). A comparison of constant time delay and simultaneous prompting with embedded instruction on teaching leisure skills to children with autism. *Topics in Early Childhood Special Education*, *28*, 53–64.

Miracle, S.A., Collins, B.C., Schuster, J.W., & Grisham-Brown, J. (2001). Peer versus teacher delivered instruction: Effects on acquisition and maintenance. *Education and Training in Mental Retardation and Developmental Disabilities*, *36*, 375–385.

Morse, T.E., & Schuster, J.W. (2004). Simultaneous prompting: A review of the literature. *Education and Training in Developmental Disabilities*, *39*(2), 153–168.

Palmer, T., Collins, B.C., & Schuster, J.W. (1999). The use of a simultaneous prompting procedure to teach receptive manual sign identification to adults with disabilities. *Journal of Developmental and Physical Disabilities*, *11*, 179–191.

Parrott, K.A., Schuster, J.W., Collins, B.C., & Gassaway, L.J. (2000). Simultaneous prompting and instructive feedback when teaching young children with moderate and severe mental retardation. *Journal of Behavioral Education*, *10*, 3–19.

Rao, S., & Mallow, L. (2009). Using simultaneous prompting procedure to promote recall of multiplication facts by middle school students with cognitive impairment. *Education and Training in Developmental Disabilities*, *44*, 80–90.

Roark, T.J., Collins, B.C., Hemmeter, M.L., & Kleinert, H. (2002). Including manual signing as non-targeted information when using a constant time delay procedure to teach receptive identification of packaged food items. *Journal of Behavioral Education*, *11*, 19–38.

Schuster, J.W., Griffen, A.K., & Wolery, M. (1992). Comparison of simultaneous prompting and constant time delay procedures in teaching sight words to elementary students with moderate mental retardation. *Journal of Behavioral Education*, *2*(3), 305–325.

Schuster, J.W., Morse, T.E., Ault, M.J., Doyle, P.M., Crawford, M., & Wolery, M. (1998). Constant time delay with chained tasks: A review of the literature. *Education and Treatment of Children*, *21*, 74–106.

Sewell, T.J., Collins, B.C., Hemmeter, M.L., & Schuster, J.W. (1998). Using simultaneous prompting to teach dressing skills to preschoolers with developmental delays. *Journal of Early Intervention*, *21*, 132–145.

Singleton, D.K., Schuster, J.W., Morse, T.E., & Collins, B.C. (1999). A comparison of antecedent prompt and test and simultaneous prompting procedures in teaching grocery sight words to adolescents with mental retardation. *Education and Training in Mental Retardation and Developmental Disabilities*, *34*, 182–199.

Snell, M.E., & Brown, F. (2011). Selecting teaching strategies and arranging educational environments. In M.E. Snell & F. Brown (Eds.), *Instruction of students with severe disabilities* (7th ed., pp. 122–185). Upper Saddle River, NJ: Pearson.

Spooner, F., Browder, D.M., & Mims, P.J. (2011). Evidence-based practices. In D.M. Browder & F. Spooner (Eds.), *Teaching students with moderate and severe disabilities* (pp. 92–122). New York, NY: Guilford.

Walker, G. (2008). Constant and progressive time delay procedures for teaching children with autism: A literature review. *Journal of Autism and Developmental Disorders*, *38*(2), 261–275.

Westling, D.L., & Fox, L. (2009). *Teaching students with severe disabilities* (4th ed.). Upper Saddle River, NJ: Pearson.

Wolery, M., Ault, M.J., & Doyle, P.M. (1992). *Teaching students with moderate to severe disabilities*. New York, NY: Longman.

Wolery, M., Holcombe, A., Cybriwsky, C., Doyle, P.M., Schuster, J.W., & Ault, M.J. (1992). Constant time delay with discrete responses: A review of effectiveness and demographic, procedural, and methodological parameters. *Research in Developmental Disabilities*, *13*(3), 239–266.

Yilmaz, I., Birkan, B., Konukman, F., & Erkan, M. (2005). Using a constant delay procedure to teach aquatic play skills to children with autism. *Education and Training in Developmental Disabilities*, *40*, 171–182.

Yilmaz, I., Konunkman, F., Birkan, B., Ozen, A., Yanardag, M., & Gamursoy, I. (2010). Effects of constant time delay procedure on the Halliwick's methods of swimming rotation skills for children with autism. *Education and Training in Autism and Developmental Disabilities*, *45*, 124–135.

CHAPTER 5

목표 외 정보 추가와 소집단 형식 교수를 통한 교수 효율성 향상

목표

이 장을 마치면 독자는

- 교수에 관한 효과와 효율성의 차이를 진술할 수 있다.
- 목표 외 정보의 추가가 어떻게 체계적 교수의 효율성을 증가시킬 수 있는지 설명할 수 있다.
- 목표 외 정보가 교수 시행에 추가되는 세 가지 방식을 서술할 수 있다.
- 관찰 학습이 촉진되는 방식을 기술할 수 있다.
- 소집단 형식에서 체계적 교수를 제공하는 것의 이점을 열거할 수 있다.
- 이질적 집단구성이 학습자들에게 이로울 수 있는 이유를 설명할 수 있다.
- 자극을 제시하고 반응을 규명하는 것 등을 포함하여, 소집단 교수의 조직을 위한 모형들을 열거하고 기술할 수 있다.
- 소집단 형식으로 가르칠 때 개별 및 집단 주의집중 단서와 반응을 활용하기 위한 예를 제공할 수 있다.
- 소집단 형식에서 반응 촉진 절차로 체계적 교수를 전달하기 위한 수업을 설계할 수 있다.
- 소집단 형식으로 배운 학습자들의 진전을 모니터하기 위한 자료용지를 설계할 수 있다.

핵심 용어

관찰 학습	동시적 모형	상호 순차적 모형	효율성
교수적 피드백	목표 외 정보	이질적 집단	
내부 순차적 모형	보편적 설계	일대일 보충 교수	

이 책의 이전 장들은 중등도 및 중도장애 학생들에게 효과적인 교수를 제공하는 방법을 기술하였다. 어떤 절차가 효과적이라면 학습자는 새로운 행동이나 기술을 습득할 것이다. 교수를 더 효율적으로 만들 수 있는 방식들 또한 존재한다. **효율성**(efficiency)은 몇몇 교수성과들로 정의될 수 있고, 어떤 학습자가 기준에 이르는 시간의 양이나 교수 회기의 수에 대하여 새로운 정보를 얼마나 빨리 습득하는지를 일컫는 것일 수 있다(Collins, 2007; Wolery, Ault, & Doyle, 1992). 비록 이 책에 기술된 모든 절차들이 효과적인 것으로 보였다 하더라도, 어떤 절차들은 다른 절차들에 비해 조금 더 효율적이다(예 : Demchak, 1989; Godby, Gast, & Wolery, 1987; Schuster, Griffen, & Wolery, 1992). 예를 들어, 촉진체계를 활용하여 절차를 실행하는 것보다는 단일 촉진을 사용해서 절차를 실행하는 것이 시간이 덜 걸린다. 효율성은 또한 학습자들이 어떤 절차로 반응하는 데 있어 범하는 오류의 수를 의미할 수도 있다. 교수자가 오류를 교정하는 시간을 쓸 필요가 없을 것이기 때문에 보통, 학습자가 오류를 덜 범할수록 절차는 더 효율적이다. 효율성을 높이는 또 다른 방식은 교수가 진행되는 동안 할 수 있다면 언제나 **목표 외 정보**(nontargeted information, 즉 수업을 위해 진술된 목표에 추가되는 내용)를 추가하는 것이다(Collins, Hendricks, Fetko, & Land, 2002; Werts, Wolery, Holcombe, & Gast, 1995). 마지막으로 교수는 일대일 형식보다는 소집단 형식으로 수행될 때 더 효율적일 수 있다. 소집단 형식으로 교수될 때 교수자는 한 번에 2명 이상의 학습자를 가르칠 수 있고, 학습자 개개인은 집단의 다른 구성원들에게 제공되는 교수를 관찰함으로써 기술들을 습득할 수 있다.

이 장은 교수 회기 내에 목표 외 정보의 습득을 촉진하기 위한 방식들을 기술함으로써 교수의 효율성을 증가시키는 데 초점을 맞추고 있다(Collins et al., 2002; Werts, Hoffman, & Darcy, 2011; Werts et al., 1995). 그리고 소집단 형식에서 체계적 교수를 적용하는 방법(Collins, Gast, Ault, & Wolery, 1991; Wholery et al., 1992)은 자료용지 견본은 물론 전문적인 연구에서 도출된 조사를 바탕으로 교수 프로그램에 포함되어 있다.

목표 외 정보

교수가 더 효율적일 수 있는 방식들 중 한 가지는 이미 교수의 목표가 된 것에 추가된 내용에 학생들을 노출시키는 것이다. 이렇게 하는 데에는 두 가지 방식이 있다. 첫 번째는 교수 시행에 내용을 추가하는 것을 통해(예 : Cromer, Schuster, Collins, & Grisham-Brown, 1998; Falkenstine, Collins, Schuster, & Kleinert, 2009; Fiscus, Schuster, Morse, & Collins, 2002; Roark, Collins, Hemmeter, & Kleinert, 2002; Smith, Schuster, Collins, & Kleinert, 2011; Taylor, Collins, Schuster, & Kleinert, 2002; Wolery, Schuster, & Collins, 2000), 그리고 두 번째 방식은 **관찰 학습**(observational learning; Falkenstine et al., 2009; Fickel, Schuster, & Collins, 1998; Smith, Collins, Schuster, & Kleinert, 1999; Stonecipher, Schuster, Collins, & Grisham-Brown, 1999)을 촉진함으로써 이루어진다. 두 가지 계획 모두 학습자들은 추가적인 내용을 습득할 수 있을 것이다. 따라서 이 내용을 따로 혹은 앞으로 배우지 않아도 되기 때문에 교수 시간을 절약하게 된다. 비록 이 내용이 기준 수준에서 습득되지 않는다 하더라도 교수자들은 학습자들이 그 내용에 미리 노출되었을 때 이를 더 빨리 습득한다는 것을 알게 된다(Wolery et al., 2000).

교수 시행에 추가된 목표 외 정보

목표 외 정보는 교수 시행에 세 가지 방식으로 추가될 수 있다. 첫째, 목표 외 정보는 자극 혹은 과제 지시에 추가될 수 있다(예 : Roark et al., 2002). 둘째, 목표 외 정보는 촉진을 전달할 때 추가될 수 있다(예 : Jones & Collins, 1997). 셋째, 목표 외 정보는 수행에 대한 후속 결과나 **교수적 피드백**(instructive feedback)을 제공할 때 추가될 수 있다(예 : Smith et al., 2011). 목표 외 정보는 제시되는 내용에 관련되거나 관련되어 있지 않을 수도 있다(예 : Werts et al., 1995).

자극에 추가된 목표 외 정보

교수자가 학습자의 주의를 확보하게 되면 자극 혹은 과제 지시가 제1장에서 기술했던 것처럼 제공된다. 자극을 제시함에 있어 교수자는 교수의 목표가 된 내용에 덧붙여 목표 외 정보를 끼워 넣을 수 있다. 예를 들어, 교수자는 학습자에게 단어를 읽어보라고 하기 전에 그 단어를 구성하는 철자들을 명명하면서(예 : "*P-H-O-T-O-S-Y-N-T-H-E-S-I-S*, 이 단어는 뭐지?") 그 문자들을 지적할 수 있다. 일단 학습자가 단어 읽기 기준을 충족하게 되면 해당 학습자는 그 단어의 철자를 배울 수 있다(자극에 끼워 넣은 목표 외 정보의 또 다른 예는 제4장에 있는 교수 프로그램 1 참조).

촉진에 추가된 목표 외 정보

교수 시행에 목표 외 정보를 추가하는 또 다른 방식은 정반응을 이끌어내는 데 활용되는 촉진을 전달할 때이다. 예를 들어, 최소 촉진체계 절차에 활용되는 촉진체계는 다음과 같이 진행된다.

1. 교수자는 "이 단어는 뭐지?"라고 묻고 반응을 기다린다.
2. 정반응을 하지 않는다면 교수자는 "이 단어는 F 소리가 나는 P-H로 시작해"라고 첫 번째 촉진을 제공하고 반응을 기다린다.
3. 정반응을 하지 않는다면 교수자는 "이 단어는 어떤 식물이 햇빛에 노출될 때 일어나는 것을 말해"라고 두 번째 촉진을 제공하고 반응을 기다린다.
4. 정반응을 하지 않는다면 교수자는 "이 단어는 광합성이야"라고 마지막(통제) 촉진을 제공하고 반응을 기다린다.

학습자가 단어 읽기 기준을 충족하게 되면 해당 학습자는 "P-H는 어떤 문자 소리가 나지?" 그리고 "어떤 식물이 햇빛에 노출될 때 무슨 일이 일어나지?" 등을 물을 때 정확하게 반응할 수 있다.

후속 결과에 추가된 목표 외 정보

반응에 뒤따르는 후속 결과에 제시된 목표 외 정보는 교수적 피드백으로 알려져 있다. 반응이 정확한지 그렇지 않은지 피드백이 제공된다. 예를 들어, 교수자는 "맞았어"나 "아니, 이 단어는 광합성이야"라고 말하고 뒤이어 "광합성은 빛과 식물에 있는 엽록소로부터 탄수화물이 생산되는 과정이야"라고 진술할 수 있다. 이는 교수를 위한 목표 단어와 관련된 목표 외 정보의 한 가지 예이지만, 학생들은 "맞았어! 그 단어는 광합성이야. 대부분의 식물들은 녹색이고 파란색과 노란색이 합쳐져 녹색이 되지"(학생이 미술 시간에 필요로 할 수 있는 목표 외 정보)에서처럼 관련 없는 목표 외 정보를 습득할 수도 있다.

관찰 학습

관찰 학습은 학습자들이 다른 사람들을 관찰함으로써 내용을 습득할 때 발생한다(Collins et al., 1991). 예를 들어, 각각의 소집단에 있는 학습자들은 수업에서 서로 다른 교수를 위한 내용을 다룰 수 있고, 집단 구성원 개개인은 정보가 관련이 있든 그렇지 않든 집단의 다른 구성원들이 배우는 정보를 습득할 수 있다(예 : Falkenstine, et al., 2009). 교수자들은 교수가 수행될 때 모든 학습자들이 서로에게 반드시 주의를 기울이게 함으로써 이를 촉진할 수 있다. 이는 특정 학습자가 반응하도록 호명하기 전에 집단 전체에 자극을 보여주면서(예 : 단어나 수학 문제를 제시하면서) 일반적인 주의집중 단서(예 : "자, 모두 여기를 봐")를 제공함으로써 이루어질 수 있다. 그리고 나서 교수자는 집단 전체에 반응에 대한 피드백을 제공할 수 있다(예 : "그래, 이 단어는 광합성이야. 모두 허드슨이 이 단어를 말하는 걸 들었니? 광합성. 주의를 기울이고 들었어!"). 소집단 교수를 구조화하는 방법은 다음 절에 제시된다.

소집단 교수

특수교육에 대한 오해 중 하나는 중등도 및 중도장애 학습자들을 위한 개별적으로 규명된 장·단기 목표들을 가르치기 위해 개별적으로 설계된 교수는 반드시 일대일 형식으로 제공되어야 한다는 것이다. 일대일 형식이 때때로 필요하기는 하더라도 개인관리 기술을 가르칠 때처럼 소집단 형식으로 가르치는 데 있어 중등도 및 중도장애 학생들을 대상으로 한 소집단 교수를 기술한 전문 서적에 보고되어 온 대로(예 : Colozzi, Ward, & Crotty, 2008; Falkenstine, et al., 2009; Fickel et al., 1998; McDonnell et al., 2006; Stonecipher et al., 1999; Tekin-Iftar & Birkan, 2010) 많은 이점이 있다(Collins et al., 1991). 첫 번째 이점은 소집단 학습자들은 서로 관찰함으로써 학습할 수 있다는 것이다. 관찰 학습은 동일한 내용이 집단 내 모든 학습자들에게 제시된다면 더 빨리 습득할 수 있지만, 학습자들이 그들 개개인을 위한 목표가 다를 때 훨씬 더 많은 내용을 습득할 수 있다. 두 번째 이점은 소집단 학습자들이 사회성 기술을 연습할 기회를 갖는다는 것이다. 이들은 교대로 하는 것을 반응을 하기 전에 승인받도록 손을 들고 기다리는 것을 그리고 만지거나 부적절한 행동 관련 사건을 부추기지 않고 다른 학습자들과 아주 가까이 앉는 것을 배울 수 있다. 세 번째 이점은 소집단 학습자들을 가르치는 것이 교수자의 시간을 효율적으로 사용할 수 있게 한다는 것이다. 예를 들어, 6명의 학습자들에게 한 번에 한 가지 수업을 하는 것은 6개의 별개의 수업을 하는 것보다 시간이 덜 든다. 네 번째 이점은 소집단으로 학습자들을 가르치는 것은 교육 관련 인력을 덜 필요로 한다는 것이다. 예를 들어, 2명의 교수자가 교수를 수행하기 위해 12명의 학습자들로 구성된 학급을 반으로 나눌 수 있거나, 1명의 교수자가 10명의 학습자들과 교수를 수행할 수 있으므로 2명의 교수자에게 추가적인 주의(예 : 학습자의 손을 잡고 하는 도움)를 필요로 하거나 집단 형식에서 공부하기에 적절한 행동을 아직 습득하지 못한 두 학습자들과 일대일 형식으로 함께 할 시간을 주게 된다. 마지막 이점은 소집단 형식으로 가르치는 것은 학습자들이 더 큰, 더 통합적인 상황에서 기능하도록 준비시켜준다는 것이다. 학교 환경에서의 소집단 교수가 일반학급이나 학습도움실에서 일어날 수 있다 하더라도 목적은 교육적(예 : 강의 중심 대학 수업), 지역사회(예 : 보건센터의 응급처치 수업), 직업적(예 : 지역사회 센터의 요리나 목공 수업), 혹은 레크리에이션/여가(예 : 헬스클럽의 요가 수업) 환경에서 볼 수 있는 더 큰 집단에서 기능하는 것을 학습자들이 배울 것이라는 점이다.

소집단 교수를 할 때 고려할 사항

소집단 형식에서 체계적 교수를 계획하고 있는 교수자는 수업을 계획하는 데 있어 많은 고려사항들을 다루고자 할 것이다. 여기에는 소집단이 구성되는 방식과 교수 절차가 실행되는 방식, 그리고 수업의 사정 요소를 형성할 측정 및 평가 절차 등이 포함된다(Collins et al., 1991). 이러한 것들은 다음 절에서 기술되고 있다.

집단 구성

전문적 문헌은 소집단 교수를 2~10명까지의 학습자들 집단에 교수를 하는 1명의 교수자로 구성되는 것으로 정의하였다. 학습자들은 그들 모두 나이가 같고, 동일한 학습 특성 혹은 동일한 학습 수준을 지니고 있다는 측면에서 동질적일 수 있지만 이는 필연적인 것은 아니다. 서로 다른 수준에서 기능하는 학습자들의 **이질적 집단**(heterogeneous group)은 시작 수준에 있는 학습자들로 하여금 더 상급 수준에 있는 학습자들로부터 배울 수 있게 할 것이다(예 : Fickel et al., 1998). 집단 구성원 개개인을 위한 교수가 동일한 내용에 대한 것이라면, **보편적 설계**(universal design)의 활용(Spooner, Browder, & Mims, 2011 ; Westling & Fox, 2009)은 집단 내 모든 학습자들의 요구를 다룰 수 있다[즉, 모든 학습자들이 능력에 관계없이 수업에 참여할 수 있도록 적합화(adaptation)를 제공한다].

　내용을 결정함에 있어 교수자는 학습자들이 반응할 자극 혹은 자극들은 물론 이들이 배워야 할 기술들을 결정하고자 할 것이다(Collins et al., 1991). 교수자는 다음과 같은 선택권을 갖게 된다. 첫째, 교수자는 동일한 자극(예 : 자료)을 활용하여 집단 내 모든 학습자들에게 동일한 기술을 가르치겠다고 결정할 수 있다. 예를 들어, 교수자는 집단 구성원 개개인에게 플래시카드에 적힌 동일한 어휘들을 제시함으로써 시각단어를 가르칠 수 있다. 둘째, 교수자는 서로 다른 자극으로 집단 내 모든 학습자들에게 동일한 기술을 가르치겠다고 결정할 수 있다. 예를 들어, 교수자는 집단 구성원 개개인에게 플래시카드에 적힌 서로 다른 어휘들을 제시함으로써 시각단어를 가르칠 수 있다. 셋째, 교수자는 동일한 자극을 제시하면서 집단 내 모든 학습자들에게 서로 다른 기술들을 가르치겠다고 결정할 수 있다. 예를 들어, 교수자는 집단 구성원 모두에게 플래시카드에 적힌 동일한 어휘들을 제시할 수 있다. 1명 혹은 그 이상의 학습자들의 목표는 해당 단어를 읽는 것이고, 1명 혹은 그 이상의 학습자들의 목표는 해당 단어를 정의하는 것이며, 그리고 1명 혹은 그 이상의 학습자들의 목표는 각 단어에 있는 문자들을 가려내는 것일 수 있다. 마지막으로, 교수자는 서로 다른 자극들을 활용하여 집단 내 모든 학습자들에게 서로 다른 기술들을 가르치겠다고 결정할 수 있다. 예를 들어, 교수자는 몇몇 학습자들에게는 플래시카드에 적힌 어휘들을 읽어보라고 하고, 교수자는 몇몇 학습자들에게는 어휘들을 학습지에 있는 정의와 짝지어보라고 하며, 그리고 교수자는 몇몇 학습자들에게는 어휘들의 철자를 구두로 부르게 하거나 종이에 써보라고 할 수 있다. 만일 이 모형이 활용된다면, 내용은 동일한 혹은 관련된 학업 기술에 초점을 맞출 필요가 없다. 교수자는 1명 혹은 그 이상의 학습자들에게는 읽기를, 그리고 다른 학습자들에게는 수학을 가르칠 수 있다. 예를 들어, 한 학습자에게는 문장형 문제를 읽어보라고 하고 다른 학습자에게는 문제를 풀어보라고 할 수 있다.

　학습자들과 소집단으로 함께 할 때 고려할 요소는 교수조직방식이다. 교수자에게 네 가지 선택권이 있다(Collins et al., 1991). 첫째, 교수자는 집단 환경 내에서 학습자 개개인에게 일대일로 순차적으로 교수하는 **내부 순차적 모형**(intrasequential model)을 활용할 수 있다. 교수자는 학습자 집단에 과제 지시를 하고, 그리고 나서 피드백을 제공하면서 학습자 개개인에게 함께 하면서 집단을 순회한다. 학습자들에게 문장을 쓰도록 요청하고 학습자 개개인에게 이들이 기능하는 수준에 따라 철자와 알파벳 철자 쓰기, 그리고 구두법 활용하기와 정확한 문법 사용하기 등에 대해 개인적으로 교수를 제공하는 것이 한 가지 예이다. 둘째, 교수자는 어떤 기술을 수행하기 위해 집단 내 모든 학습자들이 함께 작업하는 **상호 순차적 모형**(inter-sequential model)을 활용할 수 있다. 과학 수업에서 교수자는 서로 다른 성분을 액체에 용해시키도록 지도하는 것과 같은 실험을 하기 위해 모든 학습자들이 함께 작업하게 할 수 있다. 교수자는 학습자들이 작업할 때 지시와 질문에 반응하도록 학습자 개개인에게 요청할 수 있고, 다른 학습자들은 해당 과제에서 다른 역할(예: 측정하기, 용액 붓기, 젓기, 결과표 작성하기)을 수행할 수 있지만, 함께 작업하며 서로에게 주의를 기울이는 것에 대해서는 모두의 칭찬을 하게 된다. 교수자가 소집단 내에서 작업하도록 학습자들을 가르치는 **동시적 모형**(tandem model)은 세 번째 선택권이 될 수 있다. 이 모형에서는 교수자가 소수의 학습자들에게 교수를 시작하다가 시간이 지나면서 집단 크기를 서서히 늘려 나간다. 예를 들어, 교수자는 2명의 학습자로 구성된 소집단을 가르친다. 이 학습자들이 번갈아 가며 기술을 습득하고 교수가 진행되는 동안 적절한 행동을 보이면 교수자는 그 집단에 세 번째 학습자를 추가한다. 교수자는 해당 집단이 적정 학습자 수에 도달할 때까지 추가할 수 있다. 예를 들어, 2명의 학습자들로 시작된 집단은 일주일에 1명씩 학습자가 추가되어 최대 6명까지 증가할 수 있다. 모든 학생들이 소집단 교수로 이득을 보고 있지만 1명 혹은 그 이상의 학습자들이 수업 내용을 습득하여 추가적인 교수가 필요하다고 교수자가 판단하게 되면, 집단 교수를 수행하기 위한 네 번째 선택권을 취하게 된다. 네 번째 선택권은 **일대일 보충 교수**(one-to-one supplemental instruction)와 함께 수행하는 소집단 교수다. 예를 들어, 교수자는 5명으로 구성된 소집단에 과학 수업을 진행하지만 한두 명의 학습자들을 선택하여 수업에서 사용되는 기초 어휘들에 대해 직접 또는 집중 시행 교수를 할 수 있다. 또 다른 예로는 교수자가 집단 수업을 따라가게 하기 위해 수학 수업에서 기본적인 수학적 사실들에 대한 추가적인 플래시카드 교수를 필요로 하는 학습자들을 뽑아 지도할 수 있다.

교수 절차

일단 소집단이 구성되고 나면, 다음 단계는 수업 내용을 가르치는 데 활용될 교수 절차에 초점을 맞춘다. 제3, 4장은 중등도 및 중도장애 학생들을 가르치는 데 효과적인 교수 절차로 전문적인 연구를 기반으로 한 다양한 반응 촉진 절차들을 기술하고 있다. 여기에는 점진적 안내, 최대-최소 촉진, 최소 촉진체계, 지속적 시간 지연, 점진적 시간 지연, 그리고 동시 촉진 절차 등이 포함된다. 비록 모든 학습자들이 동일한 절차대로 배우게 된다면 교수자에게는 더 쉬울 수 있다 하더라도, 필연적으로 그래야 하는 것은 아니다. 예를 들어, 교수자는 어떤 어휘를 쓰는 데 있어 한 학습자를 신체적으로 지원하기 위해 점진적 안내 절차를 활용하면서, 다른 학생에게 동일한 단어를 읽고 정의하도록 가르치기 위해 언어 모델 촉진과 함께 시간 지연 절차를 활용할 수 있다. 선택된 교수전략에 관계없이 소집단 교수에서 교수 시행들은 주의집중 단서로 시작하고, 학생들에게 과제 지시에 반응할 기회를 제공하며, 그리고 제1장에 기술했던 것처럼 적절한 후속 결과(즉, 수행에 대한 피드백)로 종료해야 한다.

교수자는 먼저 소집단의 모든 학습자들이 배울 준비가 되었는지 여부를 결정하기 위해 일반적인 주의집중 단서를 활용할 것인지 특정 주의집중 단서를 활용할 것인지 결정할 필요가 있다. 일반적인 것이든 특정한 것이든 주의집중 단서는 개인적으로 혹은 전체 집단에 전달할 수 있다. 예를 들어, 교수자는 교수를 시작하기 전에 "자, 모두 나를 봐"(일반적인 주의집중 단서)라고 말하고, 모두가 주의를 기울이고 있다는 신호를 기다릴 수 있다. 혹은 교수자는 교수가 시작되기 전에 "자, 모두 책의 해당 페이지 맨 위, 첫 번째 단어를 손가락으로 짚어 봐"(특정 주의집중 단서)라고 말하고, 모든 학습자들이 이 요청에 따르기를 기다릴 수 있다. 만약 필요하다면, 주의집중 단서와 반응의 유형은 혼합될 수 있다. 이러한 경우 교수자는 교수가 시작되기 전에 "자, 모두 나를 봐(일반적인 주의집중 단서). 허드슨, 내가 모두에게 뭐라고 말했지?(특정 주의집중 단서)"라고 말하고, 그러고 나서 모든 학습자들이 교수자를 바라보고(일반적인 집단 반응) 허드슨이 "선생님을 보라고 하셨어요"(특정 개인 반응)라고 말할 때까지 기다릴 수 있다.

일단 집단 내 학습자들이 주의를 기울이고 배울 준비가 되어 있음을 보여준다면, 교수자는 교수를 진행할 방법을 결정할 필요가 있다. 첫째, 과제 지시가 전달되어야 한다. 주의집중 단서에서처럼 과제 지시는 전체 집단에 전달되고(예 : "그 단어를 읽어봐") 합창 반응(예 : 모두가 '광합성'이라고 말한다)으로 나타날 수 있고, 혹은 집단에 속해 있는 개인에게 전달되고(예 : "허드슨, 그 단어를 읽어봐") 개인 반응(예 : 허드슨이 '광합성'이라고 말한다)으로 나타날 수도 있다. 다시, 이러한 것들은 교수자가 해당 단어를 읽는 데 합창 반응을 요청하고, 그러고 나서 해당 단어를 정의하게 하는 개인 반응을 하도록 혼합할 수 있다(예 : "좋았어, 그 단어는 광합성이야. 허드슨, 이 단어의 뜻은 무엇이지?").

교수의 구조화하는 방식과 관계없이 교수자는 집단 내 학습자들 개개인에게 얼마나 많은 교수 시행(예 : 반응하고 피드백을 받을 기회들)이 제공될 것인지 그리고 학습자 개개인이 시행당 얼마나 많은 교수 시행을 받을 것이지 미리 결정할 필요가 있다. 예를 들어, 교수자는 다음 학습자로 넘어가기 전에 학습자 개개인에게 시행당 단어 하나나 학습자 개개인에게 시행당 5개의 단어들을 읽도록 할 수 있다. 교수 시행의 순서는 예측 가능하거나(예 : 순차적 순환방식) 예측할 수 없는 방식으로 전달될 수도 있다. 학생들을 호명하는 데 있어 예측할 수 없는 순서는 주의집중을 촉진할 수 있다.

제1장에 기술된 것처럼, 교수를 수행하는 데에는 세 가지 기본 시행 방식이 있다. 집중 시행은 하나의 교수 시행이 즉시 바로 앞의 시행을 연거푸 뒤따를 때 발생한다. 예를 들어, 교수자는 집단 내 다른 학습자로 넘어가기 전에 허드슨에게 어떤 단어를 한 번 이상 읽도록 요청할 수 있다(예 : "무슨 단어지?" … "좋았어! 다시 한 번, 무슨 단어지?" … "잘했어! 무슨 단어인지 다시 한 번 말해줘" … "훌륭해!"). 간격 시행은 어떤 학습자가 반응하도록 다시 요청받기 전에 멈춰서 집단 내 다른 학습자들이 받는 교수를 들을 기회를 갖게 될 때 발생한다. 이는 또한 번갈아 함으로써 사회성 기술을 촉진하기도 한다. 예를 들어, 교수자는 허드슨에게 어떤 단어를 읽도록 요청하고, 그러고 나서 허드슨에게 다시 돌아가 해당 단어를 다시 읽게 하기 전에 동일한 혹은 다른 단어들을 다른 학생들에게 읽도록 할 수 있다. 마지막 형식인 분산 시행은 어떤 학습자가 다른 교수 목표에 대한 교수 시행 사이사이에 들어간 하나의 교수 목표에 대한 교수 시행을 갖게 될 때 발생한다. 일례로, 교수자는 수업을 시작할 때 집단 내 학습자 개개인에게 '광합성'이라는 단어를 읽고 정의하도록 요청할 수 있다. 그러면 해당 집단은 광합성이라는 단어를 다시 읽고 정의함으로써 수업을 마치기 전에, 창턱에 있는 식물들에 물을 주고 위치를 바꾸는, 교실의 밝은 곳이나 어두운 곳에서 식물들의 성장을 측정하고 이에 대한 자료를 기록하는, 그리고 a.m.(오전)과 p.m.(오후)의 의미와 함께 보통의 날에 햇빛이 비치는 그리고 비치지 않는 시간을 토론하는 과학 활동을 하게 된다.

소집단 수업에 전달되는 각각의 교수 시행 후에 교수자가 학습자들이 보인 반응들이 정확했는지 그렇지 않았는지에 대한 피드백을 제공하는 것은 중요한 일이다. 어떤 학습자가 오반응을 보이거나 반응하는 데 실패한 경우에 교수자는 해당 학습자가 앞으로 정반응을 할 가능성을 높이기 위해 정반응을 제공하고자 할 것이다. 개인 및 집단 자료를 기반으로 교수자는 새로운 내용으로 나아가기 전에 전체 집단이 완전히 익힐 수 있도록 수업을 반복할 것인지(즉, 집단 기준) 혹은 집단 내 학습자들이 집단 내에서 자신의 진도에 맞춰 진행하게 할 것인지(즉, 개인 기준) 결정할 필요가 있다. 비록 교수자가 관리하는 데 있어 집단 기준이 더 쉽고 집단 기준은 과잉 학습(유지를 촉진할 수 있는)을 위한 기회를 허용하더라도, 개인 기준은 새로운 내용을 신속하게 습득하는 학습자들에게 일정 기간 동안 더 많은 내용을 완전히 익힐 수 있게 해주고, 내용을 완전히 익힌 학습자들이 지루해져서 소집단 수업에서 부적절한 행동들을 보이기 시작할 위험을 감소시켜준다.

측정과 평가

모든 교수에서처럼, 소집단 형식에서의 학습자들의 수행에 대한 자료는 지속적인 교수적 결정들을 내리고 언제 기준을 충족했는지 결정하기 위해 모니터되고 분석되어야 한다. 체계적 교수가 활용될 때에는, 시행별 자료가 수집되고 그래프로 만들어진다. 대다수의 경우 교수자는 개인 자료를 수집하고 그래프로 만들지만 집단 기준이 사용될 때에는 집단 자료를 수집하고 그래프로 만드는 것이 허용된다.

교수가 진행되는 동안 목표 외 정보가 제시된다면, 교수자는 하나의 교수 단위 전에 사전검사를 그리고 일단 목표 내용에 대한 기준에 도달하면 학습자들이 목표 외 정보도 습득하였는지 보기 위해 사후검사를 실시하고자 할 것이다. 예를 들어, 학습자들에게 일련의 어휘들을 읽도록 가르칠 때 철자나 정의에 대한 사전 및 사후검사를 실시할 수 있다. 플래시카드에 적힌 철자나 정의에 노출된 학습자들은 피드백(예 : "잘했어! 이 단어는 광합성이야. 그리고 광합성은 햇빛과 식물에 있는 엽록소로부터 탄수화물이 만들어지는 과정을 말하는 거야")을 받는다. 교수자가 집단의 모든 학생들에게 서로 다른 내용을 가르친다면, 사후검사는 학습자들을 관찰함으로써 서로 학습 내용을 습득하였는지 확인하게 될 것이다. 예를 들어, 광합성과 탄수화물, 그리고 엽록소 등을 각자 하나씩 읽도록 배운 3명의 학생들은 서로에게 교수된 이 어휘들을 읽고, 철자를 쓰며, 그리고(혹은) 정의하는 능력을 습득했을 수 있다.

또한 교수자들은 학습자들이 학습한 내용을 일반화하고 있는지 여부를 파악하기 위해 사전 및 사후검사 자료를 수집할 수 있다. 이러한 경우, 학습자들이 (1) 새로운 사람들(예 : 학급 보조원, 관련 서비스 제공 인력, 비장애 또래, 지역사회 구성원)에게, (2) 기술들이 필요할 새로운 상황들(예 : 구내식당이나 직장에서, 혹은 지역사회에서 물건을 구입하면서 돈 세기)에서, 혹은 (3) 새로운 자료들(예 : 다른 글씨체나 색깔로 입력된 어휘 읽기, 컴퓨터 모니터나 책에 있는 어휘 읽기) 전반에 걸쳐 정확하게 반응하는지 여부를 보기 위해 사전 및 사후검사가 수행될 것이다. 학습자들이 일반화하지 못하고 있다면 앞으로 대상이나 상황들, 혹은 자료들 전반에 걸친 교수가 이루어져야 함을 의미한다.

영구적인 결과물들은 내용 습득을 확인할 수 있는 또 다른 방식이다. 교수자들은 진전이 이루어지는지 혹은 학습이 발생하는지 기록하기 위해 교수가 진행되는 동안 내내 주기적으로 작업 견본들(예 : 답이 작성된 수학 문제 학습지, 손으로 쓰거나 입력된 문장들이나 단락들)을 수집할 수 있다.

소집단에서 습득이 어떻게 기록되든 관계없이, 학습자들의 수행에 대한 자료는 학습을 평가하기 위해 그리고 교수적 결정을 내리고(예 : 비효과적인 절차를 변경할 때, 교수가 진행되는 동안 활용된 예들을 확장할 때, 개인 교수를 위해 학습자들을 소집단에서 분리할 때, 교수를 중단하고 더 쉬운 혹은 더 어려운 기술로 옮겨갈 때) 교수자를 지원하기 위해 수집되어야 한다. 일단 교수자들이 집단 내 모든 학습자들이 확립된 기준을 충족했다고 판단했다면, 유지를 촉진하기 위한 절차들(예 : 수행에 대한 피드백을 제공하기 위해 수업이 끝날 때까지 기다리기)이 실행될 수 있다.

교수 프로그램

다음의 교수 프로그램은 중등도 및 중도장애 학생들에게 교수가 진행되는 동안 목표 외 정보가 어떻게 삽입될 수 있는지를 보여준다. 첫 번째 견본 프로그램은 일대일 형식에서, 두 번째 견본 프로그램은 관찰 학습이 일어날 가능성을 이용하는 소집단 형식에서 볼 수 있는 자료이다.

교수 프로그램 1

초등학교 학습자들은 종종 급우들과 함께 나눌 수 있는 간식을 준비한다. 이는 중등도 및 중도장애 학생들이 기능적 기술을 배울 기회를 제공한다. 이는 또한 핵심 내용에 교수를 삽입하기 위한 괜찮은 기회(예 : 수업을 충분히 준비하는 데 있어 일대일 대응 활용하기, 요소 측정하기, 자르기와 젓기에서 활용되는 소근육 운동기술 연습하기, 조리법에 사용된 시각단어 가려내기, 지시를 순서화하고 따르기)를 제공하기도 한다. 다음의 교수 프로그램에서 교수자(즉, 보조원 딜런 선생님)는 학습자들에게 간식 만드는 법을 가르치기 위해 지속적 시간 지연 절차를 실행할 때 관련된 그리고 관련되지 않은 목표 외 정보 모두를 추가한다. 이 절차들은 Fiscus 등(2002)이 수행한 연구를 기반으로 하고 있다.

핵심 내용 기준

실제 생활/직업	• 학생들은 양호한 건강을 촉진하고 질병을 예방하는 전략(예 : 식이요법)과 적절한 위생 실제들을 가려낼 수 있다.
수학	• 학생들은 특정 측정 과제를 위한 적절한 도구를 선택하고 사용할 수 있다.
읽기	• 학생들은 전문적인 어휘들(내용을 이해하기 위한 특정 단어들 및 용어들)을 해석할 수 있다. • 학생들은 정확한 순서를 가려낼 수 있다.

행동적 목표

준비할 세 가지 간식 중 한 가지와 해당 간식을 만들기 위한 과제 지시가 제시될 때, 딜런은 5일 동안 100% 정확하게 간식을 준비하기 위해, 그림으로 된 조리법을 따를 수 있다.

교수 상황

교수는 딜런의 초등학교 교실에서 일대일 형식으로 이루어질 것이다. 간식들은 쉬는 시간 이후 또래들과 함께 나누도록 준비한다.

교수 자료

자료는 음식(즉, 치즈, 크래커, 냉동 와플, 시럽, 우유, 음료용 믹스 분말)과, 간식을 준비하는 데 필요할 조리도구와 접시(즉, 칼, 숟가락, 포크, 유리잔, 접시), 그리고 가전제품(즉, 전자레인지, 냉장고) 등으로 구성된다. 필요할 경우, 교수자는 딜런에게 시범을 보이기 위해 두 번째 자료 세트를 사용할 수 있다(예 : 향료 첨가 우유를 만들기 위한 유리잔과 숟가락). 게다가 딜런은 코팅된 그림 조리법 책을 사용할 수 있다. 교수자는 초등학교 학습자들이 어떤 간식을 집에서 준비하는 것을 가장 즐겨하는지 결정하기 위해 세 학급 전체에 걸쳐 학생들에게 설문을 실시하여 준비할 간식을 선택한다. 교수자는 또한 학급 내 학습자들이 선택된 간식에 어떤, 알려진 음식 알레르기가 없다는 것을 확인했다. 교수자는 목표 외 정보를 제시하는 데 활용되는 새로운 주방용품/물품 한 상자를 갖게 될 것이고 이 상자에는 냄비를 드는 기구, 측정 컵과 숟가락, 주걱, 캔 따개, 채, 나무 숟가락, 아이스크림 뜨는 기구, 병따개 등이 들어 있다(Fiscus et al., 2002, p. 58 참조).

교수 절차

각 교수 시행은 다음과 같이 진행될 것이다.

계속

주의집중 단서	• 각 회기를 시작할 때, 교수자는 딜런에게 손을 씻고 학급을 위한 간식을 준비할 때라고 말한다. 그러고 나서 교수자는 특정 주의집중 단서에 딜런이 주의를 기울이고 있음을 확실히 한다. "네가 오늘 준비하 고 싶은 간식을 조리법 책에서 가리켜봐."
과제 지시	• 일단 딜런이 준비될 간식을 선택함으로써 자신이 주의를 기울이고 있음을 보여준다면, 교수자는 과제 지시를 한다(예 : "딜런, 학급을 위해 향료 첨가 우유를 만들어").
지속적 시간 지연 절차	• 통제 촉진은 모델과 함께 언어적 지시가 될 수 있다(즉, 교수자는 "향료 첨가 우유 가루를 가져와"라고 말하면서 이 지시를 수행하는 방법을 보여준다). 첫 회기 동안 교수자는 언어적 지시를 하면서 즉시 정 반응을 시범 보인다(즉, 0초 시간 지연 간격). 모든 후속 회기 동안에 교수자는 언어적 지시를 하고 과제 분석의 각 단계에 대한 정반응을 시범 보이기 전에 5초 지연 간격을 기다린다. 일단 딜런이 세 가지 간 식에 대한 기준을 충족했다면, 교수자는 초등학교 학습자들이 작성한 설문에서 세 가지 새로운 간식들 을 선택한다.
후속 결과	• 교수자는 20초 내에 완수된 과제분석의 각 단계에 대해 촉진된 그리고 촉진되지 않은 모든 정반응을 칭 찬한다(예 : "잘했어!"). 만약 딜런이 촉진을 받기 전에 오류를 범한다면, 교수자는 만약 정반응을 모르 겠다면 도움을 기다릴 것을 딜런에게 상기시키고, 그러고 나서 딜런에게 정반응을 시범 보인다. 딜런이 촉진 후 오반응을 보이거나 반응을 보이지 못한다면, 교수자는 신체적 촉진을 이용하여 딜런이 정반응 을 하도록 돕는다.

목표 외 정보

과제분석의 각 단계가 실행되는 동안 두 가지 유형의 목표 외 정보가 제시된다. 첫째, 교수자는 해당 단계를 완수하기 위한 촉진의 일부로 언어적 지시를 할 때 조리법 책에 있는 간식을 준비하는 각 단계를 위해 제시된 각 그림 밑에 있는, 대응되는 단어들을 가리킴으로써 과제와 관련된 목표 외 정보를 제시한다[예 : "이건 (향료 첨가 우유가루를 꺼낸다)라고 적혀 있는 거야']. 둘째, 교수자는 후속 결과가 진행되는 동안 과제와 관련되어 있지 않은 정보가 포함된 교수적 피드백을 제공한다. 이 교수적 피드백은 식사를 준비하는 데 사용되는 보통의 주방용품/물품들을 준비하고 분류하며, 각각의 기능을 진술하는 것으로 구성한다(예 : "향료 첨가 우유가루를 꺼내오는 것을 잘했어. 이건 냄비를 드는 기구야. 우리는 이걸 뜨거울 수 있는 음식을 다룰 때 화상을 입지 않기 위해 사용해").

자료 수집

교수자는 촉진 전이나 후로 표시된 열에 정반응에는 +부호, 혹은 오반응이나 무반응에는 −부호를 기록할 것이다. 촉진을 받은 그리고 촉진을 받지 않은 정반응 모두 매일 그래프를 그린다. 일단 딜런이 기준을 충족했다면, 교수자는 그림이 없는 조리법 책에서 단어를 읽어보도록 그리고 딜런이 간식을 만드는 것을 배울 때 딜런에게 제시된 주방용품/물품들의 기능을 분류하고 제공하도록 딜런에게 요청하는 회기를 수행한다. 그림 5.1에서 작성된 자료용지 견본을 볼 수 있다.

유지

딜런이 하루 동안 100% 정반응이라는 기준을 충족했다면, 교수자는 딜런이 3일 동안이라는 기준을 충족할 때까지 세 번째 시행마다 정반응에 칭찬하는 것으로 줄일 것이다(즉, 3 고정비율 강화계획). 교수 마지막 날에 교수자는, 딜런이 학급 전체를 위한 간식 만드는 것을 마칠 때까지 칭찬을 하지 않을 것이다. 교수자는 해당 학년도의 남은 기간 동안 때로로 딜런에게 이전에 배운 간식을 준비해보라고 함으로써 계속 유지되는지 모니터한다.

일반화

교수자는 딜런이 간식을 준비하기 위해 사용하는 식품의 유형에 변화를 줌으로써 일반화를 촉진한다. 예를 들어, 딜런은 흰 통밀 크래커와, 스위스제 그리고 미국제 치즈, 과일이 있는 외플과 없는 외플, 서로 다른 상표의 시럽, 그리고 딸기와 초콜릿 우유 믹스가루 등을 사용한다. 게다가 목표 외 정보로 제시되는 주방용품/물품들의 크기와 색깔, 그리고(혹은) 모양이 서로 다른 여러 가지 예들을 활용한다.

동시 촉진 자료용지

이름 : __딜런__　　기술 : __향료 첨가 우유를 만들기 위한__　날짜 : __5월 8일__
　　　　　　　　　　　　__조리법 따라하기__

교수자 : __덕 선생님__　상황 : __교실__　　　　　　　　　시간 : __2:00__

단계	촉진 전	촉진 후
1. 음료용 믹스가루 꺼내오기	+	
2. 우유 가져오기	+	
3. 학급을 위한 유리잔들 가져오기	−	
4. 숟가락 가져오기	+	
5. 음료용 믹스가루 개봉하기		+
6. 우유 개봉하기		0
7. 각 유리잔에 믹스용 가루 한 국자 넣기	+	
8. 각 유리잔에 우유 붓기	+	
9. 각 유리잔에 우유 젓기		+
10. 숟가락을 개수대에 놓기		−
11. 음료용 믹스가루 봉하기	−	
12. 음료용 믹스가루 치우기	+	
13. 우유 봉하기	+	
14. 우유 치우기		−
15. 조리법 책 치우기	−	
정반응 수/%	7/47%	2/13%
오반응 수/%	3/20%	2/13%
무반응 수/%	0/0%	1/7%

주 : +부호는 정반응, −부호는 오반응, 0은 무반응을 의미함

그림 5.1　연쇄 과제로 지속적 시간 지연 절차를 활용한 교수 프로그램 1의 자료용지 견본

행동 관리

딜런이 준비될 간식을 선택할 수 있게 함으로써 그리고 딜런이 학급에 있는 또래들과 그 간식들을 먹을 수 있게 함으로써 적절한 행동이 촉진된다. 게다가 교수자는 학생들이 수업이 끝날 무렵 모아서 선호하는 것으로 확인된 강화물들(예 : 학급 활동들)과 교환할 수 있는 토큰을 받는 표준 학급 행동관리 프로그램을 활용한다.

수업의 변형 및 확장

이 교수 프로그램에 제시된 목표 외 정보에 덧붙여 교수자들은, 핵심 내용을 목표 외 정보로 추가하는 것을 고려할 수 있다. 이는 과학이나 영양에 대한 건강 정보(예 : 열량, 지방분 함유 그램, 비타민 함량, 기본 식품군), 수학(예 : 각 재료의 가격과 간식의 전체 가격), 그리고 사회(예 : 간식 재료 각각의 원산지, 재료를 생산하는 데 필요한 기후)가 될 수 있다.

교수 프로그램 2

다음 교수 프로그램에서는 교수자는 고등학교 학습도움실에서 소집단 교수를 수행하기 위해 지속적 시간 지연 절차를 활용한다. 기술들은 집단 내 3명의 학생들 개개인을 위해 개별화되었다. 버지니아는 비장애 또래들과 함께 일반학급 수업 및 교육과정 외 활동들에 출석하는 데 있어 더 독립적일 수 있도록 시간 말하기를 배웠다. 알렉산드라는 예술과 인문학 수업에서 사용되는 어휘들을 읽도록 배웠다. 윌리엄은 사회 수업에서 지도에 있는 여러 주들에 사용되는 약어를 인식하도록 배웠다. 교수가 진행되는 동안 학습자들이 습득할 내용의 양을 극대화하기 위해 교수자는, 학습자들에게 이로울 목표 외 정보 또한 추가하였다. 따라서 학습자는 집단 내 다른 학습자들이 배우는 목표 내용 및 목표 외 정보 모두를 습득할 기회를 갖게 된다. 이 절차들은 Falkenstine 등(2009)이 수행한 연구를 기반으로 하고 있다.

핵심 내용 기준

실제 생활/직업   • 학생들은 미래의 학교교육과 공부에서 성공으로 연결되는 기술들과 공부 습관을 보인다(버지니아).

예술과 인문학   • 학생들은 시각 예술에 대한 아이디어들을 이해하고 이 아이디어들을 의사소통한다(알렉산드라).

사회   • 학생들은 지리와 관련된 다양한 도구들(예 : 지도, 지구본)을 활용하여 지구 표면의 물리적 그리고 인간의 특성들이 분포되어 있는 이유를 설명하고 분석한다(윌리엄).

행동적 목표

• 시계를 보여주고 시간을 말하도록 했을 때 버지니아는, 5일 동안 100% 정확하게 시간을 말할 수 있다.
• 예술과 인문학 어휘들이 적힌 플래시카드를 보여주었을 때 알렉산드라는, 5일 동안 100% 정확하게 단어를 말할 수 있다.
• 주 이름의 약어가 적힌 플래시카드를 보여주었을 때 윌리엄은, 5일 동안 100% 정확하게 해당 주의 이름을 말할 수 있다.

교수 상황

교수자는 생활기술들을 가르치는 학습도움실의 작은 테이블에서 소집단 교수를 수행할 수 있다. 어떤 학습자가 교수를 받을 시간이 될 때 해당 학습자는, 교수자를 마주보는 가운데 자리로 옮겨 앉는다.

교수 자료

교수자는 시간 말하기를 가르치기 위해서는 아날로그 시계를 그리고 어휘와 약어 읽기를 가르치기 위해서는 손으로 쓴 가로 3인치 세로 5인치 색인카드를 사용한다. 게다가 교수자는 목표 외 정보를 제시하면서 손목시계와 사전을 사용한다.

교수 절차

각 교수 시행은 다음과 같이 진행될 것이다.

주의집중 단서   • 교수자는 "자, 집단 수업을 할 시간이야"라고 알리고, 그러고 나서 수업을 진행하기 전에 학습자들이 테이블에 앉아 주의를 기울이고 있음을 보여주기 위한 눈맞춤을 하도록 기다린다.

과제 지시   • 교수자는 한 번에 한 학습자와 함께 한다. 학습자 개인을 위한 과제 지시는 다음과 같다. (1) 버지니아 : "지금 몇 시지?", (2) 알렉산드라 : "이 단어는 뭐지?", (3) 윌리엄 : "이 주의 이름은 뭐지?"

지속적   • 학습자들은 학습자 한 사람당 모두 10번의 집중 시행을 받는 동안 한 번의 교수 시행에 두 가지 자
시간 지연 절차   극들에 대해 각각 두 번의 시행을 한다. 학습자 개개인을 위한 자극들은 무작위로 제시한다. 구체적으로 말하면, 버지니아는 9시 45분, 12시 45분, 6시 15분, 7시 30분, 5시 45분에 대한 시행을, 알렉산드라는 화가, 캔버스, 조각, 액자, 팔레트 등에 대한 시행을, 윌리엄은 KY, SC, NC, OR, NJ 등의 약어에 대한 시행을 한다(Falkenstine et al., 2009, pp. 130-131). 학습자들이 자신의 자극 세트 각각에 대한 기준에 도달할 때마다, 이들은 5개의 새로운 자극들에 대한 교수를 시작한다. 학습자 개개인은

지속적 시간 지연 절차	집단 내에서 집중 시행 방식으로 개별적으로 학습한다. 학습자들이 교수를 받는 순서는 매일 바뀐다. • 첫 번째 교수 회기 동안 학습자들은 정반응을 하도록 즉시 촉진을 받는다(즉, 0초 시간 지연 간격). 모든 후속 회기 동안에 교수자는, 촉진을 제공하기 전에 학습자들이 정반응을 하도록 4초를 기다린다. 모든 학습자들을 위한 통제 촉진은 언어 모델이 된다.
후속 결과	• 각 교수 시행 후에 교수자는, 만약 반응이 촉진 전 혹은 촉진 후에 정확했다면 칭찬하거나, 촉진 전 혹은 촉진 후에 발생한 모든 오류들은 교정하고, 혹은 촉진 후에 반응하지 못한 경우 촉진을 반복한다.

목표 외 정보

교수자는 각 교수 시행의 후속 결과(즉, 칭찬이나 오류 교정) 후에 두 가지 유형의 목표 외 정보를 제시한다. 목표 외 정보의 한 가지 유형은 개별 기술이 다른 한 가지는 연쇄 과제가 된다. 학습자들이 반응할 것이라 예상하는 것이 아니라, 이들은 교수자가 이 정보를 제시할 때 단순히 주의를 기울인다. 버지니아에 대한 시행 후속 결과가 있은 후에 교사는 시간을 말하는 대안적인 방식에 대한 개별적인 목표 외 정보를(예 : "9시 45분은 10시 15분 전과 같은 거야") 그리고 진술된 시간(예 : 9시 45분)을 보여주기 위해 손목시계를 맞추는 것에 대한 과제분석을 제시하는 연쇄 목표 외 정보를 제공한다. 알렉산드라에 대한 시행 후속 결과가 있은 후에 교수자는 어휘의 정의에 대한 개별적인 목표 외 정보를(예 : "화가는 그림을 그리는 사람이야"), 그리고 해당 단어(예 : 화가)의 정의를 사전에서 찾고 읽는 것에 대한 과제분석을 보여주는 연쇄 목표 외 정보를 제공한다. 윌리엄에 대한 시행 후속 결과가 있은 후에 교수자는 주의 수도에 대한 개별적인 목표 외 정보를(예 : "켄터키주의 주도는 프랑크퍼트야"), 그리고 주 이름의 철자(예 : K-e-n-t-u-c-k-y)에 대한 연쇄 목표 외 정보를 제공한다.

자료 수집

교수자는 집단 내 학습자 개개인에 대한 각 교수 시행 후에 자료를 수집한다. 교수자는 촉진 전 혹은 촉진 후 정반응에는 더하기 부호, 촉진 전 혹은 촉진 후 오반응에는 -부호, 그리고 촉진 후 반응 실패에는 0을 기록할 것이다. 그림 5.2에서 작성된 자료용지 견본을 볼 수 있다. 학습자들이 각 자극 세트에 대한 기준을 충족했을 때 교수자는 집단의 각 구성원에게 제시된 모든 목표 외 정보를 진술하거나 보여주도록 학습자 개개인에게 요청함으로써 학습을 평가한다.

유지

학습자들이 하루 동안 촉진 전 100% 정반응이라는 기준을 충족한다면, 교수자는 4일 동안 세 번째 반응에 칭찬하는 것으로 줄인다(즉, 3 고정비율 강화계획).

일반화

학습자들이 5일 동안 촉진 전 정반응 100%라는 기준을 충족하게 되면, 교수자는 일반화를 평가한다. 버지니아는 디지털 시계의 시간을 말해보라 하고, 알렉산드라는 목표 어휘들이 들어 있는 미술과 인문학 책에서 발췌된 단락을 읽어보라 하고, 그리고 윌리엄은 미국 지도에서 주 이름 약어의 풀네임을 말해보라고 요청을 한다.

행동 관리

교수자는 소집단 교수가 진행되는 동안 집단 내 학습자들이 주의를 기울이고 서로를 관찰한 것에 대해 이들에게 주기적으로 칭찬한다.

계속

소집단 자료용지

교수자 : 윌러엄스 선생님 　날짜 : 10월 10일 　시간 : 9:00

버지니아 : 시간 말하기			알렉산드라 : 미술/인문학 단어들			윌리엄 : 주 약어		
자극	전	후	자극	전	후	자극	전	후
9:45	−		화가		−	KY	+	
7:30	+		액자		0	OR	+	
12:45	+		캔버스	+		SC	+	
5:45	+		팔레트	−		NJ		+
6:15		+	조각	+		NC		−
9:45		−	화가	+		KY	+	
12:45		0	캔버스	+		SC	−	
6:15	+		조각		+	NC	+	
7:30	−		액자		−	OR		0
5:45	+		팔레트	+		NJ	+	
정확한 반응 수(%)	5/50%	1/10%	정확한 반응 수(%)	5/50%	1/2%	정확한 반응 수(%)	6/60%	1/10%

주 : +부호는 정반응, −부호는 오반응, 0은 무반응을 의미함

그림 5.2 지속적 시간 지연 절차를 활용한 소집단 교수에 대해 작성한 교수 프로그램 2의 자료용지 견본

수업의 변형 및 확장

학습도움실에서 보충 소집단 교수를 수행하는 것은 일반교육 학급에서 대집단으로 가르칠 때 학습자들이 파악할 수 없는 내용에 대하여 추가적인 교수를 제공하는 좋은 방식이다. 학습도움실에서 보충 소집단 교수를 수행하는 것은 또한 일반교육 수업에 더 충분히 참여하기 위하여 학습자들이 필요로 할 선수기술들을 가르치는 좋은 방식이기도 하다. 예를 들어, 공부 단위들에 대한 어휘 및 정의는 가르칠 수 있고, 혹은 수학 문제 푸는 것에 대한 추가 연습을 한다. 학습도움실은 또한 학습자에게 오명을 씌우지 않고 또래들이 이미 지니고 있는 기술들(예 : 시간 말하기, 돈 세기, 사전 활용하기)을 가르치고 연습하기에 적절한 장소이기도 하다. 하지만 소집단 교수가 학습도움실에서만 이루어지고, 교수 집단이 장애를 지닌 학습자들로만 구성되어야 하는 것도 아니라는 점이다. 협력교사들은 일반교육 학급에서 학습자들을 나눠서, 가르칠 기술들을 학습자들의 요구에 맞춰 조정할 수 있다. 예를 들어, 어떤 교사는 화학시간에 소집단에 있는 한 학생에게 약어를 기반으로 주기율표에 있는 원소들을 가려내 보도록 하고, 다른 학습자에게는 원소들의 속성을 명명하도록 하고, 또 다른 학습자에게는 원자가를 규명해보도록 요청할 수 있다. 이 학습자들이 해당 집단의 모든 구성원들이 배울 내용을 습득하는 것이 가능하다. 또 다른 예에서, 미적분학 수업을 하는 어떤 교사는 한 학습자에게 주사위를 던져 나오는 수를 말하게 하고, 다른 학습자에게는 주사위 던지기 횟수에 근거하여 확률을 구하기 위한 문제를 출제하게 하고, 또 다른 학습자에게는 이에 상응하는 표를 만들도록 할 수 있다.

요약

이 장에서는 교수의 효율성을 높일 수 있는 두 가지 방법들을 제시하였다. 첫 번째는 교수 시행에 목표 외 정보나 내용을 추가하는 것이고, 두 번째는 학습자들이 관찰 학습을 통해 내용을 습득할 수 있는 소집단 상황에서 교수를 제공하는 것이다. 학습자들이 목표 외 정보가 제시되고 있는 목표 내용과 관련되어 있는지 여부와는 관계없이 목표 외 정보를 습득하는 것과 학습자들이 소집단 상황에서 관찰을 통해 다른 학습자들에게 제시되는 목표 내용 및 목표 외 정보를 습득하는 것이 가능하다. 소집단 교수를 수행하기 위한 순서도는 부록 A에, 빈 자료용지는 부록 B에서 찾아볼 수 있다.

성찰을 위한 질문들

1. 목표 외 정보란 무엇인가? 교수 시행 동안 목표 외 정보가 제시될 수 있는 방식 세 가지는 무엇인가?
2. 교수적 피드백과 관찰 학습의 차이는 무엇인가?
3. 수업에서 목표로 하는 내용과 관련된 혹은 관련되지 않은 목표 외 정보의 예를 들어라.
4. 소집단 교수를 수행하기 위한 몇 가지 일반적인 지침에는 어떤 것들이 있는가?
5. 왜 이질적 집단이 바람직한가? 이질적 집단에서 배울 수 있는 기술들의 예를 들어라.
6. 목표 외 정보의 습득은 어떻게 그리고 언제 평가되는가? 목표 외 정보 포함이 앞으로 교수의 효율성을 높이는 데 어떻게 사용될 수 있는가?
7. 일반교육 수업에서 교수되는 핵심 내용을 보충하기 위해 소집단 교수는 어떻게 사용되는가?

참고문헌

Collins, B.C. (2007). *Moderate and severe disabilities: A foundational approach.* Upper Saddle River, NJ: Pearson, Merrill, Prentice-Hall.

Collins, B.C., Gast, D.L., Ault, M.J., & Wolery, M. (1991). Small group instruction: Guidelines for teachers of students with moderate to severe handicaps. *Education and Training in Mental Retardation, 26,* 18–32.

Collins, B.C., Hendricks, T.B., Fetko, K., & Land, L. (2002). Student-2-student learning in inclusive classrooms. *Teaching Exceptional Children, 34*(4), 56–61.

Colozzi, G.A., Ward, L.W., & Crotty, K.E. (2008). Comparison of simultaneous prompting procedure in 1:1 and small group instruction to teach play skills to preschool students with pervasive developmental disorder and developmental disabilities. *Education and Training in Developmental Disabilities, 43,* 226–248.

Cromer, K., Schuster, J.W., Collins, B.C., & Grisham-Brown, J. (1998). Teaching information on medical prescriptions using two instructive feedback schedules. *Journal of Behavioral Education, 8,* 37–61.

Demchak, M. (1989). A comparison of graduated guidance and increasing assistance in teaching adults with severe handicaps leisure skills. *Education and Training in Developmental Disabilities, 24*(1), 45–55.

Falkenstine, K.J., Collins, B.C., Schuster, J.W., & Kleinert, K. (2009). Presenting chained and discrete tasks as nontargeted information when teaching discrete academic skills through small group instruction. *Education and Training in Developmental Disabilities, 44,* 127–142.

Fickel, K.M., Schuster, J.W., & Collins, B.C. (1998). Teaching different tasks using different stimuli in a heterogeneous small group. *Journal of Behavioral Education, 8,* 219–244.

Fiscus, R., Schuster, J.W., Morse, T., & Collins, B.C. (2002). Teaching elementary students with cognitive disabilities food preparation skills while embedding instructive feedback in the prompt and consequent event. *Education and Training in Mental Retardation and Developmental Disabilities, 37,* 55–69.

Godby, S., Gast, D.L., & Wolery, M. (1987). A comparison of time delay and system of least prompts in teaching object identification. *Research in Developmental Disabilities, 8,* 283–306.

Jones, G.Y., & Collins, B.C. (1997). Teaching microwave skills to adults with disabilities: Acquisition of nutrition and safety facts presented as non-targeted information. *Journal of Physical and Developmental Disabilities, 9,* 59–78.

McDonnell, J., Johnson, J.W., Polychronis, S., Riesen, T., Jameson, J., & Kercher, K. (2006). Comparison of one-to-one embedded instruction in general education classes with small group instruction in special education classes. *Education and Training in Developmental Disabilities, 41,* 125–138.

Roark, T.J., Collins, B.C., Hemmeter, M.L., & Kleinert, H. (2002). Including manual signing as nontargeted information when using a constant time delay procedure to teach receptive identification of packaged food items. *Journal of Behavioral Education, 11,* 19–38.

Schuster, J.W., Griffen, A.K., & Wolery, M. (1992). Comparison of the simultaneous prompting and constant time delay procedures in teaching sight words to elementary students with moderate mental retardation to select lower priced grocery items. *Education and Training in Mental Retardation, 27,* 219–229.

Smith, B.R., Schuster, J.W., Collins, B.C., & Kleinert, H. (2011). Using simultaneous prompting to teach restaurant words and classifications as non-target information to secondary students with moderate to severe disabilities. *Education and Training in Autism and Developmental Disabilities, 46*(2), 251–266.

Smith, R.L., Collins, B.C., Schuster, J.W., & Kleinert, H. (1999). Teaching table cleaning skills to secondary students with moderate/severe disabilities: Measuring observational learning during downtime. *Education and Training in Mental Retardation and Developmental Disabilities, 34,* 342–353.

Spooner, F., Browder, D.M., & Mims, P.J. (2011). Evidence-based practices. In D.M. Browder & F. Spooner (Eds.), *Teaching students with moderate and severe disabilities* (pp. 92–122). New York, NY: Guilford.

Stonecipher, E.L., Schuster, J.W., Collins, B.C., & Grisham-Brown, J. (1999). Teaching gift wrapping skills in a quadruple instructional arrangement using constant time delay. *Journal of Developmental and Physical Disabilities, 11,* 139–158.

Taylor, P., Collins, B.C., Schuster, J.W., & Kleinert, H. (2002). Teaching laundry skills to high school students with disabilities: Generalization of targeted skills and nontargeted information. *Education and Training in Mental Retardation and Developmental Disabilities, 37,* 172–183.

Tekin-Iftar, E., & Birkan, B. (2010). Small group instruction for students with autism. *Journal of Special Education, 44,* 50–63.

Werts, M.G., Hoffman, E.M., & Darcy, C. (2011). Acquisition of instructive feedback: Relation to target stimulus. *Education and Training in Autism and Developmental Disabilities, 46*(1), 134–149.

Werts, M.G., Wolery, M., Holcombe, A., & Gast, D.L. (1995). Instructive feedback: Review of parameters and effects. *Journal of Behavioral Education, 5*(1), 55–75.

Westling, D.L., & Fox, L. (2009). *Teaching students with severe disabilities* (4th ed.). Upper Saddle River, NJ: Pearson.

Wolery, M., Ault, M.J., & Doyle, P.M. (1992). *Teaching students with moderate to severe disabilities.* New York, NY: Longman.

Wolery, T.D., Schuster, J.W., & Collins, B.C. (2000). Effects of future learning of presenting non-target stimuli in antecedent and consequent conditions. *Journal of Behavioral Education, 10,* 77–94.

CHAPTER 6

자연적 언어 전략의 활용

목표

이 장을 마치면 독자는

- 자연적 언어 전략의 특성들을 기술할 수 있다.
- 의사소통을 촉진하기 위한 환경을 개선할 수 있는 전략들을 열거하고 예를 제공할 수 있다.
- 의사소통을 촉진하기 위한 자연적 모델링 절차의 단계들을 기술하고 수행할 수 있다.
- 의사소통을 촉진하기 위한 자연적 맨드모형 절차의 단계들을 기술하고 수행할 수 있다.
- 의사소통을 촉진하기 위한 자연적 우발교수 절차의 단계들을 기술하고 수행할 수 있다.
- 의사소통을 촉진하기 위한 자연적 시간 지연 절차의 단계들을 기술하고 수행할 수 있다.
- 자연적 모델링이나, 맨드모형, 우발교수, 혹은 시간 지연 절차 등으로 의사소통을 촉진하기 위한 자료용지를 만들 수 있다.
- 자연적 모델링이나, 맨드모형, 우발교수, 혹은 시간 지연 절차 등으로 의사소통을 촉진할 때 수집된 형성평가 자료를 그래프로 만들고 분석할 수 있다.
- 네 가지 자연적 언어 전략들 각각을 활용하는 다양한 목적들을 구별할 수 있다.

핵심 용어

맨드모형 절차	우발교수 절차	자연적 언어 전략
모델링 절차	자연적 시간 지연 절차	환경언어 전략

지금까지 이 책의 장들은 체계적 반응 촉진 절차들을 활용하여 기능적 기술들 및 핵심 내용의 습득을 향상시키는 전략들에 초점을 맞춰왔다. 이 장에서는 추가적인 반응 촉진 전략들을 제시하고 있지만, 초점은 중등도 및 중도장애 학생들의 의사소통 기술들을 향상시키는 데 맞춰질 것이다. 이러한 전략들은 하루 종일 지속되는 활동들 내에서 기회가 생길 때 이루어지기 때문에 자연스럽게 적용된다. 자연스러운 전략들이 학교 인력과 가족들, 학습자들의 삶에 관여하는 다른 사람들에 의해 상황 전반에 걸쳐 활용되는 것이 최선이기는 한데, 이 장에 제시되는 자연적 언어 전략의 예들은 학교 상황에서 실행하는 데 초점을 맞추고 있다.

자연적 언어 전략

자연적 언어 전략(naturalistic language strategy)들은 **환경언어 전략**(milieu strategy)으로도 알려져 있다. 이 전략들은 몇 가지 특성들을 지니고 있다(Browder, Spooner, & Mims, 2011; Collins, 2007; Downing, 2011; Westling & Fox, 2009; Wolery, Ault, & Doyle, 1992). 첫째, 이 전략들은 일상적인 환경에서 자연스럽게 발생한다. 그다음으로, 이 전략들은 하루 종일 언어 사용 기회가 생길 때마다 삽입된다. 시행은 교수자의 지시보다는 학습자의 흥미에 따라 적용된다. 각각의 시행 길이는 짧고 뒤이어 학습자를 강화하는 자연스러운 후속 결과가 따라온다. 시행을 위한 기회의 수를 증가시키기 위해 환경은 의사소통의 필요성이 촉진되도록 마련되거나 정리될 수 있다. 의사소통 형식은 개방적이고 음성언어나 몸짓상징, 혹은 보완적 의사소통을 위한 공학의 활용 등이 포함될 수 있다. 마지막으로, 자연스러운 전략에는 몇 가지 유형들이 있고, 각각은 서로 다른 목적을 지니고 있으나, 원하는 경우 모든 전략들이 시행 때마다 순환될 수 있다. 다음 절에서는 자연적 언어 전략을 실행하는 방법이 기술될 것이다.

환경 구조화

어떤 학습자에게 의사소통해야 할 이유가 많을수록 교수자가 교수 시행을 할 기회는 늘어난다. 의사소통할 기회를 만들기 위한 환경을 준비하는 데에는 몇 가지 방법들이 있다(Downing, 2011). 강화된 환경언어 교수는 자연 혹은 환경 반응 촉진 전략들 및 의사소통 상대방과 환경 구성 준비를 더하여 구성한다(Hemmeter & kaiser, 1994). 한 가지 환경 준비는 어떤 활동에 필요한 자료들을 제한하는 것이다. 간식 시간 동안 교수자는 학급 전체가 먹기에는 너무 적은 과자를 준비해서, 학습자가 과자를 요청할 기회를 만들 수 있다. 이와 유사하게 교수자가 미술활동을 하는 동안 크레용이나 찰흙 덩어리를 적게 준비한다거나 혹은 쉬는 시간 동안 가지고 놀 장난감을 아주 적게 준비할 수 있다. 자료가 충분할 경우 이 자료들을 의사소통 지원의 대상이 되는 학습자의 눈에 보이는 곳에 두기는 하지만 손에 닿지는 않는 곳에 두어 해당 학습자가 의사소통을 할 또 다른 기회를 만들어줄 수 있다. 새로운 자료들은 의사소통을 하고자 하는 욕구를 창출할 수 있다. 형광색 마커나 향기가 나는 마커와 같은 새로운 미술 재료들을 추가하여 학습자로 하여금 그 재료를 요청할 기회를 만들 수 있다. 쉬는 시간에 이용할 수 있는 장난감들을 교체해 가며 활용하는 것은 새로운 장난감을 요청할 욕구를 갖게 할 수 있다. 가능하다면 교수자들은 학습자들이 선택할 기회를 제공하고 그들이 바람직한 방식으로 자신의 선택을 의사소통할 수 있게 허용한다. 이에 대한 예들로는 점심시간에 이용할 수 있는데, 세 가지 주 요리에서 선택을 하는 것 혹은 일과에서 기회가 주어졌을 때 선택을 하는 것(예 : "수학을 먼저 하고 싶니 아니면 읽기를 먼저 하고 싶니?", "덧셈을 풀고 싶니 아니면 뺄셈을 풀고 싶니?", "곰을 세고 싶니 아니면 원숭이를 세고 싶니?", "답을 학습지에 쓰고 싶니 아니면 컴퓨터에 입력하고 싶니?") 등이 포함될 수 있다. 의사소통 기회를 제공하기 위한 또 다른 방식은 진행 중인 활동을 중단시키는 것이다. 예를 들어, 교수자는 쉬는 시간에 어떤 학습자와 공놀이(선호하는 활동)를 하다가 공을 몇 번 던진 후에 해당 학습자가 활동이 지속되기를 바란다는 의사를 표현할 때까지 그 활동을 중단할 수 있다. 마지막으로, 교수자는 의사소통이 발생하도록 해당 학습자의 장갑을 반대편 손에 끼거나 해당 학습자가 오류에 대해 의사소통할 때까지 그 학습자의 재킷을 거꾸로 입는 것과 같은 '우스꽝스러운 기회'를 만들 수 있다. 구조화된 환경을 마련하기 위한 이러한 전략들 중 두 가지 이상이 다음의 시나리오에 제시된 것처럼 한꺼번에 활용될 수 있다.

간식 시간에 찰스의 교수자가 음료에 대한 새로운 선택권으로 분홍색 레모네이드를 추가하고 레모네이드 용기를 눈에 보이는 선반 위에 놓을 수 있다. 찰스가 뭔가 마시고 싶다고 의사를 표현할 때, 찰스는 노란색 레모네이드와 분홍색 레모네이드 중 무엇을 선택할지 고를 수 있게 한다. 선택을 하면 교수자는 레모네이드를 만들고 찰스 앞에 컵을 뒤집어 놓은 후, 찰스가 잘못된 것을 말할 때까지 레모네이드를 붓지 않고 기다린다. 교수자는 컵을 똑바로 놓고 레모네이드를 조금만 따라 주고 찰스가 더 달라고 요청하게 만든다. 교수자는 테이블 위 찰스의 손이 닿지 않는 곳에 밝은 색깔의 동그랗게 말리는 모양의 빨대 몇 개를 놓는다. 찰스가 빨대를 달라고 하고 어떤 색깔인지도 말하게 한다. 일단 찰스가 컵과 빨대 그리고 충분한 양의 레모네이드를 받으면, 그 음료를 마시는 것으로 강화를 받게 한다.

환경언어 전략들

자연적 언어 혹은 환경언어 전략들에는 네 가지가 있다(Browder et al., 2011; Collins, 2007; Downing, 2011; Westling & Fox, 2009; Wolery et al., 1992). 이 전략들은 다음 절에 기술된 바와 같다.

모델링

모델링 절차(modeling procedure)는 교수자가 새로운 형태의 의사소통을 학습자에게 가르칠 때 적절하다. 예를 들어, 어떤 학습자에게 목마르다는 것을 보이기 위해 우는 대신 마실 것을 달라고 요청하도록 가르치는 것이 목표이다. 이 교수 시행은 간단하다.

1. 학습자가 의사소통에 대한 필요성을 보여줄 때까지 기다린다(예 : 학습자는 쉬는 시간에 밖으로 나가기 전에 높이 설치된 선반에 있는 새로운 공을 쳐다본다).
2. 해당 학습자의 관심에 따라 그 학습자가 해야 할 반응을 시범 보인다(예 : 교수자는 선반에서 공을 꺼내 공이라는 단어를 시범 보인다).
3. 해당 학습자가 목표 반응을 모방하도록 미리 정해진 시간(초)(예 : 5초) 동안 기다린다.
4. 학습자가 목표 반응을 하면 강화한다(예 : 해당 학습자에게 공은 건네주며, "그래! 이건 공이야").

음성언어로 의사소통하려는 시도가 목표하는 반응과 비슷하더라도(예 : "고오오") 혹은 해당 아동이 음성언어로 의사소통하는 데 실패하더라도 교수자는 해당 학습자에게 공을 줄 것임에 주의하라. 이 절차를 반복할 많은 기회들이 있을 것이고, 그 의도는 의사소통에 실패한 것에 대해 공을 주지 않음으로써 학습자에게 벌을 주는 데 있는 것이 아니라, 오히려 시선을 포함한 모든 형태의 의사소통을 강화하는 데 있다. 시간

모델링 자료용지

이름 : 캐럴린   교수자 : 모러스 선생님

목표 기술 : 또래들에게 인사하기

시행	날짜				
	9월 14일	9월 15일	9월 16일	9월 17일	9월 18일
1. 등교	+			+	+
2. 언어	+	+	+	+	+
3. 과학		+		+	+
4. 수학				+	+
5. 점심시간		+	+		
6. 체육			+		+
7. 미술	+	+			+
8. 지역사회 중심 교수	+	+			+
9. 사회		+		+	+
10. 하교			+	+	+
계/%	4/40%	6/60%	4/40%	6/60%	9/90%

주 : +부호는 정반응을 의미함

그림 6.1 모델링 절차에 대해 작성된 자료용지 견본

이 지나면서 원하는 반응에 연속적으로 근접해 가는 것을 칭찬하고 해당 학습자를 위해 반응을 계속해서 시범 보임으로써 의사소통은 형성될 수 있다.

모델링 절차에 대한 자료 수집은 간단하다. 교수자는 만약 해당 학습자가 받아들일만한 반응을 모방한다면 +부호를 기록한다. 원한다면 교수자는 반응이 받아들일 만한 것이 아니라면 -부호를, 어떤 반응으로 보이지 못한다면 0을 기록한다. 작성된 자로 용지의 견본이 그림 6.1에 제시되어 있다. 정반응의 수 혹은 비율은 그래프에 기록된다.

맨드모형

맨드모형(요구 모형) **절차**(mand-model procedure, 예 : Bourett, Vollmer, & Rapp, 2004; Hemmeter, Ault, Collins, & Meyer, 1996; Mobayed, Collins, Strangis, Scuster, & Hemmeter, 2000; Murphy & Holmes, 2009)는 학습자가 독립적으로 의사소통을 시작하는 것을 촉진함으로써 모형 절차를 기반으로 한다. 맨드 (mand)는 어떤 학습자에게 기대되는 것을 말하기 위해 사용되는 용어로, 명령이나 요구의 기본형으로 인식될 수 있음에 주의하라. 맨드의 간단한 예는 "네가 원하는 것을 말해봐"이다. 맨드의 단계에는 다음과 같은 것들이 포함된다.

1. 학습자의 초점이 의사소통의 필요성을 보여줄 때까지 기다린다(예 : 학습자는 간식 시간에 제공될 음료수를 기다린다).
2. 학습자가 정반응을 시작한다면 학습자를 강화한다(예 : 교수자는 해당 학습자를 위해 컵에 레모네이드를 따르면서 "그래! 음료수를 마실 수 있어!"라고 말한다).
3. 해당 학습자의 초점이 교수 시행을 위한 기회를 암시하고 학습자가 반응을 시작하지 못한다면 해당 학습자에게 의사소통을 하라는 신호를 주기 위해 맨드를 제공한다(예 : 교수자는 해당 학습자 앞에서 레모네이드가 든 병을 들고 "네가 원하는 걸 말해봐"라고 말한다).
4. 학습자가 목표 반응을 보이도록 미리 정해진 시간(초)(예 : 3초) 동안 기다린다.
5. 만목표 반응이 이루어진다면 해당 학습자를 강화한다(예 : 교수자는 해당 학습자를 위해 컵에 레모네이드를 따르면서 "그래! 마셔!"라고 말한다).
6. 학습자가 반응을 보이지 못하거나 오반응을 보인다면 학습자를 위해 반응을 시범 보인다(예 : "내게 [마셔요]라고 말해봐").
7. 학습자가 목표 반응을 모방하도록 미리 정해진 시간(초)(예 : 3초) 동안 기다린다.
8. 목표 반응이 이루어진다면 학습자에게 강화한다(예 : 교수자는 해당 학습자를 위해 컵에 레모네이드를 따르면서 "그래! 마셔!"라고 말한다).

모델링 절차와 같이 교수자는 정반응을 보이든 그렇지 않든 관계없이 시범을 보인 후 해당 학습자에게 음료수를 준다. 한 번에 소량의 레모네이드를 컵에 따름으로써 시범 보이기 절차든 맨드모형 절차든 시행을 되풀이 할 몇 번의 기회가 있을 수 있다.

학습자가 반응을 시작했는지 맨드를 따르는 반응을 하였는지, 혹은 시범 보이기를 따르는 반응을 하였는지를 자료용지의 분류된 열 밑에 표시함으로써 자료가 기록된다. 작성된 자료용지 견본이 그림 6.2에 제시되어 있다. 정확한 시작의 수 혹은 비율은 그래프에 기록한다. 원한다면 맨드나 시범 보이기에 대한 정반응의 수 혹은 비율도 그래프에 기록할 수 있다.

우발교수

우발교수 절차(incidental-teaching procedure, 예 : Hemmeter et al., 1996)는 어떤 학습자에게 기본적인 방식(예 : 하나의 단어들 및 기호들)으로 의사소통하게 하는 목적은 의사소통의 폭을 넓히기 위함이다. 예를 들어, 하나의 단어를 말하는 것에서부터 몇 개의 단어들을 순차적으로 연결 짓는 데까지 진행하는 것이 목표일 수 있다. 여기에는 형용사나 동사 혹은 명사를 추가하는 것이 포함된다. 이 절차는 다음과 같은 단계를 통해 실행될 수 있다.

1. 학습자가 원하는 형태의 의사소통을 시작할 때까지 기다린다(예 : 점심시간 동안 학습자는 "사과"라고 말한다).
2. 원하는 확장을 시범 보인다(예 : 교수자는 "빨간 사과"라고 말한다).
3. 해당 학습자가 반응을 모방하도록 미리 정해진 시간(초)(예 : 3초) 동안 기다린다.
4. 목표 반응이 이루어지면 학습자를 강화한다(예 : 교수자는 "그래! 빨간 사과!"라고 말하고, 학습자에게 사과 한 조각을 준다).

맨드-시범 보이기 자료용지

이름 : 주디
날짜 : 9월 20일

교수자 : 와일더 선생님 부부
목표 반응 : 더(more)

반응할 기회	모방	맨드	시범 보이기
1. 운동			−
2. 운동			0
3. 운동		+	
4. 운동		+	
5. 운동			−
6. 간식			+
7. 간식	+		
8. 간식			0
9. 간식			+
10. 간식	+		
11. 운동	+		
12. 운동			−
13. 운동			0
14. 운동	+		
15. 운동	+		
정반응 수	5	2	2
오반응 수			3
무반응 수			3

주 : +부호는 정반응, −부호는 오반응, 0은 무반응을 의미함

그림 6.2 맨드-시범 보이기 절차에 대해 작성된 자료용지 견본

일단 해당 학습자가 원하는 확장을 독립적으로 사용한다면(예 : "빨간 사과") 교수자는 시간이 지남에 따라 원하는 반응으로 조금 더 확장할 수 있다(예 : "빨간 사과를 원해요", "빨간 사과를 주세요", "제게 빨간 사과를 주세요"). 단일 활동이 진행되는 동안 많은 시행들이 발생할 수 있고 반응이 있든 그렇지 않든 관계없이 해당 학습자는 강화물(예 : 사과 한 조각)을 받는다는 것에 주의하라.

교수자는 하루 종일 해당 학습자가 한 시작에 대한 확장의 자료를 기록한다. 교수자는 해당 학습자가 시범 보이기 전에 확장을 시작했는지 아니면 시범 보이기 후에 확장을 모방했는지 보여주는 열 밑에 +부호를 기록할 수 있다. 교수자는 또한 학습자가 부정확한 확장을 보였다면 −부호를, 혹은 시범 보이기 후에 확장을 모방하는 데 실패했다면 0을 기록할 수도 있다. 작성된 자료용지 견본이 그림 6.3에 제시되어 있다. 시작된 확장은 그래프에 기록될 것이다. 정확한 모방을 그래프에 기록하는 것은 선택이다.

우발교수 자료용지

이름 : 대니   교수자 : 프래터 선생님

목표 기술 : 요청에 형용사 추가하기

시행	4월 8일 B	4월 8일 A	4월 9일 B	4월 9일 A	4월 10일 B	4월 10일 A	4월 11일 B	4월 11일 A	4월 12일 B	4월 12일 A
1. 등교	+			+	+		+		+	
2. 언어		+	+			+		+	+	
3. 과학	+		+		+		+			+
4. 수학		+		+		+		+		+
5. 점심시간	+			+		+	+		+	
6. 체육		+	+			+		+		+
7. 미술	+			+	+		+		+	
8. 지역사회 중심 교수		+		+	+			+	+	
9. 사회	+					+	+			+
10. 하교		+	+			+		+		+
계	5	5	4	6	5	5	6	4	6	4
%	50%	50%	40%	60%	50%	50%	60%	40%	60%	40%

주 : +부호는 시범 보이기 전이나 후의 반응에 대한 정교화를 의미함

그림 6.3 우발교수 절차에 대해 작성된 자료용지 견본

자연적 시간 지연

마지막 환경 절차인 **자연적 시간 지연**(naturalistic time delay; 예 : Grunsell & Carter, 2002; Miller, Collins, & Hemmeter, 2002)은 의사소통을 위한 자연적 절차와 제4장에 기술되었던 시간 지연 절차를 합친 것이다. 이 절차는 학습자에게 진행 중인 활동을 하는 동안 의사소통이 필요할 때 습득된 의사소통 반응을 활용하는 것을 연습하도록 요청하기 때문에 일반화된 반응을 촉진하는 데 효과적일 수 있다. 그 단계들은 다음과 같다.

1. 학습자에게 의사소통하도록 요청할 기회가 있을 때 진행 중인 활동을 중단시킨다(예 : 교수자는 미술 수업 시간에 학습자가 어떤 그림에 색칠을 할 때 스케치북을 접거나 크레용을 치운다).
2. 학습자가 의사소통 반응을 보이도록 정해진 시간(초)(예 : 3초) 동안 기다림으로써 지연 간격을 삽입한다.
3. 학습자가 목표 반응을 보인다면 강화한다(예 : 교수자는 "요청하는 말을 잘했어! 여기 네가 필요한 크레용이 있어"라고 말한다).

4. 반응이 없다면 모델 촉진을 제공한다(예 : 교수자는 "[크레용이 필요해요]라고 내게 말해봐")라고 말한다).

5. 목표 반응을 보인다면 학습자를 강화한다(예 : 교수자는 "훌륭해! 여기 크레용이 있어"라고 말한다).

지연 간격을 선택함에 있어 교수자는, 0초 지연 간격에서 시작하여 시간이 지나면서 지연 간격을 서서히 증가시키는(예 : 0초, 1초, 그리고 3초) 점진적 시간 지연 절차를 활용할 수 있다. 교수자는 또한 0초 지연 간격에서 시작하고 그러고 나서 정해진 지연 간격(예 : 3초)으로 옮겨가는 지속적 시간 지연 절차를 활용할 수도 있다. 다른 환경 절차들처럼 교수자는 학습자가 원하는 의사소통 반응을 하든 그렇지 않든 상관없이 정해진 시간(초)이 지난 후 강화물을 제공한다(예 : 교수자는 학습자에게 크레용을 주고 계속 색칠할 수 있게 한다).

자료는 지속적 시간 지연 절차나 점진적 시간 지연 절차에서와 같은 방식으로 수집된다. 촉진 후 정반응에는 +부호, 오반응에는 −부호, 혹은 무반응에는 0이 촉진 전 또는 후라고 표시된 열 밑에 기록된다. 게다가 자료는 시간 지연 자료에서와 같은 방식으로 그래프로 만든다(제4장 그림 4.2 참조). 작성된 자료용지 견본은 이 장의 두 번째 교수 프로그램과 함께 제시된다.

교수 프로그램

의사소통 기술을 증가시키는 것은 전 연령대의 중등도 및 중도장애 학습자들에게 적절한 교수 목표일 수 있다. 다음의 예들은 어린 학습자들은 물론 성인기로의 전환을 앞두고 있는 청소년들에게 환경언어 전략들을 어떻게 활용할 수 있는지 보여주고 있다. 이 예들은 전문가들은 물론 부모들도 환경언어 전략들을 어떻게 적용할 수 있는지도 보여주고 있다. 의사소통을 증진시키는 전략들을 실행하는 것은 그 전략들이 여러 상황들 전반에 걸쳐 지속적으로 실행될 때 가장 효과적임을 기억해야 한다.

교수 프로그램 1

첫 번째 교수 프로그램은 학령 전 아동의 부모가 실행하고 가정 중재자가 모니터하는 맨드모형 절차를 이용하고 있다. 이 절차들은 Mobayed 등(2000)이 수행한 연구를 기반으로 하고 있다.

핵심 내용 기준

실제 생활/
직업

- 학생들은 책임감 있고 공손한 행동을 촉진하는 효과적인 사회적 상호작용 기술들(예 : 정서 규명하기, 경청하기, 협력, 예절, 공손함, 의사소통, 공유하기, 감정 이입, 지시 따르기, 친구 사귀기 등)을 가려낸다.
- 학생들은 스트레스 관리, 문제해결, 갈등 해소, 의사소통을 위한 전략들(예 : 자기통제, 공부와 놀이 협업, 배려, 화해, 도움 구하기, 적극적 듣기 등)을 가려낸다.

행동적 목표

가정에서의 활동 전반에 걸쳐 주디는 5일 동안, 적절한 기회가 발생할 때 '더(more)'라는 음성언어 요청을 독립적으로 시작할 수 있다.

교수 상황

부모가 가정에서 여러 활동들 전반에 걸쳐 음성언어를 이용한 요청을 촉진하기 위한 환경언어 전략을 실행할 수 있는 반면, (1) 거실에서 장난감을 갖고 놀 때, (2) 식사와 관련된 영역(예 : 주방, 식당 등)에서 간식을 먹거나 식사를 할 때 등의 활동들은 의사소통 기회를 만들고 독립적으로 시작한 횟수에 대한 자료를 수집한다.

교수 자료

거실의 놀이 영역에는 몇 가지 부분들로 만들어진(예 : 몇 개의 차량이 연결된 기차, 블록 한 세트, 미스터 포테이토 헤드 게임, 비눗물이 담긴 병), 아동이 선호하고 연령에 적합한 다양한 장난감들을 구비한다. 식사 영역에는 조금씩 제공될 수 있고(예 : 생 채소, 크래커, 우유나 주스, 마카로니, 과일 조각), 아동이 선호하는 다양한 음식을 준비한다.

교수 절차

각 교수 시행은 다음과 같이 진행될 것이다.

주의집중
단서

- 부모는 주디의 주의를 끌기 위해 장난감들이나 음식들을 제시함으로써 놀이 회기나 식사를 시작한다. 일단 주디가 주의를 기울이면 부모는, 주디가 자료들을 시도해보도록 허용한다(예 : 몇 초 동안 장난감을 갖고 놀게 하거나 음식을 조금 맛본다).

맨드모형
절차

- 부모가 주디가 자료들을 보고 이를 이용해보려 시도하는 것(예 : 음식을 더 먹기 위해 입을 벌리기, 장난감 쪽으로 손을 뻗기)을 본다면, 그리고 '더'라는 음성언어를 요청하지 않는다면 부모는 맨드(즉, "네가 원하는 걸 내게 말해봐")를 제공한다. 주디가 맨드 제공 후 3초 내에 '더'라고 요청하지 않는다면 부모가시범을 보인다[즉, "(더)라고 내게 말해봐"]. 만일 주디가 시범을 보인 후 3초 내에 더라고 요청하지 않는다면 부모는 자료를 이용하게 하고, 그리고 나서 주디가 더 많은 자료를 보고 이용해보려는 또 다른 시도를 시작하도록 몇 분 동안 기다린다.

후속 결과

'더'라고 요청하는 것의 자연스러운 후속 결과는 해당 자료를 이용할 수 있게 하는 것이다. 이는 미소 짓기, 안아주기, 그리고/혹은 "잘했어!"라고 말하기 등과 같은 부모의 피드백을 동반할 수 있다. 만약 주디가 부적절한 음성언어적 반응을 보임으로써 오류를 범한다면 부모는 그 반응을 교정한다[예 : "아니야, 이건 개가 아니야-(더)라고 내게 말해봐"]. 주디가 더

계속

많은 것을 원하지 않음을 보인다면(예 : 음식이나 장난감을 밀친다) 부모는, 새로운 자료로 시도해보거나 회기를 종료할 수 있다. 필요한 경우 부모는 시간이 지나면서 연속적인 근접(예 : '음음음…', 'ㄷ…', '더')을 강화함으로써 '더'라는 반응으로 만들어가도록 한다.

목표 외 정보

목표 외 정보가 요구되지 않는다 하더라도 부모는 후속 결과 동안 확장된 반응을 시범 보인다. 예를 들어, 부모는 "[더]라고 말하는 걸 잘했어! 여기 '더 많은 크래커'가 있어'라고 말한다.

자료 수집

부모는 정확한 시작과 맨드나 시범 보이기에 대한 정반응에 자료용지의 열 밑에 +부호를 기록한다. 만일 시범 보이기에 이어 오반응을 보이거나 반응을 보이지 못한다면 부모는 열 밑에 0을 기록한다. 그림 6.2에서 작성된 자료용지 견본을 볼 수 있다.

유지

주디가 하루 동안 여러 기회 전반에 걸쳐 '더'라는 말을 시작한다면 부모는 4일 동안 평균 세 번째 시작에 대한 반응에 칭찬의 말을 하는 것으로 줄인다(즉, 3 변동비율 강화계획).

일반화

일반화는 거실과 식사 영역이라는 자연스러운 환경에서의 교수 회기 동안 다양한 장난감과 음식을 활용함으로써 촉진된다. 주디가 이러한 활동들에서 지속적으로 요청하기 시작한다면 부모는 새로운 장난감 혹은 음식을 제공한다. 게다가 부모는 욕실에서 욕실용 장난감들을 가지고 놀거나 뒤뜰에서 야외용 놀이 장비들(예 : 그네, 공, 모래상자 장난감)을 가지고 노는 것처럼 다른 활동들에서 요청을 할 기회들을 제공한다. 부모는 또한 주디가 즐겨하는 거친 신체놀이를 하는 동안 요청을 할 기회들을 삽입할 수도 있다.

행동 관리

여러 회기들 동안 주디가 원하는 좋아하는 물건들을 제공함으로써 적절한 행동이 촉진될 수 있다. 행동이 주디가 더 이상 이러한 물건들로 강화를 받지 못하게 된다면(예 : 음식 뱉어내기, 장난감 집어 던지기), 회기는 종료한다.

수업의 변형 및 확장

이 교수 프로그램에 기술된 맨드모형 절차는 집에서 형제자매들과 다른 양육자들을 포함한 다른 사람들에 의해 실행될 수도 있다. 더 나이가 든 학습자들에게는 이 절차가 학교 상황에서 실행될 수 있다. 적절한 활동들에는 교실에서의 간식시간이나 점심시간, 혹은 놀이시간(예 : 게임하기, 이야기 읽기, 음악 듣기), 또는 운동장에서의 간식시간이나 점심시간, 혹은 놀이시간(예 : 줄넘기 하기, 시소 타기) 등에서 실시할 수 있다. 이 절차는 또한 교수 활동들(예 : 미술 활동, 과학 실험, 컴퓨터 작업)이 진행되는 동안 실행된다. 중요한 것은 어떤 학습자가 참여하기를 좋아하는 활동들을 가려내고, 자료의 양이나 어떤 자료를 이용하는 시간의 길이를 제한함으로써 가능한 한 많은 시행을 끼워 넣는다.

교수 프로그램 2

환경언어 전략으로 의사소통을 촉진하기 위한 두 번째 교수 프로그램은 활동들 및 상황들 전반에 걸쳐 고등학교에서 수행되고 있다. 이 프로그램에서 교수자는 음성언어를 이용한 의사소통 기술을 갖추지 못한 어떤 학습자를 알아들을 수 있는 일반적인 형태의 의사소통이 요구되는 직업시설로의 전환을 준비하고 있다. 따라서 교수자는 해당 학생에게 직업시설에서는 물론 가정에서도 사용할 몇 가지 몸짓상징을 가르치기로 결정하였다. 학습자는 현재 몇 가지 기본적인 몸짓상징(예 : 먹다, …해 주세요, 미안하다, 수영하다, 마시다)을 사용할 수 있지만, 대부분 행동을 통해서(예 : 다른 사람의 팔을 당기기), 몸짓을 통해서(예 : 가리키기) 의사소통하고 있다. 교수자는 특정 몸짓상징의 활용을 촉진시키기 위해 맨드와 시범 보이기가 제공되는 자연적 시간 지연 절차를 활용하기도 한다. 이 절차들은 Miller 등(2002)이 수행한 연구를 기반으로 하고 있다.

핵심 내용 기준

실제 생활/직업 • 학생들은 미래의 학교교육과 공부에서 성공으로 연결되는 기술들과 공부 습관을 보인다.

행동적 목표

활동들과 학교 상황들 전반에 걸쳐 레온은, 5일 동안 기본적인 요구를 의사소통하기 위해 목표 몸짓상징들을 사용할 수 있다.

교수 상황

교수자는 레온이 기본적인 요구를 의사소통하기 위해 행동이나 몸짓을 활용하는 학교 상황들 전반에 걸쳐 여러 활동들을 규명해냈다. 교수자는 초기 교수를 위해 세 가지 몸짓상징을 목표로 정했다. 이 세 가지 몸짓상징에는 (1) 레온의 행동관리 프로그램의 일부인 토큰 경제에서 학급과제를 독립적으로 완수함에 따라 주어지는 티켓들을 요청하기 위해 티켓에 해당되는 몸짓상징을 표현하는 것, (2) 학생식당에서 점심값을 치르기 위해 돈을 요청하도록 돈에 해당되는 몸짓상징을 표현하는 것, 그리고 (3) 해당 일 종료시점에서 티켓을 현금으로 바꿀 때 학습도움실에서의 자유 시간을 요청하기 위해 자유 시간에 해당되는 몸짓상징을 표현하는 것 등이 포함된다. 일단 레온이 기본적인 요구를 보여주기 위해 이 몸짓상징을 지속적으로 사용한다면, 교수자는 3개의 새로운 몸짓상징을 추가할 것이고, 해당 학년도 내내 이러한 패턴으로 지도할 것이다.

교수 자료

티켓을 요청하는 것에 대한 교수는 레온이 출석하는 학급 전반에 걸쳐(일반교육 교실과 학습도움실 모두에서) 실행할 예정이다. 돈을 요청하는 것에 대한 교수는 학생식당에서 발생한다. 자유 시간을 요청하는 것에 대한 교수는 해당 일 종료시점에 학습도움실에서 한다.

교수 절차

각 교수 시행은 다음과 같이 진행될 것이다.

주의집중 단서 • 레온이 목표 몸짓상징들 중 하나로 어떤 요청을 의사소통할 기회가 있을 때, 교수자는 활동을 중단하고 각 교수 시행을 시작하도록 레온과 눈 맞춤을 하게 한다.

자연적
시간 지연 절차 • 교수자는 시행들을 다음과 같은 방식으로 수행한다. 레온이 독립적인 과제를 완수하고 이를 교수자에게 제출할 때, 교수자는 티켓을 손에 들고 레온 앞에 서서 레온이 티켓을 요청하는 몸짓상징을 표현하도록 4초 동안 기다릴 것이다. 레온이 몸짓상징을 표현하지 못한다면 교수자는 "원하는 게 뭐지?"라는 맨드를 주고 4초 동안 반응을 기다릴 것이다. 레온이 여전히 몸짓상징을 표현하지 못한다면, 교수자는 반응을 시범 보이고 4초 더 반응을 기다릴 것이다. 레온이 아직도 몸짓상징을 표현하지 못한다면, 교수자는 레온에게 티켓을 줄 것이다. 이는 상황 전반에 걸쳐 완수된 작업에 대한 티켓을 받아야 할 때마다 반복한다. 동일한 시행 순서로 점심시간에 학생식당에서 행한다. 레온이 줄을 서서 학생식당에 가고, 점심으로 먹을 것을 선택하고, 그러고 나서 계산대로 가면 교수자는 계산대

계속

자연적 시간 지연 절차	앞에 서서 레온이 점심 값을 치르기 위해 돈을 요청하는 몸짓상징을 표현하도록 기다린다. 이 시행 순서는 음식 값을 치르기 위해 돈이 필요한 경우(학생식당, 학교 매점, 지역사회)마다 반복한다. 동 일한 시행 순서가 학습도움실에서 레온이 여가활동을 위해 자신이 갖고 있는 티켓을 제출하는 해 당 일 종료시점에 다시 반복될 것이고, 교수자는 티켓을 받지만 레온이 자유 시간을 요청하기 위한 몸짓상징를 하도록 기다린다. 이 시행 순서는 레온이 정해진 시간 동안 서로 다른 여가활동에 참여 하기 위해 티켓을 제출할 때마다 반복한다.	
후속 결과	• 비록 정확한 몸짓상징을 한 것에 대한 자연스러운 후속 결과는 요청한 품목(즉, 티켓, 돈, 혹은 여가 활동)을 이용하게 되는 것이라 하더라도, 교수자는 또한 정반응에 칭찬한다. 레온이 정확한 몸짓상 징를 하지 못한다 하더라도, 이 절차가 처벌을 위한 것임을 의미하지 않기 때문에 해당 품목을 이용 하게 한다.	

목표 외 정보

목표 외 정보를 포함시키는 것은 이 교수 프로그램에서의 절차 중 일부가 아니다.

자연적 시간 지연 자료용지

이름 : 레온   교수자 : 데이비스 선생님   날짜 : 1월 3일

	상황	반응	상황	반응	상황	반응
	수업	티켓	학생식당	돈	학습도움실	자유 시간
시행	전	후	전	후	전	후
1.	+		+			0
2.		0	+			+
3.		+		−	+	
4.		−		0	+	
5.	+			+		−
6.	−			−	+	
7.	+		+			+
8.	+		−			−
9.		−	+		+	
10.	−		+			
해당 일자 자료 요약						
	전 정반응 수/%	13/43%		후 정반응 수/%		4/13%

주 : +부호는 정반응, −부호는 오반응, 0은 무반응을 의미함

그림 6.4 자연적 시간 지연 절차에 대해 작성된 자료용지 견본

자료 수집

자료는 시간 지연 절차에서와 같이 촉진 전 혹은 촉진 후 정반응에는 +부호, 촉진 전 혹은 촉진 후 오반응에는 −부호, 그리고 촉진 후 반응 실패에는 0으로 하여 수집될 것이다. 이 교수 프로그램에서 촉진은 맨드모형이다. 그림 6.4에서 작성된 자료용지 견본을 볼 수 있다.

유지

일단 레온이 5일 동안 기회 전반에 걸쳐 목표 몸짓상징을 시작한다면, 교수자는 교수를 중단할 것이지만 최대 6주까지 주기적인 간격으로 몸짓상징 활용을 계속해서 모니터한다.

일반화

진행 중인 활동 내 자연스러운 상황에서 몸짓상징의 활용을 가르침으로써 일반화는 촉진된다. 교수자는 레온이 해당 몸짓상징를 상황 전반에 걸쳐(예 : 집에서, 지역사회 중심 교수를 하는 동안, YMCA에서), 활동 전반에 걸쳐(예 : 직업과 관련된 일 과제, 점심시간, 수영, 요리), 그리고 사람들 전반(예 : 일반학급 교사, 또래, 가족 구성원, 보조인력)에 걸쳐서도 활용하는지의 여부를 보고 검증함으로써 일반화를 모니터한다.

행동 관리

레온이 현재 의사소통하기 위해 사용하는 부적절한 형태의 행동(예 : 밀기, 힘껏 떠밀기, 때리기) 대신 적절한 형태의 의사소통으로 몸짓상징의 활용을 레온에게 가르침으로써 적절한 행동은 촉진될 것이다.

수업의 변형 및 확장

이 교수 프로그램에 기술된 자연적 시간 지연 절차는 또한 가정에서, 형제자매와 양육자들을 포함한 다른 사람들에 의해 실행될 수도 있다. 특히, 자연적 시간 지연 절차는 학습자가 학교 다음으로의 전환을 준비하는 직업 상황에서의 감독관에게 교육되어야 한다. 교수될 몸짓상징의 수는 시간이 지나면서 확대될 수 있다. 게다가, 몸짓상징들은 "…해주세요" 활용하기나 돈의 구체적인 액수(예 : '5달러') 표현하기, 혹은 여가활동의 명칭(예 : '게임하기', '컴퓨터 하기') 제공하기 등과 같이 더 복잡한 의사소통을 창출하기 위해 추가될 수 있다. 간식 시간이나 쉬는 시간, 또는 특별 수업(예 : 미술, 음악, 체육) 등과 같은 진행 중인 활동 중에 어린 아동들에게 동일한 절차가 활용될 수 있다. 비록 이 교수 프로그램이 몸짓상징 표현하기를 목표 의사소통 형식으로 활용하였다 하더라도, 이 절차는 음성언어를 이용한 말이나 공학의 수준이 낮은 혹은 높은 보완·대체 의사소통 장비 등과 같은 어떠한 원하는 의사소통 형태에도 적절하다. 다시, 가장 중요한 것은 해당 학습자를 강화하는 그리고 해당 학습자가 그 활동을 계속하기 위해 의사소통을 원할 가능성이 높은 활동들을 가려내는 데 있다.

요약

이 장은 (1) 모델링, (2) 맨드모형, (3) 자연적 시간 지연, (4) 우발교수 등을 포함한 의사소통을 촉진하기 위한 자연적(환경) 전략들을 제시하였다. 이 절차들 각각은 학습자가 의사소통하게 되는 환경을 구조화함으로써 향상될 수 있다. 자료 수집을 위한 특정 기간이 규명될 수 있다 하더라도, 이 절차들은 어떤 학습자가 반응해야 할 기회의 횟수를 증가시키기 위해 하루 종일 활동들에 삽입되어야 한다. 이 절차들은 학습자의 흥미에 따른 학습자 지향적이어야 하고, 반응은 활동들 내에서 자연스럽게 강화되어야 한다. 학습을 극대화하기 위해 절차들은 적절하게 혼합되어 적용될 수 있다. 네 가지 자연적 언어 전략들을 활용하기 위한 순서도는 부록 A에서 찾아볼 수 있다. 각 절차를 위한 빈 자료용지는 부록 B에서 찾아볼 수 있다.

성찰을 위한 질문들

1. 네 가지 자연적 언어 전략들을 기술하라. 각각의 목적은 무엇인가?
2. 반응할 기회가 늘어나도록 환경이 구조화할 수 있는 방식들을 기술하라.
3. 중재의 목표가 될 수 있는 몇 가지 의사소통의 형태들에는 어떤 것들이 있는가?
4. 적절한 형태의 의사소통을 가르치는 것이 어떻게 부적절한 행동을 감소시키는가?

참고문헌

Bourett, J.A., Vollmer, T.R., & Rapp, J.T. (2004). Evaluation of a vocal mand assessment and vocal mand training procedures. *Journal of Applied Behavior Analysis, 37*, 129–144.

Browder, D.M., Spooner, F., & Mims, P. (2011). Communication skills. In D.M. Browder & F. Spooner (Eds.), *Teaching students with moderate and severe disabilities* (pp. 262–282). New York, NY: Guilford.

Collins, B.C. (2007). *Moderate and severe disabilities: A foundational approach.* Upper Saddle River, NJ: Pearson, Merrill, Prentice-Hall.

Downing, J.E. (2011). Teaching communication skills. In M.E. Snell & F. Brown (Eds.), *Instruction of students with severe disabilities* (7th ed., pp. 461–491). Upper Saddle River, NJ: Pearson.

Grunsell, J., & Carter, M. (2002). The behavior chain interruption strategy: Generalization to out-of-routine contexts. *Education and Training in Mental Retardation and Developmental Disabilities, 37*, 378–390.

Hemmeter, M.L., Ault, M.J., Collins, B.C., & Meyer, S. (1996). The effects of teacher-implemented language instruction within free-time activities. *Education and Training in Mental Retardation and Developmental Disabilities, 31*, 203–212.

Hemmeter, M.L., & Kaiser, A.P. (1994). Enhanced milieu teaching: Effects of parent-implemented language intervention. *Journal of Early Intervention, 18*, 269–289.

Miller, C., Collins, B.C., & Hemmeter, M.L. (2002). Using a naturalistic time delay procedure to teach nonverbal adolescents with moderate-to-severe mental disabilities to initiate manual signs. *Journal of Developmental and Physical Disabilities, 14*, 247–261.

Mobayed, K.L., Collins, B.C., Strangis, D., Schuster, J.W., & Hemmeter, M.L. (2000). Teaching parents to employ mand-model procedures to teach their children requesting. *Journal of Early Intervention, 23*, 165–179.

Murphy, C., & Holmes, D.B. (2009). Derived more-less relational mands in children diagnosed with autism. *Journal of Applied Analysis, 42*, 253–268.

Westling, D.L., & Fox, L. (2009). *Teaching students with severe disabilities* (4th ed.). Upper Saddle River, NJ: Pearson.

Wolery, M., Ault, M.J., & Doyle, P.M. (1992). *Teaching students with moderate to severe disabilities.* New York, NY: Longman.

CHAPTER 7

유지와 일반화 촉진

목표

이 장을 마치면 독자는

- 체계적 교수를 활용할 때 유지를 촉진시키는 전략들을 기술할 수 있다.
- 체계적 교수를 하는 동안 강화를 제공하기 위한 고정비율 강화계획과 변동비율 강화계획 사이의 차이를 설명할 수 있다.
- 자극 일반화와 반응 일반화 사이의 차이를 설명하고 각각의 예를 제공할 수 있다.
- 일반화가 촉진되고 평가될 수 있는 조건들을 열거할 수 있다.
- 연속적 교수모형과 동시적 교수모형을 기술하고 어떤 것이 일반화로 귀결될 가능성이 높은지 가려낼 수 있다.
- 체계적 교수를 활용할 때 일반화를 촉진시키는 전략들을 기술할 수 있다.
- 일반화를 촉진하는 데 있어 복수 표본 접근방식과 일반사례 프로그래밍을 구별할 수 있다.

핵심 용어

동시적 교수모형	복수 사례 접근방식	일반사례 프로그래밍	지역사회 기반 교수(CBI)
모의 수업	비차별적 유관	자극 일반화	지역사회 참조 교수(CRI)
반응 일반화	연속적(순차적) 교수모형	자연적 강화물	환경 내 교수

기술들이 유지되지 않거나 일반화되지 않는다면 학습자들이 교수가 진행되는 동안 얼마나 많은 기술들을 습득하는지는 중요하지 않다. 교수자가 있는 교수 조건하에서 학습자가 어떤 기술을 기준 수준까지 수행할 수 있다 하더라도 교수가 종료되고 시간이 지나도 학습자가 그 기술을 수행할 수 있을 것이라거나, 혹은 다른 사람에게나 다른 상황에서, 또는 다른 자료 등과 같은 새로운 조건에서 학습자가 그 기술을 수행할 수 있을 것이라고 결코 전제할 수 없다.

제1장에서 언급된 것처럼, 유지는 시간이 지나도 학습한 기술을 수행하는 것이고, 일반화는 훈련되지 않은 조건에서 학습한 기술을 적용하는 것이다. 최소한 모든 교수자들은 일단 기준이 충족되고 교수가 종료되면 기술들이 반드시 유지되고 일반화되게 해야 한다. 유지는 어떤 학습자에게 시간이 지나도 특정 기술을 수행하도록 주기적으로 요청함으로써 평가할 수 있다. 예를 들어, 3주 정도의 기간에 숙지된 어휘들은 그후 1주일 후에, 3주일 후에, 그리고 나서 6주 후에 다시 평가할 수 있다. 학습자가 그 단어들을 읽는 능력을 유지하지 못한다면, 그 단어들은 다시 가르쳐야 한다. 동일한 단어들의 일반화를 평가하기 위해 특수교사는 일반교사에게 학습자가 일반교육 수업이라는 맥락 내에서 동일한 단어들을 읽을 수 있는지 평가해 달라고 요청할 수 있고, 이때에는 그 단어들이 글로 작성된 텍스트와 학습도움실에서 교수를 위해 사용되었던 플래시카드가 다시 나오게 된다. 학습자가 일반화하는 능력을 보여주지 못한다면, 일반교사는 해당 단어들이 일반교육 상황에서의 텍스트에 나올 때 그 단어들을 다시 가르치기 위해 시간을 낼 필요가 있다.

유지와 일반화를 확실히 하기 위해 다시 가르칠 필요성을 감소시키기 위해 교수자들은 교수가 진행되는 동안 이 학습 단계들을 촉진할 몇 가지 전략들을 적용할 수 있다. 다음 절에서는 이 전략들이 기술된다.

유지를 촉진하기 위한 전략

중등도 및 중도장애 학습자들이 기술을 유지하는 데 긍정적인 영향을 주는 것으로 나타난 많은 전략들이 존재한다(Alberto & Troutman, 2009; Collins, 2007; Snell & Brown, 2011; Westling & Fox, 2009). 첫 번째 전략은 환경 전반에 걸쳐 어떤 학습자의 삶에 요구되는 기술들을 가르치는 것이다. 다른 말로 하자면, 실제 세계와 기능적인 혹은 유연한 연계가 있어야 한다는 것이다. 일단 교수가 종료되면 학습자들이 그 기술들을 실생활에서 사용할 수 있게 가르쳐야 한다. 이와 관련하여 교수가 종료되면 학습자들은 실생활에 적용될 수 있는 지식을 습득해야 한다. 예를 들어, 덧셈에 대한 교수는 물건을 구입하기 위해 돈을 세거나 은행계좌에 저금을 추가하고, 적절한 재료와 다과가 계획될 수 있도록 모임에 몇 명이 참석할지 결정하거나, 바느질이나 목공 프로젝트를 위한 충분한 재료들을 측정하고, 혹은 손님들을 위한 요리를 할 때 어떤 조리법에 제시된 양을 두 배로 하는 데 사용될 수 있는 것이 기능적 기술이다. 과학으로부터 파생된 기능적 지식은 기능적 생활기술들에 적용될 수 있다. 예를 들어, 지구가 24시간마다 회전함을 배우는 것은 시간 말하기와 오전과 오후를 정확한 방식으로 적용하는 것을 위한 기반을 제공하고, 유전자는 부모로부터 물려받는 것임을 배우는 것은 어떤 가족에게 당뇨나 고혈압의 이력이 있을 때 건강에 대한 예방책을 세우기 위한 토대를 제공하며, 식물들이 광합성을 통해 잘 자라기 위해 햇빛이 필요함을 배우는 것은 집에 있는 식물들을 창가에 놓고 주기적으로 위치를 바꿔 놓게 한다.

유지를 촉진하기 위한 또 다른 전략은 과잉학습의 발생을 허용하는 것이다. 교수자는 하루 동안 기준을 가르치고 멈춰서는 절대로 안 된다. 어떤 기술을 최소한 세 번의 회기 동안 기준에 맞게 수행하는 것은 어떤 학습자가 추측을 통해 기준을 성취할 가능성을 감소시키고, 학습자가 학습한 기술이 필요할 때마다 수행하는 능력을 습득했다는 강력한 논거를 확립한다. 새로운 교수 단위로 나아가기 전에 학습자들에게 집단 기준을 활용하는 것의 이점 중 한 가지는 이것이 집단 내 다른 구성원들에 앞서 기준을 충족한 학습자들이 과잉학습을 할 기회를 제공한다.

학습자들이 기준을 성취했을 때 몇 회기 동안 기술에 대한 교수를 계속하는 것은 교수자가 각 시행의 후속 결과가 진행되는 동안 제공되는 강화를 소거시킬 수 있는 시간을 주기도 한다(Alberto & Troutman, 2009; Collins, 2007; Snell & Brown, 2011; Westling & Fox, 2009). 이에 대한 근거는 간단하다. 즉, 학습자들이 습득한 기술들을 자연스러운 상황에서 활용해야 할 때, 이들이 강화를 받는 일은 드물다는 것이다. 칭찬과 같은 정적 강화는 학습자로 하여금 어떤 기술을 다시 정확하게 수행할 가능성을 증가시키고, 오류 교정은 어떤 학습자가 오류를 반복할 가능성을 낮춰주기 때문에, 어떤 기술이 습득되고 있을 때 매 시행마다 지속적인 피드백을 제공하는 것은 중요하다. 따라서 학습의 습득 단계 동안 피드백은 매 교수 시행의 종료 시점에서 제공되어야 한다. 학습자가 기준을 성취한다면 자연스러운 환경에서 발생 가능성이 높은 것을 반영하는 더 자연스러운 비율로 피드백을 점점 줄여감으로써 유지는 촉진될 수 있다. 이는 (1) 고정비율 강화계획을 실행하거나 (2) 변동비율 강화계획을 실행하는 등 몇 가지 방식으로 이루어질 수 있다. 예를 들어, 학습자가 하루 동안 기준을 100% 성취했다면, 교수자는 이틀 동안 정반응 두 번에 한 번씩 칭찬하기로 결정할 수 있다. 이는 개별 과제를 제시할 때는 두 번에 한 번, 혹은 연쇄 과제를 제시할 때는 두 단계마다 한 번이 될 수 있다. 이 강화계획은 2 고정비율(즉, FR2)로 기술될 것이다. 그리고 나서 교수자가 만약 10번의 시행으로 구성된 한 회기 혹은 10단계로 구성된 연쇄 과제가 종료할 때까지 강화를 지연시키기로 했다면, 이 강화계획은 10 고정비율(즉, FR10)로 기술될 것이다. 교수자가 기억하기에 고정비율 강화계획이 간단하기는 하더라도 자연스러운 환경에서의 강화가 간헐적이고 산발적일 가능성이 높기 때문에 변동비율 강화계획이 실제 세계를 더 잘 반영하고 있다. 그러므로 학습자가 기준을 충족하고 난 후 이틀 동안 변동비율 강화계획으로 바꾸기로 결정한 교수자는 개별 과제에 대해서는 평균 세 번의 시행마다 혹은 연쇄 과제에 대해서는 평균 세 단계마다(즉, VR3) 강화를 제공하기로 결정을 내릴 수 있다. 교수자는 자료용지에 강화될 시행들에 미리 동그라미를 쳐둠으로써 강화의 횟수를 줄이기 위해 미리 시각적 알림을 제공할 수 있다.

유지를 촉진하기 위해 더 자연스러운 강화계획을 활용하는 것이 중요한 만큼 교수자는 자연스러운 상황에서 발견할 가능성이 높은 **자연적 강화물**(natural reinforcers)의 활용 또한 고려해야 한다. 교수자가 학습자들에게 동기를 부여하기 위해 학습의 습득 단계에서는 유형의 강화물을 사용할 필요가 있음을 알게 된다 하더라도, 이 유형의 강화물들은 항상 더 자연스러운 강화물들과 짝지어져야 한다. 그리고 나서 유형의 강화물들은 기준이 성취되었을 때 서서히 철회될 수 있다. 예를 들어, 사탕이나 크래커 한 조각 혹은 음료수 한 모금 등과 같은 먹을 수 있는 것을 제공하는 교수자는 이를 칭찬이나 미소, 등을 토닥이기, 엄지손가락 치켜들기, 혹은 하이파이브와 같은 자연적 강화물과 짝지어야 하는데, 이는 학습자들이 자신이 습득한 기술을 수행할 때 자연스러운 상황에서 이러한 유형의 피드백과 매치될 가능성이 더 높기 때문이다.

시간이 지나면서 자연스러운 환경에서의 유지를 촉진하기 위해 강화를 조작하는 것이고, 또 다른 방식은 강화를 지연하는 것이다. 예를 들어, 교수가 진행되는 동안 정반응에 대하여 점수나 토큰을 제공하고 나중에 학습자들이 이 점수나 토큰들을 좋아하는 물건이나 활동들과 교환할 수 있게 할 수 있다. 사람들이 다음에 그들이 선택한 것을 자신이 한 일에 대한 대가를 받는 것으로 실생활에서 익힌 기술을 모방하게 할 수 있도록 하는 것이다.

기술의 유지를 촉진하는 많은 방식이 있지만, 학습자들이 자신들이 배운 것을 확실히 유지하게 하는 유일한 방식은 시간이 지남에 따라 학습자들이 목표 기술들을 수행해보게 하는 것으로, 주기적으로 검사하는 것이다. 기술들이 유지되지 않는다면 교수자는 학습자들이 다시 기준에 맞는 수행을 해낼 때까지 다시 시도해 보게 할 수 있다. 제4장에서 언급된 것처럼, 동시 촉진 절차는 더 이상의 교수가 필요한지 여부를 결정하기 전에 시간이 지나면서 학습자들이 유지하고 있는 것을 측정하기 위해 교수 직후보다는 교수 전에 진단하는 회기가 있어야 한다고 하고 있다(Singleton, Schuster, Morse, & Collins, 1999). 유지를 반영하기 위해 작성된 행동적 목표의 한 가지 예는 다음과 같다.

점심시간이 되면 더그는 기준을 성취한 후 6개월 동안 과제분석 단계들을 100% 정확하게 수행하면서 샌드위치를 준비할 것이다.

일반화를 촉진하기 위한 전략

학습의 일반화 단계를 고려함에 있어 교수자는 원하는 교수 성과가 될 수 있는 두 가지 유형의 일반화를 알 필요가 있다. **자극 일반화**(stimulus generalization)는 어떤 학습자가 어떤 종류의 자극들에 일관된 정반응을 수행할 때 발생한다(Alberto & Troutman, 2009; Collins, 2007; Snell & Brown, 2011; Westling & Fox, 2009). 예를 들어, 교사(자극 1)나 보조인력(자극 2), 혹은 또래(자극 3)가 아침에 "안녕"이라고 말하면서 제리에게 인사를 한다면, 제리는 "안녕(하세요)"이라고 답하는 일관된 정반응으로 응답한다. 교수자가 제리에게 시간이 지나면서 이 자극들 각각에 동일한 방식으로 반응하도록 가르쳤다면, 제리를 새로운 훈련받지 않은 자극에 노출시키고 정반응이 수행되는지 여부를 보기 위해 기다림으로써 일반화는 보장될 수 있다. 이 경우 제리는 교장 선생님(새로운 자극)의 "안녕"이라는 인사에 응답하여 "안녕하세요"라고 말함으로써 일반화된 반응을 보일 수 있다.

반응 일반화(response generalization)는 어떤 학습자가 모두가 동일한 반응 종류 내에 있는 일군의 정반응들로 단일 자극에 응답할 때 발생한다(Alberto & Troutman, 2009; Collins, 2007; Snell & Brown, 2011; Westling & Fox, 2009). 예를 들어, 교사가 "안녕"이라고 말하면, 제리는 "안녕하세요"(Hello, 반응 1)나 "안녕"(hi, 반응 2), 혹은 "안녕하십니까?"(How are you?, 반응 3)라고 말함으로써 반응할 수 있다. 교수자가 이 반응들 중 어떠한 것을 사용해도 적절하다고 제리에게 가르쳤다면, 교수자가 오전 인사(Good morning)나 오후 인사(Good afternoon)를 하는 것처럼 동일한 반응 종류 중 새로운 훈련받지 않은 반응을 제리가 사용하는 것을 듣는다면 일반화는 확실해진다.

가장 좋은 것은 학습자들이 하나의 자극들은 하나의 정반응으로 나타난다는 것을 배우게 하는 것이다. 따라서 이전의 예에서 학습자는 다양한 사람들로부터 인사를 받을 때 적절한 다양한 반응을 사용할 수 있다. 일반화가 다양한 자연스러운 조건 전반에 걸쳐 학습자들에게 기능적이거나 유용한 반응을 하는 것이 분명하다 하더라도, 대다수의 중등도 및 중도장애 학습자들은 일반화된 반응을 습득하는 데 어려움을 보인다. 그러므로 교수자들은 교수가 진행되는 동안 일반화를 촉진할 전략들을 사용하거나, 교수를 중단하기 전에 최소한 일반화가 일어났는지 여부를 결정하기 위한 검증을 할 필요가 있다.

일반화가 수많은 조건 전반에 걸쳐 평가되고 촉진되는 것은 중요하다. 여기에는 (1) 사람들(예 : 교사나 보조인력, 또래, 학교 행정가, 혹은 부모가 제시한 동일한 단어들 읽기), (2) 자료들(예 : 다른 글씨체나 색깔, 혹은 크기로 쓴 동일한 단어들 읽기), (3) 환경들(예 : 일반교육 환경에서, 학습도움실에서, 교무실에서, 지역사회에서, 혹은 집에서 동일한 단어들 읽기), (4) 여러 시간들(예 : 등교할 때 그리고 하교할 때 동일한 단어들 읽기), (5) 활동들(예 : 이야기 시간 동안, 게임하는 동안, 혹은 실험하는 동안 제시된 동일한 단어들 읽기) 전반에 걸친 일반화가 포함된다.

교수자들은 일반화를 촉진하기 위한 교수전략들을 활용하기보다는, 종종 '훈련과 희망'으로 알려진 **순차적 혹은 연속적 교수모형**(consecutive model of instruction)을 사용한다. 다른 말로 하면, 교수자들은 어떤 학습자가 기준에 도달하고 그러고 나서 다음 단계로 이동할 때까지 학습자가 배운 것을 자연스러운 환경에서의 여러 활동을 하면서 적용할 수 있을 것이라 가정하면서 교육적 환경에서 교수를 제공한다. 종종 기술을 가르치고 나면 일반화를 위해 학습한 기술을 아무도 평가하지 않는다.

일반화를 촉진시키는 가장 좋은 방식은 교수 자료의 신중한 선택과 교수의 세심한 계획이다. 전문 연구는 여러 가지 예들로 가르치는 것이 한 가지 예를 가르치는 것보다 일반화의 가능성이 더 높아짐을 보여주고 있다(예 : Collins & Griffen, 1996; Dogoe, Banda, Lock, & Feinstein, 2011; Smith, Collins, Schuster, & Kleinert, 1999; Taylor, Collins, Schuster, & Kleinert, 2002). 여러 가지 예들을 사용하기 위한 가장 간단한 모형은 어떤 학습자가 기준을 성취할 때까지 한 가지 예를 제시하고 그러고 나서 일반화를 위한 평가를 하면서 순차적으로 가르치는 것이다. 일반화가 일어나지 않는다면, 교수자는 해당 학습자가 기준을 성취할 때까지 다른 예로 가르치고 다시 일반화를 평가한다. 이러한 '가르치고, 검사하고, 가르치고, 검사하고, 가르치고, 검사하고'의 순서는 해당 학습자가 새로운 조건하에서 마침내 일반화를 보여줄 때까지 계속된다. 예를 들어, 교수자는 플래시카드에 적힌 지역사회에서 사용되는 단어를 기준으로 제시하고 해당 학습자에게 자연스러운 환경에서 동일한 단어들을 가려내도록 한다. 학습자가 일반화에 실패한다면, 교수자는 교실로 돌아가 지역사회에서 그 단어들이 나타날 때 해당 단어들의 사진을 찍어 새로운 플래시카드로 만들어 가르친다. 새로운 플래시카드로 기준을 성취했을 때 교수자는 지역사회에서 그 단어들을 가려내는 해당 학습자의 능력을 다시 평가할 것이다. 이 순차적 모형은 학습자가 결국 자연스러운 조건 아래서 일반화를 보여주기 전 시간이 오래 걸릴 수 있다.

더 나은 방법은 **복수 사례 접근방식**(multiple-exemplar approach) 혹은 한 번에 2개 이상의 사례로 가르치는 것이다. 예를 들어, 교수자는 단어나 수학적 사실들을 플래시카드에 적는 방식에 변화를 줄 수 있다. 이 플래시카드는 색깔이나 크기에 있어 다양할 수 있다. 수학적 사실들은 가로로 혹은 세로로 적을 수 있다. 자료에 있어서의 이러한 변형은 학습자에게 자극의 유의미하지 않은 특성에 대해서보다는 단어에서의 문자의 순서나 문제에서의 숫자의 순서와 같은, 자극의 유의미한 특성에 주의를 기울이도록 가르친다. 일반화가 일어났음을 확실히 하기 위해 교수자는 기준에 도달한 후 새로운 자극들(예 : 학습지에 적힌 단어나 수학적 사실들)로 검사를 한다. 여러 가지 예들로 가르치는 것이 기준에 대한 초기 교수 시간을 더 걸리게 한다 하더라도 이를 통해 발생한 일반화는 이 전략을 한 번에 한 가지 예로 차례차례 가르치는 것보다는 더 효율적인 것으로 만들어준다. 여러 가지 예들을 활용하는 것은 자료에 한정되지 않음은 물론 여러 환경들과 교수자들 그리고 활동들과 시간들 전반에 걸친 교수도 포함할 수 있다.

여러 가지 예들을 활용하는 것이 일반화의 가능성이 높은 반면 교수를 위한 예들의 선택은 어떤 학습자가 일반화하는 범위를 결정지을 수 있다. **일반사례 프로그래밍**(general case programming; Alberto & Troutman, 2009; Collins, 2007; Lerman, 1996; Snell & Brown, 2011; Westling & Fox, 2009)은 어떤 학습자가 폭넓은 일련의 조건하에서 어떤 기술을 수행할 가능성을 높여준다. 일반사례 교수를 설계하는 데 시간이 더 걸릴 수 있다 하더라도 일반화에 어려움을 겪는 학습자들에 대한 성과는 그만한 가치가 있다. 일반사례 교수는 기술을 수행할 때 학습자가 경험할 범위의 표본이 되는 자극들이나 교수 조건들을 선택한다. 교수자가 가능할법한 예들을 가려내고 그 범위에서 표본이 될 최소한의 수를 교수하기 위해 선택한다. 일반사례 접근방식으로 가르치는 것의 효과는 Horner와 동료들의 고전적인 연구조사에서 확인되었다. 한 연구(Day & Horner, 1986)에서 연구자들은 가능한 범위에서 표본으로 셔츠의 예들(즉, 브이넥 셔츠, 라운드넥 셔츠, 터틀넥 셔츠, 긴소매 셔츠, 반소매 셔츠, 민소매 셔츠, 무거운 셔츠, 가벼운 셔츠)을 추린 후, 학습자에게 지도한 후 학습자가 훈련 상황에서는 사용하지 않았던 새로운 셔츠들도 입을 수 있었다. 또 다른 연구(Horner, Jones, & Williams, 1985)에서는 연구자들이 가능한 범위의 표본으로 다양한 길 건너기(즉, 2차선, 4차선, 정지 신호, 횡단보도, 일방통행, 양방통행)를 지도한 학습자들이 훈련 상황에서는 사용되지 않은 일련의 새로운 길에서도 안전하게 길을 건널 수 있었음을 확인하였다. 학급에서 교수자는 교수 자료들(예 : 플래시카드, 지역사회에 있는 표지판, 책, 어두운 색 문자들, 밝은 색상의 문자들, 표준 글씨체, 강조체, 이탤릭체)을 선택하는 데 있어 가능할 수 있는 시각단어라는 자극의 범위를 고려함으로써 일반 사례 교수를 사용할 수 있다. 교수자는 양서류와 포유류, 그리고 곤충들의 생활 주기나 설탕과 소금, 그리고 가루로 만들어진 혼합 용액 중에서 핵심 내용을 가르칠 수 있다. 개념을 확립하도록 하기 위해 교수자는 빨간색이나 파란색, 혹은 노란색을 가르치기 위해 스펙트럼에서 나오는 다양한 색을 보여줄 수 있다. 교수자는 또한 분홍색과 오렌지색이 빨간색이 아니라는 것을 가르치는 것처럼 예가 아닌 것들을 포함시켜 지도하는 것이 필요함을 발견했다.

　여러 가지 예들로 가르치는 것에 덧붙여 교실에서 교수를 하는 동안 일반화를 촉진하는 또 다른 방식은 학습자가 자연스러운 단서들과 이미 배운 과제들을 수행할 것으로 예측되는 조건을 반영한 자료들을 가지고 **모의 수업**(simulation)으로 가르치는 것이다(Branham, Collins, Schuster, & Kleinert, 1999; Collins, Stinson, & Land, 1993; Mechling & Gast, 2003; Nietupski, Hamre-Nietupski, Clancy, & Veerhusen, 1986). 기술들을 가르칠 때 자연스러운 단서들과 함께 현실적인 물건들을 활용하는 것은 일반적인 자극들을 활용하는 것으로 알려져 있는데, 이는 일반적인 자극들은 해당 학습자가 지역사회에서 맞닥뜨리게 될 것들을 반영하고 있기 때문이다. 이러한 유형의 형식은 교수가 학급에서 일어나고 있기는 하더라도 그것이 가능한 한 최대로 지역사회 변인들을 반영하고 있기 때문에 **지역사회 참조 교수**(community-referenced instruction, CRI)라고 알려져 있다(예 : Coyler & Collins, 1996). 예를 들어, 지역사회 참조 교수는 화폐를 가르치기 위해 실제 동전과 지폐를, 가격을 결정하고 소비세를 계산하기 위해 실제 가격표를, 제품에서 볼 수 있는 단어들을 가려내는 것을 가르치기 위해 실제 상표를, 혹은 반이나 3분의 1, 혹은 4분의 1로 나눌 수 있는 실제 음식 등을 활용할 수 있다. 단서들을 제공하는 데 있어 교수자는 지역사회에서 자극들이 어떻게 제시되는지에 주의를 기울여야 한다. 예를 들어, 다음 달러 전략(next dollar strategy)을 교실에서 가르치는 교수자는 비벌리에게 달러 지폐가 들어 있는 지갑을 제공할 수 있다. 교수자는 비벌리 앞에 서서 패스트푸드 메뉴에서 주문을 하기 위해 어떤 항목을 고르도록 비벌리에게 요청한다("주문하시겠어요?"). 비벌리가 선택한 것을 보여줄 때, 교수자는 지역사회에서 말하는 것처럼 가격을 말한다(예 : "3달러 25센트입니다"). 비벌리는 선 채로 지갑에서 지폐를 꺼내 교수자 앞 테이블에 지폐들을 놓으면서 센다(예 : "1, 2, 3달러 그리고 25센트 동전에 대한 1달러"). 교수자는 비벌리에게 고맙다고 말하고 돈을 받은 후, 거스름돈을 준다. 그러면 비벌리는 거스름돈을 지갑에 넣고 교수 시행을 마무리한다. 2명 이상의 학습자들이 교수에 참여한다면 학습자들 모두 자신의 차례를 기다릴 때 앞뒤로 줄을 선다. 다른 말로 하자면 교수에서의 변인들이 자연스러운 환경에서의 변인들과 매우 유사하여 해당 학습자가 그 차이를 구분할 수 없는 교수의 한 가지 유형인 **비차별적 유관**(indiscriminable contingency)으로 알려진 것에 대해 가르치는 것은 중요한 일이다.

이상적으로 말하면, 현실적인 모의 수업은 **동시적 교수모형**(concurrent model of instruction)에서 발생할 것이고, 이 모형에서 학습자들은 학급에서는 물론 지역사회에서도 교수를 받는다. 그러나 학급에서의 모의 수업이 교수를 위한 유일한 선택권일 때, 교실 모의 수업에서 기준이 충족되었다면 교수자는 반드시 자연스러운 환경(예 : 패스트푸드 식당)에서 일반화를 검사해야 한다. 일반화가 일어나지 않았다면, 학습자들이 일반화하기 위해 **지역사회 기반 교수**(community-based instruction, CBI) 혹은 **환경 내 교수**(in-vivo instruction)(즉, 자연스러운 환경에서 가르치는)가 필요할 수 있다(Branham et al., 1999; Brown et al., 1986; Collins et al., 1993; Spooner, Browder, & Richter, 2011; Walker, Uphold, Richter, & Test, 2010). 예를 들어, 만약 비벌리가 교실에서 구입한 물건의 값을 치르기에 충분한 지폐를 세기 위해 다음 달러 전략을 정확히 활용할 수 있지만 지역사회에서 물건을 구입할 때 현금등록기에서는 동일한 기술을 수행할 수 없다면, 비벌리는 해당 기술이 필요한 환경에서 환경 내 교수를 요청할 수 있다.

일반화를 촉진하기 위한 마지막 방식은 정반응에 뒤따르는 후속 결과를 결정할 때 일반화를 다루는 것이다(Alberto & Troutman, 2009; Westling & Fox, 2009). 첫째, 교수자는 일반화된 반응이 일어날 때마다, 특히 그 반응이 새로운 활동이 진행되는 동안이나 새로운 환경 전반에 걸쳐 자연스럽게 발생할 때 해당 반응을 강화함으로써 일반화를 촉진할 수 있다. 자연적 강화물의 활용(예 : 음식물을 구입한 후 선택된 음식물을 소비하게 되는 것)은 그 강화물들을 교수 환경 바깥에서 이용할 가능성이 높기 때문에 일반화를 촉진할 수 있다. 자연 강화계획으로 서서히 줄여가는 것(즉, 변동계획에 따라 칭찬하기)은 어떤 학습자가 자연스러운 환경에서 일반화된 반응이 일어날 때마다 음성언어 피드백을 받을 가능성은 낮기 때문에 일반화를 촉진한다. 강화를 지연시키는 것은 자연스러운 환경에서는 강화가 항상 쉽게 구해지는 것이 아니기 때문에 일반화를 촉진한다(예 : 일에 대한 보상을 받는 것은 월급날까지 지연된다). 학습자들에게 자기강화를 연습하도록 가르치는 것은 학습자들이 자연스러운 환경에서는 다른 누구도 이렇게 할 시간이 없을 때, 스스로 강화하기 때문에 일반화를 촉진한다(예 : 30분 동안 쉬지 않고 과제를 한 후 5분간의 휴식시간 갖기).

일반화가 교수의 결과임을 확실히 하는 한 가지 방식은 일반화를 개별화교육계획에 포함시키는 것이다(Billingsley Burgess, Lynch, & Matlock, 1991). 유창성 척도를 추가하는 것은 유창한 반응이 자연스러운 환경에서 기능적으로 그리고 자연스럽게 강화될 가능성이 더 높기 때문에, 일반화를 촉진할 것이다(예 : 정지되기 전에 현금 자동 입출금기에 정보 입력하기). 다음의 예는 개별화교육계획이 어떻게 기준에서 일반화를 다루는지 보여주고 있다.

다음 달러 전략을 사용할 기회가 주어질 때 비벌리는, (1) 학교에서 혹은 지역사회에서 물건을 구입할 때, (2) 학교에서 혹은 지역사회에서 어떤 활동을 위한 티켓을 구입할 때, (3) 교실에서 물건을 구입하는 모의 수업을 할 때, (4) 지역사회에서 개인용품을 구입할 때, 혹은 (5) 지역사회에서 학교 교직원이나 부모님을 위한 물건을 구입할 때 등의 활동들 중 최소한 세 가지 이상의 활동들 전반에 걸쳐 3일 동안 10초 내로, 100% 정확하게 적절한 수의 지폐를 셀 것이다.

교수 프로그램

이 책에서 지금까지 제시된 교수 프로그램 모두가 유지 및 일반화 요소를 포함했다 하더라도, 다음 교수 프로그램은 이 학습의 단계들을 어떻게 다룰 수 있는지에 대한 추가적인 예를 제공하고 있다. 두 교수 프로그램들 모두 중등도 및 중도장애 학생들을 담당하고 있는 중등학교 교사가 학습자가 유지되거나 일반화되지 않은 어떤 기술을 습득한다면 교수는 의미가 거의 없음을 유념하면서 자신의 학생들이 미래의 환경에서 필요하게 될 전환 기술들을 가르치는 데 있어 유지 및 일반화를 다루기 위해 어떻게 계획하는지를 보여주고 있다.

교수 프로그램 1

첫 번째 교수 프로그램은 중등도 및 중도장애를 지닌 중등학교 학생들에게 세탁하는 것을 가르치기 위해 여러 가지 사례들과 함께 최소 촉진체계 절차를 사용하고 있다. 이 절차들은 Taylor 등(2002)이 수행한 연구를 기반으로 하고 있다.

핵심 내용 기준

읽기
- 학생들은 단락에서 발견되는 특수 용어나 방언, 혹은 전문적인 어휘들의 의미를 해석할 수 있다.
- 학생들은 과제를 완수하기 위해 필요한 단락에서 핵심적인 정보를 가려낼 수 있다.
- 학생들은 단락에 포함되어 있는 정보를 어떤 과제/절차를 완수하거나 단락에 대한 질문에 답하는 데 적용할 수 있다.

행동적 목표

세탁물들이 제시될 때 안드레아는, 소비자 과학 교실에서 혹은 지역사회의 셀프서비스 빨래방에서 5일 동안 100% 빨래하고 건조하기 위한 과제분석 단계들을 독립적으로 완수할 수 있다.

교수 상황

안드레아는 16세이고, 자신이 가족 및 지원팀과 함께 개발한 전환계획에는 지원생활 아파트 및 지역사회에 있는 지역 기업체에서의 일로 전환하려는 목적들이 포함되어 있다. 세탁 기술은 안드레아가 직장에 적합한 외양을 독립적으로 유지하는 데 필요할 것이고, 안드레아는 지역 셀프서비스 빨래방에서 옷을 세탁할 것으로 예측된다. 고등학교 소비자 과학 수업에는 안드레아가 자신의 옷을 세탁하도록 배우는 데 사용할 수 있는 세탁기와 건조기가 갖춰져 있다. 게다가, 안드레아는 지역 셀프서비스 빨래방에서 일반화를 위한 조사에 참여하는 것을 가능하게 만들어주는, 주 단위 지역사회 기반 교수에 참여하고 있다. 일반화를 촉진하기 위해 소비자 과학 교실에서의 교수는 소비자 과학교사와 특수교사, 그리고 보조인력과 또래 교수자에 의해 격일제로 수행될 것이다. 셀프서비스 빨래방 종업원이 되는 것이 미래에 가능한 직업이고 깨끗하고 단정한 외양을 유지하는 것은 고용을 가능하게 해주는 기술이므로, 지역사회에서의 일반화 조사는 안드레아의 직업코치에 의해 지역사회에서 수행할 것이다.

교수 자료

소비자 과학교실에서 세탁 영역은 과제들을 수행하기 위해 전문적인 어휘의 이해를 위한 읽기 자료는 안드레아가 완전히 익혀야 할 연령에 적합한 핵심 내용임은 물론, 목표 과제에서 안드레아가 더 독립적이 되기 위한 하나의 방식이기 때문에 일반화된 읽기를 촉진하기 위해 수정할 수 있다. 게다가 세탁 자료들에 대한 여러 가지 예들은 안드레아가 다양한 세탁용품들을 사용할 수 있는 가능성을 증가시켜주는 데 활용할 수 있다. 따라서 교수 자료들에는 (1) 세탁할 다양한 세탁물들, (2) 소비자 과학교실에서의 교수를 위해 최소한 세 가지 상표 이상(즉, 여러 가지 예들)의 액체 세제와 종이 형태로 된 섬유 유연제, (3) 지역사회의 셀프서비스 빨래방에서 사용될 새로운 상표(즉, 새로운 예)의 액체 세제와 종이 형태로 된 섬유 유연제, (4) 교수가 진행되는 동안 세탁기 및 건조기에 놓일 가로 5인치, 세로 7인치 카드에 검은색으로 인쇄된 기능적 세탁 용어들(즉, 세제, 섬유 유연제, 주기, 정상적인, 영구 가공, 면, 파스텔 색조, 섬세한, 때 묻은, 권장, 세제에 미리 담그다, 헹굼, 용량, 자극적인 등)이 포함된다(Taylor et al., 2002, p. 175 참조).

교수 절차

각 교수 시행은 다음과 같이 진행될 것이다.

주의집중
단서
• 교수자는 "세탁하고 건조할 준비가 됐니?"라고 묻고, 긍정 반응을 기다린다.

최소
촉진체계
절차
• 과제 지시는 "옷을 빨고 말려라"일 것이다. 교수자는 안드레아가 과제분석 첫 단계를 시작하도록 5초를 기다리고, 적절하다면 안드레아가 해당 단계를 완수하도록 15초를 더 기다린다. 만약 안드레아가 정반응을 수행하지 못하거나 주어진 반응 간격 내에 정반응을 완수하지 못한다면, 교수자는 위계의 촉진들 사이에 적절한 반응 간격을 기다리면서, 언어 그리고 모델의 순서로 촉진을 제공한다. 과제분석의 각 단계에 대해 교수는 이러한 방식으로 계속된다.

후속 결과
• 촉진이 제공된 혹은 촉진이 제공되지 않은 정반응 각각에 언어적 칭찬을 한다.

목표 외 정보

과제분석의 각 단계 후에, 교수자는 제품이나 기기에 있는 세탁 관련 단어를 플래시카드로 제시한다. 예를 들어, 과제분석의 한 단계 후 교수적 피드백은 교수자가 플래시카드에 적힌 주기라는 단어를 가리키면서 "잘했어! 옷을 세탁기에 넣었구나. 이 단어는 '주기'이고, 너는 무거운 청바지를 빨기 위해 '무거운 세탁물 주기'를 선택해야 한다는 것을 기억할 필요가 있어"라고 말하는 것으로 구성한다. 과제분석의 또 다른 단계 후 교수적 피드백은 교수자가 세탁기에 적힌 '주기'라는 단어를 가리키면서 "잘했어! 이 단어는 '주기'야. 청바지를 빨기 위해 '무거운 세탁물 주기'를 선택했구나"라고 말한다.

자료 수집

과제분석의 각 단계에 대해 교수자는, 각각의 독립적 반응에는 I를, 언어적 촉진 후 정반응 각각에는 V를, 그리고 모델 촉진 후 정반응 각각에는 M을 기록할 것이다. 그림 7.1에서 작성된 자료용지 견본을 볼 수 있다.

유지

일단 안드레아가 하루 동안 100% 정확한 독립적 반응이라는 기준에 도달한다면, 교수자는 안드레아가 하루 동안 정반응에 대한 칭찬의 말을 평균 다섯 번째 시행마다 하는 것으로(즉, 5 변동비율 강화계획) 그리고 하루 동안 연쇄 과제의 끝에서 하는 것으로(즉, 22 고정비율 강화계획) 줄인다. 일단 기준에 도달하고 칭찬이 서서히 사라진다면 교수자는, 셀프서비스 빨래방에서의 주 단위 지역사회 기반 교수를 하는 동안 유지를 계속해서 모니터한다.

일반화

세탁기술의 일반화는 교수가 진행되는 동안 세탁용품과 옷의 여러 가지 예들을 제시함으로써 촉진한다. 읽기의 일반화는 플래시카드에, 세탁용품에, 그리고 기기에 있는 단어들의 여러 가지 예들을 제시함으로써 촉진한다. 상황들, 자료들, 그리고 교수자들 전반에 걸친 일반화는 지역사회 기반 교수를 하는 동안 직업코치에 의해 수행되는 조사에서 평가된다.

행동 관리

적절한 행동은 교수가 진행되는 동안 주의를 기울이는 것에 대해 간헐적으로 칭찬함으로써 촉진된다.

수업의 변형 및 확장

빨래를 하는 것은 중등도 및 중도장애 학습자들이 가능한 한 독립적인 성인기로의 성공적인 전환을 위해 필요로 하는 많은 기능적 기술들 중 하나일 뿐이다. 요리하기와 같은 가정에서 필요한 다른 기술들을 가르치는 데 있어 동일한 절차를 따를 수 있다(소비자 과학교실에서 여러 가지 예들로 가르치고, 그러고 나서 일반화를 위해 집이나 아파트에서 검사하는). 다음의 수업은 가사 기술들에 초점을 맞춘 변형이다.

계속

최소 촉진체계 자료용지

이름 : 안드레아   기술 : 세탁하기

교수자 : 프랫 선생님   상황 : 소비자 과학교실

과제분석	5월 8일	5월 9일	5월 10일	5월 11일	5월 12일
1. 세탁물을 세탁기까지 가져가기	P	I	I	I	I
2. 세탁기 뚜껑 열기	P	M	M	M	V
3. 세탁기에 옷 넣기	V	V	V	V	I
4. 세제 뚜껑 열기	P	V	V	V	I
5. 액체 세제 양 측정하기	P	P	M	M	V
6. 세탁기 안에 세제 붓기	I	M	I	I	I
7. 세탁기 뚜껑 닫기	M	M	M	V	V
8. 물 온도 선택하기	V	V	V	V	I
9. 세탁물의 양 선택하기	V	V	V	V	I
10. 주기 선택하기	P	M	M	V	I
11. 세탁기 작동하기	M	I	I	I	I
12. 주기가 종료될 때 뚜껑 열기	M	M	M	I	I
13. 세탁기에서 세탁물 꺼내기	P	V	V	V	I
14. 건조기 문 열기	P	V	V	I	I
15. 건조기에 세탁물 넣기	I	I	I	I	I
16. 건조기 문 닫기	I	I	I	I	I
17. 열 주기 선택하기	M	M	I	I	I
18. 건조 시간 선택하기	V	V	V	I	I
19. 건조기 작동하기	V	V	V	V	V
20. 주기가 종료될 때 문 열기	M	V	V	V	I
21. 세탁물 꺼내기	P	V	V	I	I
22. 바구니에 세탁물 담기	P	P	P	M	V
독립 횟수/%	3/14%	4/18%	6/27%	10/45%	17/77%

주 : I(독립), M(모델), P(신체), V(언어)

그림 7.1 최소 촉진체계 절차를 활용한 교수 프로그램 1의 자료용지 견본

교수 프로그램 2

가정에서 필요한 많은 기술들처럼, 가사 기술에 대한 교수는 이중 성과를 지니고 있다. 첫째, 가사 기술은 어떤 사람으로 하여금 해당 기술들을 수행하는 다른 사람들에게 돈을 주지 않으면서 가능한 한 독립적으로 살 수 있게 해준다. 둘째, 가사 기술은 서비스업에서, 외식업에서, 청소용역 업체에서, 혹은 사설 가사도우미 업체에서의 일자리를 통해 직업이 될 수 있다. 이 교수 프로그램에서, 교수자는 학교에서 교수를 제공하는 동안 일반화를 촉진하고, 그러고 나서 잠재적인 직업 환경에서 일반화를 평가한다. 이 절차들은 Smith 등(1999)이 수행한 연구를 기반으로 하고 있다.

핵심 내용 기준

실제 생활/ 직업	• 학생들은 개인적 복지와 건강한 가족관계를 촉진할 기술을 보인다. • 학생들은 미래의 학교교육과 일에서의 성공으로 이어질 기술 및 공부 습관을 보인다.

행동적 목표

테이블 청소하기 가사 과제를 제시받을 때 제프는, (1) 학교의 교사 휴게실이나 (2) 학교의 학생식당, 혹은 (3) 지역사회 환경 등과 같은 환경들 전반에 걸쳐 5일 동안 과제분석의 단계들을 100% 독립적으로 그리고 정확하게 완수함으로써 다수의 테이블들을 독립적으로 청소할 수 있다.

교수 상황

제프는 16세이고, 자신이 가족 및 지원팀과 함께 개발한 전환계획에는 지원생활 아파트 및 지역사회에 있는 지역 기업체에서의 일로 전환하려는 목적들이 포함되어 있다. 가사 기술은 제프가 가사도우미 서비스를 고용하지 않고서 가능한 한 독립적으로 사는 데 필요할 것이다. 게다가, 제프가 가사 기술들을 활용한 수많은 일자리들이 이용 가능한 지역사회에 살고, 제프가 독립적으로 일하는 것을 좋아하기 때문에 이 기술들은 제프에게는 일자리를 의미할 수 있다. 직업코치는 가사 기술들을, 다가오는 학년도 동안 제프가 해보게 될 몇 가지 근로 경험들 중 하나로 지역사회에서 시도하기 전에 제프가 가사 기술들을 배울 수 있는 많은 학교 환경들을 가려냈다. 게다가, 제프와 제프의 부모님은 가사 기술들을 현재 살고 있는 집에서는 물론 독립 혹은 지원생활을 미래의 선택권으로 만드는 데 있어 제프에게 중요하다는 것을 인정하였다. 직업코치는 테이블 청소하기를 제프가 배우게 될 첫 번째 가사 과제로 규명하였다. 일반화를 촉진하기 위해 직업코치는, 소비자 과학교실과 교사 휴게실, 그리고 학교의 학생식당에서 이 기술을 가르칠 것이다. 직업코치는 학교에서 걸어서 갈 수 있는 거리에 있는 인근 교회에서 일반화 조사를 수행한다.

교수 자료

환경들 전반에 걸쳐 가르치는 것은 제프가 교수가 제공되는 동안 색깔(즉, 갈색, 검은색, 회색)과 모양(즉, 직사각형, 정사각형, 팔각형), 그리고 크기(즉, 작은 것, 큰 것) 면에서 서로 다른 다양한 테이블들을 청소하는 경험을 할 것이라는 점을 확실히 한다. 게다가, 서로 다른 색깔의 청소용 천(즉, 빨간색, 흰색, 황갈색)과 양동이(즉, 갈색, 검은색, 파란색) 등을 포함하도록 청소도구들 또한 다양화한다.

교수 절차

각 교수 시행은 다음과 같이 진행될 것이다.

주의집중 단서	• 도구들이 모아지고 직업코치가 제프 옆에 서 있을 때, 직업코치는 "테이블을 청소할 준비가 됐니?"라고 물음으로써 제프의 주의를 확보하고 긍정 반응(예 : 고개를 끄덕이거나 음성언어로 대답하기)을 기다린다.
최소 촉진 체계 절차	• 과제 지시는 "제프야, 테이블을 청소해라"일 것이다. 교수자는 제프가 과제분석 첫 단계를 시작하도록 5초를 기다린다. 만약 제프가 정반응을 수행하지 못하면, 교수자는 제프가 정반응을 수행하도록 위계 내

계속

각 촉진 사이에 5초씩 기다리면서, 먼저 언어적 촉진을 하고 그런 다음 모델 촉진을, 또 그러고 나서 신체적 촉진을 제공한다. 과제분석의 각 단계에 대해 교수는 이러한 방식으로 계속될 것이다.

후속 결과 • 촉진이 제공된 혹은 촉진이 제공되지 않은 정반응 각각에 언어적 칭찬이 뒤따를 것이다.

목표 외 정보

교수 전에 작업코치는 제프를 데리고 소비자 과학교실의 개수대 및 청소용 물품 영역이나 학생식당, 혹은 관리인실로 간다. 제프가 볼 때, 직업코치는 테이블을 청소하기 위한 용품들을 모으면서 각 단계를 서술한다(즉, 캐비닛 열기, 양동이 꺼내기, 비누 꺼내기, 비누를 양동이에 넣기, 물 틀기, 양동이가 가득 찼을 때 물 잠그기, 청소용 천 꺼내기, 그리고 청소용 천 양동이에 넣기). 작업코치는 매 다섯 단계 후(즉, 5 고정비율 강화계획) 제프가 관찰하고 잘 듣는 것을 칭찬한다. 교수 후, 작업코치와 제프는 동일 영역으로 돌아오고, 작업코치는 청소용품 치우는 것에 대해 설명한다(즉, 양동이를 개수대에 놓기, 청소용 천 꺼내기, 물 틀기, 청소용 천 헹구기, 청소한 물 따라버리기, 양동이 헹구기, 물 잠그기, 양동이를 캐비닛에 넣기, 비누를 캐비닛에 넣기). 다시 직업코치는 5 고정비율 강화계획으로 제프가 주의 깊게 보고 잘 듣는 것을 칭찬한다.

자료 수집

과제분석의 각 단계에 대해 작업코치는 각각의 독립적 반응에는 I를, 언어적 촉진 후 정반응 각각에는 V를, 모델 촉진 후 정반응 각각에는 M을, 그리고 신체적 촉진 후 정반응 각각에는 P를 기록한다. 그림 7.2에서 작성된 자료용지 견본을 볼 수 있다.

유지

제프가 하루 동안 100% 정확한 독립적 반응이라는 기준을 성취한다면, 직업코치는 제프가 하루 동안 반응에 대한 칭찬의 말을 평균 다섯 번째 시행마다 하는 것으로(즉, 5 변동비율 강화계획) 그리고 하루 동안 연쇄 과제의 끝에서 하는 것으로(즉, 15 고정비율 강화계획) 줄인다. 일단 기준에 도달하고 칭찬이 서서히 사라진다면 작업코치는 지역의 교회에서 주 단위로 지역사회 기반 교수를 하는 동안 유지를 계속해서 모니터한다.

일반화

가사 기술의 일반화는 교수가 진행되는 동안 여러 가지 예들을 활용하고 환경 전반에서 가르칠 수 있다. 환경들과 용품들 전반에 걸친 일반화는 인근 교회의 사교실 및 부엌에서 작업코치가 수행하는 조사 회기 동안 평가한다. 교회에서의 테이블 청소하기 과제를 수행하는 것에 덧붙여 제프는 테이블을 청소하는 데 필요한 용품들을 모으고 나중에 교회 테이블들을 청소한 후 그 용품들을 치움으로써 관찰 학습이 일어났음을 보여주도록 한다.

행동 관리

적절한 행동은 교수가 진행되는 동안은 물론 과제의 목표 외 부분들의 관찰 학습을 촉진하기 위해 활용되는 과제 전 회기와 과제 후 회기 동안 주의를 기울이는 것에 대해 간헐적으로 칭찬함으로써 촉진한다.

수업의 변형 및 확장

테이블 청소하기는 독립 혹은 지원생활로 성공적인 전환을 하는 데는 물론 가사 기술을 필요로 하는 직업을 위해 필요한 많은 가사 과제들 중 하나일 뿐이다. 이러한 방식으로 교수될 수 있는 다른 가사 기술에는 가구의 먼지 털기, 가전제품이나 고정된 세간살이 청소하기, 진공청소기로 바닥을 청소하거나 바닥 걸레질하기, 유리(예 : 거울, 창문) 닦기, 침대 정리하기, 접시 닦기, 그리고 쓰레기 버리기 등이 포함된다. 어떤 전환 프로그램들은 이러한 기술들을 가르치기 위해 가정의 환경(예 : 아파트, 집)에 실시할 수 있다. 모두가 일상생활을 위해 가사 기술들을 필요로 하지만, 이러한 기술들을 작업기술들로 가르치고자 결정하는 것은 학생 및 가족의 선호도에 근거해야 한다. 가사 기술 교수는 사용하기 전 청소용품 측정하기와 지시사항 및 안전 문제에 대해 청소용품에 붙어 있는 상표 읽기 등과 같은 핵심 내용을 끼워 넣기 위한 적절한 장소에서 실시한다. 이 기술들은 또한 학습자들이 가사 과제들을 수행하면서 작성할 체크리스트를 제공하여, 자기평가를 가르칠 수 있는 기회로 삼을 수 있다. 학습자들에게 독립적인 일들을 수행하도록 가르치기 시작하는 것은 결코 빠른 게 아니다. 초등학교 교실에서조차 학생들은 자신의 공부 영역을 잘 정돈하도록 그리고 바닥에 떨어진 쓰레기 줍기와 책상 및 테이블 위 청소하기 등과 같은 학급의 일들을 돕는 것에서 시작할 수 있다.

최소 촉진체계 자료용지

이름 : 계프

교수자 : 놀란 선생님

기술 : 테이블 청소하기

상황 : 학생식당

과제분석	6월 1일	6월 2일	6월 3일	6월 4일	6월 5일
1. 테이블 위에 물 한 양동이 놓기	P	V	M	M	V
2. 청소용 천 집어들기	P	P	V	M	V
3. 비눗물에 청소용 천 넣기	V	I	V	I	I
4. 청소용 천 비틀어 짜기	P	I	P	I	I
5. 테이블의 첫 번째 1/4 닦기	I	M	M	I	I
6. 비눗물에 청소용 천 넣기	I	V	M	I	I
7. 청소용 천 비틀어 짜기	M	V	P	M	V
8. 테이블의 두 번째 1/4 닦기	V	P	P	V	I
9. 비눗물에 청소용 천 넣기	V	M	I	I	I
10. 청소용 천 비틀어 짜기	P	M	M	I	I
11. 테이블의 세 번째 1/4 닦기	M	P	V	I	I
12. 비눗물에 청소용 천 넣기	M	P	V	I	I
13. 청소용 천 비틀어 짜기	P	V	P	V	I
14. 테이블의 마지막 1/4 닦기	P	P	M	M	V
15. 청소용 천을 양동이에 넣기	I	I	M	I	I
독립 횟수/%	3/20%	3/20%	1/7%	9/60%	11/73%

주 : I(독립), M(모델), P(신체), V(언어)

그림 7.2 최소 촉진체계 절차를 활용한 교수 프로그램 2의 자료용지 견본

요약

이 장은 교수 프로그램에서 항상 다루어지지는 않는 학습의 두 가지 매우 중요한 단계인 유지와 일반화를 촉진하는 전략들을 제공하였다. 중요한 것은 학습자들이 유지하거나 일반화하는 데 실패하는 경우 그들이 배운 내용은 아무 의미가 없다는 것이다.

성찰을 위한 질문들

1. 여러 가지 사례들을 활용하는 것과 일반사례 프로그래밍의 차이는 무엇인가?
2. 강화를 줄이는 데 있어 고정비율 강화계획과 변동비율 강화계획은 어떻게 다른가? 어떤 것이 더 유지 가능성이 높은가?
3. 기술들이 필요할 환경을 반영하기 위해 학급 모의 수업은 어떻게 구조화될 수 있는가?
4. 자연 단서와 자연적 강화물의 예들을 제공하라.

참고문헌

Alberto, P.A., & Troutman, A.C. (2009). *Applied behavior analysis for teachers* (8th ed.). Upper Saddle River, NJ: Prentice-Hall.

Billingsley, F.F., Burgess, D., Lynch, V.W., & Matlock, G.L. (1991). Toward generalized outcomes: Considerations and guidelines for writing instructional objectives. *Education and Training in Mental Retardation, 26,* 351–360.

Branham, R., Collins, B.C., Schuster, J.W., & Kleinert, H. (1999). Teaching community skills to students with moderate disabilities: Comparing combined techniques of classroom simulation, videotape modeling, and community-based instruction. *Education and Training in Mental Retardation and Developmental Disabilities, 33,* 170–181.

Collins, B.C. (2007). *Moderate and severe disabilities: A foundational approach.* Upper Saddle River, NJ: Pearson, Merrill, Prentice-Hall.

Collins, B.C., & Griffen, A. (1996). Teaching students with moderate disabilities to have safe responses to product warning labels. *Education and Treatment of Children, 19,* 30–45.

Collins, B.C., Stinson, D.M., & Land, L. (1993). A comparison of in vivo and simulation prior to in vivo instruction in teaching generalized safety skills. *Education and Training in Mental Retardation, 28,* 128–142.

Colyer, S.P., & Collins, B.C. (1996). Using natural cues within prompt levels to teach the next dollar strategy to students with disabilities. *Journal of Special Education, 30,* 305–318.

Day, M.D., & Horner, R.H. (1986). Response variation and the generalization of a dressing skill: Comparison of single instance and general case instruction. *Applied Research in Mental Retardation, 7*(2), 189–202.

Dogoe, M.S., Banda, D.R., Lock, R.H., & Feinstein, R. (2011). Teaching generalized reading of product warning labels to young adults with autism using the constant time delay procedure. *Education and Training in Autism and Developmental Disabilities, 46*(2), 204–213.

Horner, R.H., Jones, D., & Williams, J.A. (1985). A functional approach to teaching generalized street crossing. *Journal of The Association for Persons with Severe Handicaps, 10*(2), 71–78.

Lerman, L.R. (1996). The differential effectiveness of general case programming and rule learning for learners with mental retardation. *Focus on Autism and Other Developmental Disabilities, 11*(1), 45–52.

Mechling, L.C., & Gast, D.L. (2003). Multi-media instruction to teach grocery word associations and store location. *Education and Training in Developmental Disabilities, 38*(1), 62–76.

Nietupski, J., Hamre-Nietupski, S., Clancy, P., & Veerhusen, K. (1986). Guidelines for making simulation an effective adjunct to in vivo community instruction. *Journal of The Association for Persons with Severe Handicaps, 8,* 71–77.

Singleton, D.K., Schuster, J.W., Morse, T.E., & Collins, B.C. (1999). A comparison of antecedent prompt and test and simultaneous prompting procedures in teaching grocery sight words to adolescents with mental retardation. *Education and Training in Mental Retardation and Developmental Disabilities, 34,* 182–199.

Smith, R.L., Collins, B.C., Schuster, J.W., & Kleinert, H. (1999). Teaching table cleaning skills to secondary students with moderate/severe disabilities: Measuring observational learning during downtime. *Education and Training in Mental Retardation and Developmental Disabilities, 34,* 342–353.

Snell, M.E., & Brown, F. (2011). Selecting teaching strategies and arranging educational environments. In M.E. Snell & F. Brown (Eds.), *Instruction of students with severe disabilities* (7th ed., pp. 122–185). Upper Saddle River, NJ: Pearson.

Spooner, F., Browder, D.M., & Richter, S. (2011). Community and job skills. In D.M. Browder & F. Spooner (Eds.), *Teaching students with moderate and severe disabilities* (pp. 342–363). New York, NY: Guilford.

Taylor, P., Collins, B.C., Schuster, J.W., & Kleinert, H. (2002). Teaching laundry skills to high school students with disabilities: Generalization of targeted skills and nontargeted information. *Education and Training in Mental Retardation and Developmental Disabilities, 37,* 172–183.

Walker, A.R., Uphold, N.M., Richter, S., & Test, D.W. (2010). Review of the literature on community-based instruction across grade levels. *Education and Training in Autism and Developmental Disabilities, 45,* 242–267.

Westling, D.L., & Fox, L. (2009). *Teaching students with severe disabilities* (4th ed.). Upper Saddle River, NJ: Pearson.

CHAPTER 8

기능적 핵심 내용 지도

목표

이 장을 마치면 독자는

- 중등도 및 중도장애 학습자들에게 기능적 기술과 학문적 핵심 내용 모두를 가르치기 위한 이론적 근거를 제공할 수 있다.
- 기능적 기술과 학문적 핵심 내용을 동일한 교수 프로그램에서 조합하기 위한 두 가지 접근 방식들을 논의할 수 있다.

지금까지 이 책은 중등도 및 중도장애 학습자들을 가르치기 위한 효과적이고 효율적인 전략들의 제시에 초점을 맞춰왔다. 각 장에 제시된 교수 프로그램은 교수의 효율성을 촉진하기 위한 방법들로 그 방법들이 사용되는 환경 혹은 그 방법들을 통해 전달되는 내용에 국한되지 않음을 보여주면서 각 반응 촉진 절차를 묘사하였다.

1990년대 이후로 중등도 및 중도장애 학습자들을 위한 특수교육 서비스의 초점은 변화를 겪어왔다. 가능한 경우, 교수는 분리된 환경에서 통합 환경으로 이동하였다(예 : Collins, Branson, Hall, & Rankin, 2001; McDonnell et al., 2006). 게다가 기능적 기술에 대한 초점에 학업 기술이라는 새로운 초점이 추가되었다(Bouck, 2008; Bouck, 2009; Browder et al., 2004; Browder, Spooner, Wakeman, Trela, & Baker, 2006; Browder, Wakeman, et al., 2007; Copeland & Cosbey, 2008-2009; Dymond, Renzaglia, Gilson, & Slagor, 2007; Flowers, Browder, & Ahlgrim-Delzill, 2006; Lynch & Adams, 2008; Parrish & Stodden, 2009). 연구는 중등도 및 중도장애 학습자들이 성인기로 전환을 할 때 최소제한환경에서 가능한 한 독립적으로 기능할 수 있도록 필요할 기술들을 습득하도록 하되 이들이 동일 연령의 비장애 또래와 함께 배울 기회를 가지도록 다양한 방식들을 조사하였다(예 : Collins et al., 2001; Collins, Evans, Creech-Galloway, Karl, & Miller, 2007; McDonnell et al., 2006). 교수자들은 어떻게 통합 환경에서 효과적인 교수를 전달할 것인지 그리고 중등도 및 중도장애 학습자들을 위한 교육과정이 이들의 개인적인 삶에 의미 있고 적합한 기술들의 습득으로 귀결되도록 학문적 핵심 내용에 어떻게 접근하게 할 것인지 라는 도전에 직면해 있다.

중등도 및 중도장애 학습자들을 위한 교육과정을 설계하기 위한 기능적 접근방식은 Brown 등(1979)에 제공한 기본적인 논의에 근거를 두고 있다. 기능적 기술은 교수 내용이 학습자들이 자신의 삶에 있어 현재의 환경(예 : 가정, 학교, 지역사회) 전반에 걸쳐 가능한 한 독립적으로 기능하는 데 필요한 기술들은 물론, 이들이 21세에 성인기로 전환할 때 미래의 환경(예 : 지원생활 아파트, 직장, 지역사회)에서 가능한 한 독립적으로 기능하는 데 필요할 기술들로 구성된 하향식 접근방식이다. 이러한 기술들을 결정하기 위해 교수팀은 (1) 가정 내, (2) 지역사회, (3) 레크리에이션/여가, (4) 교육과(혹은) 직업 등 네 가지 영역 전반에 걸쳐 생태학적 목록에 의한 사정을 수행할 것이다. 예를 들어, 교수팀은 학교를 적절한 하위 환경(예 : 통합학급, 학생식당, 복도, 화장실, 운동장, 체육관, 음악실, 미술실)으로 나누어 초등 학습자의 현재 학교 환경에서도 생태학적 목록에 의한 사정을 수행할 것이다. 이 하위 환경들 각각에서 교수팀은 학습자가 참여하는 일과적인 활동들(예 : 각 센터에서 작업하기, 개인 물건들을 책상 위나 사물함에 두기, 특수학급으로 이동하기, 식수대나 화장실 이용하기, 운동장에 있는 기구 사용하기, 집단 게임 참여하기)을 가려낼 것이다. 이러한 것들은 필요한 체계적 교수와 조정(예 : 보조공학, 그림 상징)을 통해 유용한 특정 기술들(예 : 의사소통, 사회성 기술, 기능적 읽기, 기능적 수학, 소근육 및 대근육 운동 기술, 자기관리 기술)의 교수가 삽입될 수 있는 활동들이다. 교수팀은 또한 미래 환경(예 : 중등학교)으로의 성공적인 전환을 위해 필요한 기술들을 고려하고, 학습자가 전환기를 맞이할 때 그 환경에서 필요로 할 기술들(예 : 학생식당의 음식들 중에서 선택하기, 독립적으로 수업으로 전환하기, 학급의 일정 따르기)을 가르치기 시작할 것이다.

일반교육 교육과정의 핵심 내용에 대한 접근을 명령한 1997년 미국 장애인교육법(Individuals with Diasbilities Education Act, IDEA)의 재인증(PL105-17)과 모든 학생들이 수학과 읽기, 그리고 과학에서 학년 수준 기준에 대해 평가되어야 한다고 명령한 2001년의 낙오아동 방지법(No Chuld Left Behind Act PL 107-110)으로 일반교육 교육과정은 중등도 및 중도장애 학습자들에게 중요한 초점이 되었다. 많은 중등도 및 중도장애 학습자들이 전국적인 그리고 주 단위의 기준에 맞춰 조정된 교수 및 평가를 위해 특정 기술들이 선정된 대안평가에 참여할 자격을 갖게 될 것이다(Browder et al., 2004; Browder et al., 2006; Flowers et al., 2006). 핵심 내용에 대한 학생들의 진전을 평가하는 것은 학교들과 학교구들 그리고 주들은 막대한 이해관계를 갖기 때문에 장애가 있는 학습자들에게 핵심 내용을 가르치는 것은 우선사항이 되고 있다. 많은 교수 시간이 기술들을 기준까지 가르치는 데 소요하고 있고, 학습자들이 추상적 개념을 형성하기 시작하도록 충분한 사례와 예외 사례를 가르치는 데에는 많은 시간들이 소요되었기 때문에, 교수자들이 핵심 내용을 제시하고 교수법을 신중하게 계획하는 것은 중요하다.

통합 환경에 있는 장애학습자들이 핵심 내용을 습득하는 데 있어 여러 가지 장애물들 중 한 가지는 일반 교사들이 개념들을 제시하는 데 있어 대부분 대집단 수업을 활용하고, 이 개념들을 다음 개념으로 이동하기 전 시간 제한이 있는 단위 형식으로 다룬다는 것이다(예 : McDonnell, Thorson, & McQuivey, 2000). 예를 들어, 중등학교 수학교사가 일반 기하 수업에서 피타고라스 정리를 다루는 데 이틀이 걸릴 수 있고, 어쩌면 해당 학기 말의 어느 날 이를 복습할 수 있을지 모른다. 학생들은 단시간 내에 이를 완전히 익힐 것으로 기대되지만 중등도 및 중도장애 학습자들이 습득하기에는 어려운 개념일 수 있다. 체계적 교수가 주어진 문제에 대한 답을 계산하기 위해 과제분석된 순서를 수행하도록 할 수 있다 하더라도 이 기술의 습득은 학습자들이 실생활에서 의미 있는 문제를 해결하기 위해 피타고라스 정리를 적용할 수 있는 일반화된 반응으로 이끌어내지 못할 수 있다. 어떤 개념을 가르치는 것은 시간이 걸리고 학습자들이 기준에 도달할 때까지 수많은 반복을 필요로 할 수 있기에 수업 계획을 신중하게 구조화하고 제시해야 한다.

학습자들이 특정 수업의 범위 이상의 내용을 배우는 삽입 교수라는 실제는 필요한 기술을 의미 있는 방식으로 가르치는 한 가지 방식이다. Collins와 Karl, Riggs, 그리고 Galloway와 Hager(2010) 및 Kleinert와 Collins, Wickham, 그리고 Riggs와 Hager(2010) 등이 제안한 것처럼 의미 있는 기술 습득으로 귀결되도록 기능적 내용과 핵심 내용을 맞물리게 하는 데에는 두 가지 방식이 있다. 첫 번째 방식은 핵심 내용을 가르칠 때 기능적 적용을 추가하는 것이다. 두 번째 방식은 기능적 기술을 가르칠 때 핵심 내용을 끼워 넣는 것이다. 교사들이 다루게 될 엄청난 양의 내용과 학습자들이 습득할 필요가 있는 수많은 기술들에 대해 삽입 교수는 통합 환경에 잘 맞는 전략일 뿐 아니라, 어떤 학습자의 교육과정이 반드시 그 학습자가 성인기로 전환할 때 필요하게 될 의미 있고 적합한 기술들의 습득으로 귀결되도록 하는 하나의 효율적인 방식이기도 하다.

핵심 내용 교수에 기능적 적용 추가하기

핵심 내용 교수를 설계할 때 교수자들은 목표가 되는 내용 중에서 학습자들에게 적합한 방식을 가려낼 필요가 있다. 특히 중등도 및 중도장애 학습자들을 가르칠 때에는, "해당 내용이 현재와 미래 모두의 실생활에 어떻게 적용될 수 있는가?", "해당 내용이 어떻게 앞으로 배우게 될 내용의 교수를 위한 토대를 형성하는가?", "해당 내용을 완전히 익히기 위해 어떤 기술들이 필요한가?", "해당 내용이 어떤 개념으로 귀결된다면, 개념의 형성을 촉진하기 위해 교수가 진행되는 동안 어떤 사례와 예외 사례들이 사용될 수 있는가?", "학습자들은 습득된 내용을 어떻게 일반화할 것이라고 기대되는가?", "유지는 어떻게 보장될 수 있는가?", "정해진 기준을 완전히 익힌다는 것은 내용이 학습자들에게 유용한 것이 되기 위해 혹은 결정된 순서에 따라 진행하는 것을 허용하기 위해 필요한가?", "학습자들은 교육과정의 미래 어떤 지점에서 내용을 다시 다루게 될 기회를 갖게 될 것인가?", "목표 기술들은 별개로 교수될 수 있는가? 혹은 내용이 유용한 것이 되기 위해 학습자들이 더 넓은 범위의 기술들을 완전히 익히는 것이 필요한가?" 등 여러 질문들에 대한 답을 할 수 있어야 한다. 중등도 및 중도장애 학습자들에게 핵심 내용을 가르치는 데 필요할 시간의 양을 고려해볼 때 아마도 핵심적인 질문은 학습자들의 삶에 있어 의미 있는 상호작용을 촉진하고, 독립을 촉진하며 현재 그리고 미래의 영역들 전반에 걸쳐 덜 제한적인 환경에의 접근을 제공하기 위해 어떤 내용이 이들에게 가장 유용한 것인지 묻는 것일 것이다.

핵심 내용의 적합성은 때때로 결정하기 쉽다. 학습자들은 정보는 얻는 것은 물론 개인적인 즐거움을 위해 가능한 한 최대로 읽기를 배울 필요가 있다. 학습자들은 정보를 제공하기 위해 글로 쓴 단어를 통해 의사소통할 필요가 있다. 학습자들은 개인적 독립성(예 : 개인 재정 관리하기, 영양학적 음식물 확보하기, 일상적인 활동들의 일정을 잡고 참여하기)을 향상시키기 위해 그리고 직업적 선택권(예 : 식품 산업, 목공, 바느질, 식물 및 동물 유지, 소매업)을 증가시키기 위해 수학 개념을 적용할 필요가 있다. 학습자들은 자신의 개인적인 삶에서 하는 활동들(예 : 요리하기, 적절하게 옷 입기, 최적의 건강 유지하기)에 과학적 기초를 적용할 수 있어야 할 것이다. 때때로 핵심 내용의 적용이 학습자들의 삶에서 더 멀어질 때(예 : 세계의 다른 지역의 날씨 패턴이나 지리학적 사건) 그리고 학습자들에게 구체적인 방식으로 전달하는 것이 어려울 때(예 : 원소의 원자핵, 행성의 중력) 핵심 내용을 적합하게 만드는 것은 더욱 더 쉽지 않은 일이다. 교수자들은 교수의 맥락을 만들어내기 위해 핵심 내용이 중요한 이유와 그것이 학습자들의 삶에 미치는 영향을 분석해야 한다. Collins 등(2010)과 Kleinert 등(2010)은 생활방식(예 : 운동 일정, 건강검진 및 진단, 식이 예방책)의 조정을 필요로 할 수 있는 건강 관련 특질들(예 : 당뇨병, 고혈압, 암)의 유전에 대한 예를 포함함으로써, 유전에 대한 수업에서 세포분열에 대한 교수가 어떻게 교수되고 관련될 수 있는지에 대한 예를 제시하였다. 체계적 교수가 핵심 내용의 습득을 촉진하도록 요구하더라도 해당 내용이 학생들에게 개인적으로 적합하다는 것을 보장하기 위한 간단한 전략은 교수가 진행되는 동안 해당 내용이 실생활에 어떻게 적용될 수 있는지에 대한 예들을 포함시키는 것이다. 이를 위한 간단한 방식은 교수가 진행되는 동안 실생활의 예들을 목표 외 정보로 끼워 넣은 것이다(제5장 참조).

기능적 기술 교수에 핵심 내용 추가하기

중등도 및 중도장애 학습자들은 핵심 내용을 완전히 익히기 위해 이 내용에 더 많이 노출될 필요가 있기 때문에 하루 종일 발생하는 자연스러운 일과 중에 핵심 내용을 교수 시행에 끼워 넣은 것은 유익하다. 학습자들에게 자신의 일상생활에 핵심 내용을 적용해볼 기회를 주는 것과 더불어 이는 수행에 대한 피드백을 받을 그리고 교수와 실행 사이에 적절한 연계를 할 기회를 증가시켜준다. 얼마간의 기능적 기술들은 하루 일과에 분포되어 있는 교수 시행들 속에서 교수될 수 있고, 핵심 내용이 이 시행들 사이에 각각 삽입될 수 있다. 예를 들어, 쉬는 시간에 화장실에서 손 씻는 것을 배우는 어떤 학습자는 신체의 다른 부분(예 : 손, 손목, 손가락, 손가락 관절, 손톱)과 위생(예 : 질병 예방), 읽기(예 : 남자/여자)와 반대말(예 : 뜨거운/차가운, 왼쪽/오른쪽, 안/밖), 수학(예 : 세기), 그리고 과학(예 : 물 보전, 세균, 물질의 액체 및 고체 상태)을 배울 수도 있다. 어떤 경우에는 비핵심 내용 통합 일반교육 수업(예 : 소비자 과학, 건강, 컴퓨터 과학)이나 레크리에이션 수업(예 : 미술, 음악, 드라마, 체육), 혹은 직업 수업(예 : 목공, 바느질) 등이 기술을 성공적으로 습득하는 데 필요한 핵심 내용(예 : 어휘 읽기 및 정의하기, 측정하기, 수학적 계산 수행하기)을 끼워 넣을 기회를 제공하면서 기능적인 생활 기술들에 초점을 맞춰 지도할 수 있다. Collins 등(2010)은 읽기

(즉, 제품에 붙어 있는 상표에서 볼 수 있는 어휘들을 가려내고, 정의하며, 적용하기)와 수학(즉, 음식물을 준비하기 위한 물건 구입 예산을 세울 때 소비세 계산하기), 과학(즉, 요리하기 활동이 진행되는 동안 액체를 고체나 기체로 변환시키는 물질의 상태 바꾸기)에 대한 핵심 내용 또한 삽입된 소비자 과학 수업에서 교수된 요리에 관한 기능적 수업을 기술하였다. 기능적 활동들에 핵심 내용을 끼워 넣은 것이 특정 내용을 위해 만들어진 수업이 진행되는 동안 직접적인 교수의 필요성을 대체할 수 없다 하더라도, 내용의 삽입은 해당 내용의 유용성을 학습자들의 일상생활과 분명하게 연계시키면서 교수 시행의 수를 늘려서 기회를 제공한다.

교수 프로그램

다음의 교수 프로그램의 예들은 교육과정 전반(예 : 수학, 언어, 과학, 사회, 인문학)에 걸친 핵심 내용 기준과 연계되어 있다. 이 예들이 저자들이 이 책을 쓰고 있는 현재 거주하는 주들에서 규명된 핵심 내용에서 도출한 것이기는 하지만 이 예들은 독자들이 거주하고 있는 주 내의 기준에 맞춰 교수 목표들을 조정하기 위한 추동력을 제공할 수 있는데, 이는 모든 주들이 국가 수준의 성취 기준들을 지도해야 하기 때문이다(예 : Common Core State Standards 및 National Science Teachers Association과, National Council of Teachers of Mathematics, 그리고 National Council of Teachers of English의 기준 참조). 교수 프로그램의 예들은 또한 반응 촉진 전략들로 기술을 가르치는 데 초점을 맞추고 있기도 하다. 반응 촉진 전략들은 증거기반 실제들이고, 이러한 전략들이 수학(예 : Browder, Spooner, Ahlgrim-Delzill, Harris, & Wakeman, 2008; Collins et al., 2011; Jimenez, Courtade, & Browder, 2008)과 읽기(예 : Bradford, Shippen, alberto, Houchins, & Flores, 2006; Browder, Ahlgrim-Delzill, Spooner, Mims, & Baker, 2009; Browder, Trela, & Jimenez, 2007; Cohen, Heller, Alberto, & Fredrick, 2008; Collins et al., 2007; Collins et al., 2011; Wakeman, Spooner, & Knight, 2007), 과학(예 : Collins et al., 2011), 그리고 사회(예 : Falkenstine, Collins, Schuster, Kleinert, 2009) 등과 같은 핵심 내용을 가르치기 위해 효과적으로 활용될 수 있다는 점점 더 많아지는 증거들이 존재한다. 다음의 견본 수업들은 이 장에 기술된 기능적 내용과 핵심 내용을 합치는 데 있어 반응 촉진 절차들의 활용을 보여주려는 의도로 계획되었다. 핵심 내용과 기능적 기술들을 가르치는 것에 대한 추가적인 정보에 대해서는 Browder와 Spooner(2011), Kleinert와 Kearns(2010), McDonnell과 Copeland(2011), 그리고 Westling과 Fox(2009)를 참조하라.

교수 프로그램 1

첫 번째 교수 프로그램은 통합 일반교육 수업 내에 기능적 그리고 핵심 내용 어휘 모두에 대한 교수를 끼워 넣기 위해 동시 촉진 절차를 사용하고 있다. 이 절차는 Collins 등(2007)이 수행한 연구를 기반으로 하고 있다. 원래 연구는 중등도 및 중도장애 중학생들에게 수학 어휘와 사회 어휘를 가르치는 교수 또한 포함되어 있었던 반면, 다음의 수업은 중등도 장애를 지닌 한 초등학생에게 과학 어휘를 가르치는 교수에 초점을 맞춘 연구 요소에 기반을 둘 것이다.

다음 수업계획의 기반이 된 연구에서 저자들은 몇몇 학습자들이 삽입교수만 진행되는 동안에 기준을 처음으로 성취했고, 다른 학습자들은 직접적인 집중 시행이나 분산 시행 방식을 통해서 제시된 직접교수에 의해 처음으로 기준에 도달하는 등 학습자들 간에 차이가 존재함을 발견하였다. 따라서 이 수업의 교수자는 학습 개요 및 학습자의 배치를 기반으로 몇 가지 선택권을 갖고 있음이 언급되어야만 한다. 첫째, 교수는 과거 교수 자료가 비교적 짧은 시간 내에 내용을 완전히 익힐 능력이 있는 것을 보여준 것이고, 완전히 통합된 학습자들을 위한 일반교육 과학 수업 내에 삽입된 체계적 시행으로만 구성될 수 있다. 둘째, 교수는 과거 교수 자료가 추가적인 학습 기회가 있었을 때 학습 속도가 증가했음을 보여준 학습자들을 위해 집중 시행 교수를 보충한 삽입교수로 구성될 수 있다. 완전히 통합된 학습자들을 위해 보충 교수는 통합 과학 수업 내에 한가한 시간이 있거나 또래들이 독립적인 자습을 하고 있을 때 일대일 혹은 소집단 형식으로 이루어질 수 있다. 비장애 또래들과의 통합 배치를 보충하기 위한 일환으로 매일 일정 시간 동안 학습도움실에 가는 학습자들을 위해 추가적인 직접교수가 해당 환경에서 일대일 혹은 소집단 형식으로 제공될 수 있다. 보충 교수는 일반교육 교육과정 내에서 다루는 내용을 학습하기 전에 해당되는 학습 내용에 대해 지도의 초점을 맞춰서 학습자들이 또래들과 더 충분하게 상호작용하고 후속 수업들이나 공부 단원에 참여하도록 준비시킬 수 있는 이점이 있다.

핵심 내용 기준

과학
- 학생들은 소리가 운동의 한 가지 유형인 진동의 결과임을 설명할 수 있다.
- 학생들은 생산된 그리고 진동의 속도와 관련된 소리에 있어서의 차이인 음의 높이(높음, 낮음)를 기술할 수 있다.

읽기
- 학생들은 단락 내 단어들의 발음이나 의미를 결정하기 위해 단어인지 전략들(예 : 음성학적 원칙, 맥락 단서들, 구조분석)을 적용할 수 있다.
- 학생들은 특화된 단어(내용의 이해에 특정적인 단어들 및 용어들)의 의미를 해석할 수 있다.

행동적 목표

운동과 작용력에 대한 단원에 있는 과학 어휘들이 제시되었을 때 팻은, 5일 동안 일대일 혹은 집단 교수에서 100% 정확하게 해당 단어들을 규명할 수 있다.

교수 상황

팻은 일반교육 수업에 통합되어 있지만, 나이가 같은 비장애 또래들과 수업에 더 완전히 참여할 수 있도록 집단 교수의 선행학습으로 주요 어휘와 개념들에 대한 보충 일대일 교수 또한 받고 있는 중등도 장애를 지닌 아홉 살짜리 소녀이다. 이전의 교수 자료가 팻이 2~3개의 어휘를 규명하는 것을 배우는 데 2주에서 한 달 정도 걸릴 수 있다는 것을 보여주었기 때문에 팻은 매일 한 시간, 자신의 개별화교육계획에 있는 교수의 대상이 되는 내용에 대한 그리고 주의 대안평가에 있는 교수의 대상이 되는 핵심 내용에 대한 보충 교수를 받기 위해 학습도움실에서 공부한다. 팻의 특수교육 학습도움실 교사는 또한 매일 과학 수업이 진행되는 동안 과학 교사와 협력한다. 이러한 협력은 특수교사가 학습도움실에서 팻과 일대일 교수 시행을 수행할 수 있게 그리고 특수교사 자신이 과학 수업이 진행되는 동안 교실을 돌아다니면서 팻과 함께 삽입 시행을 수행하기도 했다.

교수 자료

일반교육 학급에 제공되는 교수 자료(예 : 교과서, 학습지, '단어 벽'에 붙인 어휘)에 덧붙여, 교수자는 작용력과 운동 단원에 특유한 단어들이 적힌 어휘 플래시카드를 준비한다. 이 플래시카드는 규명된 단어들 각각을 검은색 문자로 손으로 적은 흰색 색인카드로 구성될 것이다. 목표 어휘는 (1) 진동, (2) 소리, (3) 음의 높이 등으로 구성한다.

교수 절차

각 교수 시행은 다음과 같이 진행될 것이다.

주의집중 단서	• 교수자는 자신이 플래시카드를 제시할 때 팻에게 보라고 말하고 팻이 플래시카드에 초점을 맞출 때까지 기다린다.
동시 촉진 절차	• 과제 지시는 "어떤 단어지?"가 될 것이다. 매일 수행되는 조사 시행 동안 교수자는 반응을 기록하기 전 팻이 반응하도록 5초간 기다린다. 단어당 두 번의 시행, 회기당 총 여섯 번의 시행이 있을 것이다. 매일 수행되는 훈련 회기 동안 교수자는 과제 지시를 다시 한다. 하지만 교수자는 팻을 위해 정반응을 즉시 시범 보이고(0초 지연 간격), 그리고 나서 피드백을 제공하고 다음 시행으로 이동하기 전에 팻이 해당 반응을 반복하도록 5초를 기다린다. 다시 단어당 두 번씩 시행한다.
	• 학습도움실에서의 집중 시행 동안 교수자는 팻의 반대편에 앉아 하나의 시행에서 다음 시행으로 즉시 진행한다. 일반교육 과학 수업에서의 분포 시행 동안 교수자는, 한가한 시간이 있을 때마다(예 : 학생들이 자료를 꺼내 오거나 치울 때, 학생들이 독립적으로 자습을 할 때) 혹은 자연스러운 기회가 있을 때마다(예 : 학생들이 목표 단어들이 포함된 텍스트의 어떤 부분을 읽을 때, 학생들이 목표 단어들이 포함된 학습지로 공부할 때) 시행한다. 과학 수업이 진행되는 동안 교수자는 교실을 돌아다니면서 팻의 책상 옆에 잠시 멈춰서 짧은 시행(즉, 독립적 반응을 필요로 하는 조사 시행에 뒤이어 촉진이 제공된 반응을 필요로 하는 훈련 시행)을 전달한다. 다시, 단어당 두 번의 시행, 회기당 총 여섯 번의 시행을 한다.
후속 결과	• 조사 시행 및 훈련 시행 모두 해당 시행이 진행되는 동안, 촉진된 혹은 촉진되지 않은 모든 정반응에 언어적 칭찬을 한다.

목표 외 정보

각 훈련 시행 후에, 교수자는 제시된 어휘의 정의뿐 아니라 그 단어의 적용 예 또한 진술한다(예 : "진동은 관찰되고, 기술되며, 측정되고, 그리고 비교될 수 있는 운동의 한 가지 유형이야. 네가 말을 할 때 손을 목에 대면 성대의 진동을 느낄 수 있고, 그리고 그렇게 만들어진 소리를 들을 수 있어").

자료 수집

교수자는 조사 시행 동안에만 반응에 대한 자료를 기록할 것이다. 정반응에는 +부호가, 오반응에는 -부호가, 그리고 무반응에는 0이 기록될 것이다. 그림 8.1에서 작성된 자료용지 견본을 볼 수 있다.

유지

팻이 환경들 전반에 걸쳐 이틀 동안 100% 정반응이라는 기준에 도달한다면 교수자는 팻이 이틀 동안 평균 세 번의 반응마다(즉, 3 고정비율 강화계획) 그리고 하루 동안 회기가 끝날 때(즉, 9 고정비율 강화계획) 반응에 대해 칭찬을 줄인다. 일단 기준에 도달하고 칭찬이 서서히 철회된다면, 교수자는 과학 수업에서 운동 및 작용력에 대한 수업과 평가가 진행되는 동안은 물론 해당 주의 대안평가가 진행되는 동안의 수행에 대해서도 유지를 계속 모니터한다.

일반화

교수자는 팻이 간식을 준비하기 위해 플래시카드로 가르치는 것에 덧붙여 과학 수업 동안 사용된 자료들로 시행들을 수행함으로써 일반화는 촉진될 것이다. 과학 수업 자료들에는 과학 교과서의 단락들과, 학습지에 있는 문장들 및 활동들, 학급의 단어 벽에 적혀 있는 단어들, 인터넷이나 과학 관련 컴퓨터 프로그램에 있는 온라인 출처에 나타난 단어들, 그리고 학급 수업이 진행되는 동안 사용된 파워포인트 자료들 등이 포함되지만 이에 국한되지 않는다.

행동 관리

교수가 진행되는 동안 주의를 기울인 것에 대해 간헐적인 칭찬을 제공함으로써 적절한 행동을 촉진한다.

계속

동시 촉진 자료용지

이름 : 팻   교수자 : 바거 선생님

목표 기술 : 과학 어휘

시행	날짜				
	3월 17일	3월 18일	3월 19일	3월 20일	3월 21일
1. 진동	+	+	0	+	+
2. 소리	−	−	+	+	+
3. 음의 높이	−	+	+	+	+
4. 소리	+	+	+	+	+
5. 음의 높이	−	+	+	+	+
6. 진동	0	+	+	+	+
7. 음의 높이	+	+	+	−	+
8. 진동	+	+	+	+	+
9. 소리	−	−	−	+	+
정반응 수/%	4/44%	7/78%	7/78%	8/89%	9/100%

주 : +부호는 정반응, −부호는 오반응, 0은 무반응을 의미함

그림 8.1 동시 촉진 절차를 활용한 교수 프로그램 1의 자료용지 견본

수업의 변형 및 확장

작용력과 운동의 과학적 원리는 교육과정 전반에 걸쳐 발견될 수 있다. 예를 들어, 팻은 진동과 소리, 그리고 음의 높이 등이 노래하기나 악기 연주하기 등과 관련된 토의의 일부인 음악 수업에 참여할 수 있다. 팻은 악기를 만져 그 악기의 진동을 느껴보도록 하거나 혹은 노래를 부르는 동안 음의 높이에 있어서의 변화를 듣도록 지도될 수 있다. 비장애 또래들은 합창과 같은 활동들이 진행되는 동안 팻과 상호작용할 때 혹은 여가시간에 음악을 들을 때 자연스러운 환경에서 발견되는 예들을 제공하도록 배울 수 있다. 하루 종일 삽입된 학습을 위한 기회를 증가시키는 것은 습득의 속도뿐 아니라 일반화 및 유지를 향상시킬 가능성이 높다.

교수 프로그램 2

두 번째 견본 교수 프로그램은 중등도 및 중도장애 중학생들에게 지속적 시간 지연 절차로 응용과학 개념을 가르치는 데 초점을 맞추고 있다. 이 수업에서 교수는 처음부터 학문적 핵심 내용과 기능적 기술 연계를 분명히 하며 설계한다. 이 절차들은 Collins 등(2011)이 연구를 수행하는 동안 교수된 핵심 내용 중 해당 주의 대안평가에서 요구하는 수학과 읽기, 그리고 과학에서 도출된 몇 가지 핵심 내용들 중 한 가지를 기반으로 하고 있다.

핵심 내용 기준

과학
- 학생들은 물질들을 그 화학적/반응적 속성에 따라 분류할 수 있다.
- 학생들은 원소들과 합성물들을 그 속성에 따라 분류할 수 있다.
- 학생들은 태양 에너지가 지구의 체계에 미치는 영향을 기술할 수 있다.
- 학생들은 태양 에너지와 계절 사이의 연관성/관계를 기술할 수 있다.

행동적 목표

- 날씨와 관련된 세 장의 사진들이 제시될 때 학생들은, 고체나 액체, 혹은 둘 다 아닌 것을 포함한 사진을 3일 동안 100% 정확하게 지적한다.
- 날씨에 적절한 옷과 관련된 세 장의 사진들이 제시될 때 학생들은, 추울 때와 비올 때, 그리고 햇빛이 날 때 적절한 옷차림의 사진을 3일 동안 100% 정확하게 지적한다.

교수 상황

크리스는 자폐성장애를 지닌 14세 소년이고, 바버라는 다운증후군을 지닌 15세 소녀이다. 둘 모두 중등도 지적장애와 알아들을 수 있는 음성언어 표현 의사소통 기술에 제한을 지니고 있다. 게다가 두 아동의 부모들은 적절한 옷차림은 이 아동들이 중등학교로의 전환을 준비할 때 독립성을 향상시키게 될 것이라고 진술했다. 해당 주의 대안평가는 이들이 (1) 물질의 구조 및 변환과 (2) 우주에서의 에너지 변환 등과 관련된 과학 개념에 대한 평가를 요구하고 있다. 특수교사와 교수 보조원은 소집단 상황(즉, 1 : 2 형식)에서 돌아가며 교수한다.

교수 자료

교수 자료는 가로 5인치 세로 7인치의 흰색 카드 두 세트로 구성한다. 한 세트에는 검은색 소문자로 손으로 쓴 '고체', '액체', '둘 다 아님' 등의 단어들이 적혀 있다. 다른 세트에는 컴퓨터 등을 이용하여 '고드름'과 '구름에서 떨어지는 빗방울', '태양' 등을 그림이나 영상으로 보여주고 그 밑에 각각 검은색 소문자로 '추운', '비 오는', '화창한' 등의 단어들이 적힌 그림이 포함된다. 가로 3인치 세로 5인치의 흰색 카드들로 구성된 세 번째 세트에는 위와 같은 유형의 날씨 조건 각각에서 입거나 사용될 수 있는, 컴퓨터로 만든 옷차림 그림(즉, 코트와 장갑, 비옷과 우산, 수영복)이 담겨 있다.

세 가지 서로 상응하는 카드 세트들은 일반화를 평가하는 데 활용될 것이다. 여기에는 검은색 소문자로 손으로 쓴 '고체', '액체', '기체', '모두 아님' 등의 단어들이 들어 있는 가로 5인치 세로 7인치의 흰색 카드들 그리고 그와 짝을 이루는 그림 상징들(예 : 얼음 덩어리, 빗방울)과 날씨 조건의 사진(즉, 고드름, 빗물 웅덩이, 햇빛), 그리고 다양한 유형의 날씨를 위한 옷차림 사진 등을 포함한다.

교수 절차

각 교수 시행은 다음과 같이 진행될 것이다.

주의집중
단서
- 교수자는 학생의 반응을 위해 선택될 카드들을 두 학습자들 앞에 있는 테이블에 무작위 순으로 놓고, 각각의 카드를 가리키고 해당 단어(즉, 얼음, 비, 태양)를 말하면서 "이걸 봐"라고 말한다.

계속

지속적 시간
지연 절차

• 과제 지시는 학습자들에게 정확하게 그림을 가리키라고 하는 것이다. 첫 번째 교수 회기가 진행되는 동안 교수자는 반응을 진술하면서 정확한 카드를 지적함으로써(즉, 0초 시간 지연 간격) 원하는 반응을 즉시 시범 보인다. 예를 들어, 교수자는 학습자들 앞에 날씨 그림이 있는 카드들을 놓는다. 교수자가 학습자들의 주의를 끌게 되면, 교수자는 '고체'라는 단어가 적힌 카드를 들면서 "크리스, 고체의 그림을 가리켜봐"라고 과제 지시를 한다. 그러고 나서 교수자는 "얼음은 물의 고체 형태야"라고 말하면서 얼음의 그림을 가리킴으로써 원하는 반응을 시범 보인다. 이 시행 후 즉시 교수자는 학습자들 앞에 옷차림의 그림들을 놓고 "바깥이 추울 때 네가 입게 될 것의 그림을 가리켜봐"라고 말한 후, 즉시 코트와 장갑 그림을 가리키게 한다. 이 회기는 학습자 개개인이 고체와 액체, 그리고 둘 다 아님에 대한 시행을 받을 때까지 진행될 것이다. 0초 시간 지연 간격으로 하루를 보낸 다음, 교수자는 학습자들이 촉진을 제공하기 전 반응을 하도록 3초를 기다린다. 한 회기에 학습자당 여섯 번의 시행, 회기당 총 12번의 교수를 한다.

후속 결과

• 두 학습자들 모두 후속 결과에 주의를 기울이고 있음을 확실히 하면서(예 : "잘했어! 여길 봐, 바버라. 크리스가 단단한 얼음을 가리켰어"), 촉진이 제공된 혹은 촉진이 제공되지 않은 정반응에 음성언어를 이용한 칭찬을 한다.

지속적 시간 지연 자료용지

교수자 : __맥클란 선생님__   상황 : __과학 수업__   날짜 : __9월 25일__

학생	자극	물질의 상태		날씨에 맞는 옷차림	
		전	후	전	후
1. 크리스	액체	−			0
2. 바버라	둘 다 아님	+		+	
3. 크리스	고체	+		+	
4. 바버라	액체	+		+	
5. 크리스	둘 다 아님		−		+
6. 바버라	액체		+		+
7. 크리스	고체	+		+	
8. 바버라	둘 다 아님		0		+
9. 크리스	액체		+	+	
10. 바버라	고체	+		−	
11. 크리스	둘 다 아님		+		+
12. 바버라	고체	+		+	
정반응 수/% : 크리스		2/33%	2/33%	3/50%	2/33%
정반응 수/% : 바버라		4/67%	1/17%	3/50%	2/33%

주 : +부호는 정반응, −부호는 오반응, 0은 무반응을 의미함

그림 8.2 소집단 형식으로 지속적 시간 지연 절차를 활용한 교수 프로그램 2의 자료용지 견본

목표 외 정보

물질의 상태에 대한 후속 결과를 전달할 때 교수자는 과학 개념에 대한 추가 정보(예 : "바위도 고체야", "우유도 액체야")를 제공한다. 날씨와 관련된 적절한 옷에 대한 후속 결과를 전달할 때 교수자는 추가 정보(예 : "겨울에 우리는, 태양의 에너지가 지구의 표면에 덜 닿음으로 인해 더 추워져서 따뜻한 옷차림을 해" 혹은 "여름에 우리는, 태양의 에너지가 지구의 표면에 더 많이 닿음으로 인해 더 더워져서 가벼운 옷차림을 해")를 제공한다.

자료 수집

교수자는 촉진 전 혹은 촉진 후 정반응에는 +부호, 촉진 전 혹은 촉진 후 오반응에는 -부호, 그리고 촉진 후 무반응에는 0을 기록할 것이다.

그림 8.2에서 작성된 자료용지 견본을 볼 수 있다.

유지

일단 학습자가 하루 동안 100% 정확한 독립적 반응이라는 기준에 도달한다면 교수자는 최소한 이틀 동안 두 번째 반응마다 따라오던 칭찬을 줄인다(즉, 2 고정비율 강화계획). 교수는 두 학습자들 모두 기준을 충족할 때까지 계속한다. 게다가 교수자는 물질의 상태 및 우주의 에너지 변환 등에 대한 일반교육 과학 수업 단원이 진행되는 동안 과학 정보의 유지를 모니터한다.

일반화

두 학습자들 모두 기준을 충족한 후에 교수자는 서로 다른 자료들(즉, 물질의 상태와 날씨, 그리고 옷차림 등에 대한 새로운 사진들)을 활용하여 일반화를 평가한다. 일반화를 평가하기 위한 이러한 시행들로부터 수집된 자료들은 해당 주의 과학교과 대안평가를 위한 수행을 기록하는 데 활용한다.

행동 관리

교수 및 평가가 진행되는 동안 주의를 기울이는 것에 간헐적인 칭찬을 제공함으로써 적절한 행동이 촉진된다.

수업의 변형 및 확장

핵심 내용에 대한 직접교수가 통합 환경에서 발생할 수도 그렇지 않을 수도 있다. 환경과 관계없이 핵심 내용에 대한 직접교수는 일반교육 수업에서 과학 단원 학습이 진행되는 동안 교수를 보충할 때 필요할 수 있다. 이 수업이 학습자들이 반드시 해당 개념들을 완전히 익히도록 보충 소집단 교수로 수행되게 설계되었지만, 일반교육 수업이라는 맥락 내에서 그림 선택으로 개별 시행들을 제공함으로써, 일반교육 단원들이 진행되는 동안 삽입 교수가 가능한 일이다. 이 개념들에 대한 학습을 강화하기 위한 여러 기회들이 하루 종일 존재한다. 예를 들어, 교수자는 점심 시간(예 : "크리스, 식판에 있는 것 중에서 액체인 것을 가리켜봐")에 혹은 미술 시간(예 : "바버라, 네가 사용하고 있는 미술 재료들 중에서 고체인 것을 가리켜봐")에 고체 및 액체에 대해 짤막하게 지도할 수 있다.

요약

이 장에서는 중등도 및 중도장애 학습자들에게 핵심 내용과 기능적 기술들 모두를 가르치는 것의 필요성을 논의하였고, 두 가지가 체계적 교수를 활용하여 단일 수업 내에서 어떻게 맞물리게 될 수 있는지 보여주었다. 교수되고 있는 핵심 내용과 관계없이 교수자들은 학습자에게 의미 있는 실생활 적용을 보여주는 방식으로 내용을 제공하려는 노력을 해야 한다. 게다가 기능적 기술 교수를 핵심 내용에 맞물리게 하는 조합은 성인기에 덜 제한적인 환경들에서의 더 독립적인 생활로 성공적인 전환을 위해 필요할 기술들의 습득이라는 성과와 함께 교수 시간을 더 효율적으로 사용하게 해준다.

성찰을 위한 질문들

1. 기능적 기술의 습득이 중요한 이유는 무엇인가? 핵심 내용의 습득은 왜 중요한가? 이 두 가지가 어떻게 맞물릴 수 있는가?

2. 중등도 및 중도장애 학생들에게 일반교육 환경에서 교수되는 학습 단원들에 덧붙여 핵심 내용에 대한 보충 교수를 제공하는 것이 왜 필요할 것인가?

3. 핵심 내용의 습득에 대한 더 높은 수준의 기대를 갖는 것이 기능적 기술 교수는 포기해야 함을 의미하는가? 미뤄져야 함을 의미하는가? 학교 환경 바깥에서 가르쳐야 함을 의미하는가? 당신의 답에 대한 이론적 근거를 제시하라.

4. 핵심 내용이 반드시 중등도 및 중도장애 학습자들에게 의미 있는 것이 될 수 있게 하는 데 사용될 수 있는 몇 가지 전략들로는 어떤 것들이 있는가?

참고문헌

Bouck, E.C. (2008). Factors impacting the enactment of a functional curriculum in self-contained cross-categorical programs. *Education and Training in Developmental Disabilities, 43*, 294–310.

Bouck, E.C. (2009). No Child Left Behind, the Individuals with Disabilities Education Act, and functional curricula: A conflict of interest. *Education and Training in Developmental Disabilities, 44*, 3–13.

Bradford, S., Shippen, M.E., Alberto, P., Houchins, D.E., & Flores, M. (2006). Using systematic instruction to teach decoding skills to middle school students with moderate intellectual disabilities. *Education and Training in Developmental Disabilities, 41*, 333–343.

Browder, C., Flowers, C., Ahlgrim-Delzell, L., Karvonen, M., Spooner, F., & Algozzine, R. (2004). The alignment of alternate assessment content with academic and functional curricula. *Journal of Special Education, 37*, 211–224.

Browder, D., Ahlgrim-Delzell, L., Spooner, F., Mims, P.J., & Baker, J.N. (2009). Using time delay to teach literacy to students with severe developmental disabilities. *Exceptional Children, 75*, 343–363.

Browder, D.M., & Spooner, F. (Eds.). (2011). *Teaching students with moderate and severe disabilities*. New York, NY: Guilford.

Browder, D.M., Spooner, R., Ahlgrim-Delzell, L., Harris, A.A., & Wakeman, S. (2008). A meta-analysis on teaching mathematics to students with significant cognitive disabilities. *Exceptional Children, 74*, 407–432.

Browder, D.M., Spooner, F., Wakeman, S., Trela, K., & Baker, J.N. (2006). Aligning instruction with academic content standards: Finding the link. *Research & Practice for Persons with Severe Disabilities, 31*, 309–321.

Browder, D.M., Trela, K., & Jimenez, G. (2007). Training teachers to follow a task analysis to engage middle school students with moderate and severe developmental disabilities in grade-appropriate literature. *Focus on Autism and Other Developmental Disabilities, 22*, 206–219.

Browder, D.M., Wakeman, S.Y., Flowers, C., Rickelman, R.J., Pugalee, D., & Karvonen, M. (2007). Creating access to the general curriculum with links to grade-level content for students with significant cognitive disabilities: An explication of the concept. *Journal of Special Education, 41*, 2–16.

Brown, L., Branston, M.B., Hamre-Nietupski, S., Pumpian, I., Certo, N., & Gruenewald, L. (1979). A strategy for developing chronological-age-appropriate and functional curricular content for severely handicapped adolescents and young adults. *Journal of Special Education, 13*, 81–90.

Cohen, E.T., Heller, K.W., Alberto, P., & Fredrick, L.D. (2008). Using a three-step decoding strategy with constant time delay to teach word reading to students with mild and moderate mental retardation. *Focus on Autism and Other Developmental Disabilities, 23*, 67–78.

Collins, B.C., Branson, T.A., Hall, M., & Rankin, S.W. (2001). Teaching secondary students with moderate disabilities in an inclusive academic classroom setting. *Journal of Developmental and Physical Disabilities, 13*, 41.

Collins, B.C., Evans, A., Creech-Galloway, C., Karl, J., & Miller, A. (2007). Comparison of the acquisition and maintenance of teaching functional and core content sight words in special and general education settings. *Focus on Autism and Other Developmental Disabilities, 22*, 220–223.

Collins, B.C., Hager, K.D., & Galloway, C.C. (2011). The addition of functional content during core content instruction with students with moderate disabilities. *Education and Training in Developmental Disabilities, 46*, 22–39.

Collins, B.C., Karl, J., Riggs, L., Galloway, C.C., & Hager, K.D. (2010). Teaching core content with real-life applications to secondary students with moderate and severe disabilities. *Teaching Exceptional Children, 43*(1), 52–59.

Copeland, S.R., & Cosbey, J. (2008–2009). Making progress in the general curriculum: Rethinking effective instructional practices. *Research & Practice for Persons with Severe Disabilities, 33–34*, 214–227.

Dymond, S.K., Renzaglia, A., Gilson, C.L., & Slagor, M.T. (2007). Defining access to the general curriculum for high school students with significant cognitive disabilities. *Research & Practice for Persons with Severe Disabilities, 32*, 1–15.

Falkenstine, K.J., Collins, B.C., Schuster, J.W., & Kleinert, K. (2009). Presenting chained and discrete tasks as nontargeted information when teaching discrete academic skills through small group instruction. *Education and Training in Developmental Disabilities, 44*, 127–142.

Flowers, C., Browder, D., & Ahlgrim-Delzill, L. (2006). An analysis of three states' alignment between language arts and mathematics standards and alternate assessment. *Exceptional Children*, 201–215.

Individuals with Disabilities Education Act Amendments (IDEA) of 1997, PL 105-17, 20 U.S.C. §§ 1400 *et seq.*

Jimenez, B.A., Courtade, G.R., & Browder, D.M. (2008). Teaching an algebraic equation to high school students with moderate developmental disabilities. *Education and Training in Developmental Disabilities, 43*, 266–274.

Kleinert, H.L., Collins, B.C., Wickham, D., Riggs, L., & Hager, K.D. (2010). Embedding life skills, self-determination, social relationships, and other evidence-based practices. In H.L. Kleinert & J.F. Kearns, *Alternate assessment for students with significant cognitive disabilities: An educator's guide.* Baltimore, MD: Paul H. Brookes Publishing Co.

Kleinert, H.L., & Kearns, J.F. (2010). *Alternate assessment for students with significant cognitive disabilities: An educator's guide.* Baltimore, MD: Paul H. Brookes Publishing Co.

Lynch, S., & Adams, P. (2008). Developing standards-based individualized education program objectives for students with significant needs. *Teaching Exceptional Children, 40*, 36–39.

McDonnell, J., & Copeland, S.R. (2011). Teaching academic skills. In M.E. Snell & F. Brown (Eds.), *Instruction of students with severe disabilities* (7th ed., pp. 492–528). Upper Saddle River, NJ: Pearson.

McDonnell, J., Johnson, J.W., Polychronis, S., Riesen, T., Jameson, J., & Kercher, K. (2006). Comparison of one-to-one embedded instruction in general education classes with small group instruction in special education classes. *Education and Training in Developmental Disabilities, 41*, 125–138.

McDonnell, J., Thorson, N., & McQuivey, C. (2000). Comparison of the instructional contexts of students with severe disabilities and their peers in general education classes. *Journal of the Association for Persons with Severe Handicaps, 24*, 54–58.

No Child Left Behind Act of 2001, PL 107-110, 115 Stat. 1425, 20 U.S.C. §§ 6301 *et seq.*

Parrish, P.R., & Stodden, R.A. (2009). Aligning assessment and instruction with state standards for children with significant disabilities. *Teaching Exceptional Children, 41*(4), 46–56.

Wakeman, S.Y., Spooner, F., & Knight, V. (2007). Evidence-based practices for teaching literacy to students with significant cognitive disabilities. *TASH Connections, 33*(3/4), 16–19

Westling, D.L., & Fox, L. (2009). *Teaching students with severe disabilities* (4th ed.). Upper Saddle River, NJ: Pearson.

CHAPTER 9

또래들, 보조인력들, 그리고 교직원들과의 협업

목표

이 장을 마치면 독자는

- 중등도 및 중도장애 학습자들에게 체계적 교수를 제공할 수 있는 준비된 사람들을 가려내고 교수자들이 여러 명 있는 것이 이로운 것인지에 대한 이유를 설명할 수 있다.
- 또래들을 교수자나 자연스러운 지원으로 참여시키는 데 있어 고려할 점들을 논의할 수 있다.
- 보조인력들에게 교수에 대한 책임을 부과하는 데 있어 고려할 점들을 논의할 수 있다.
- 관련 서비스를 제공하는 사람들과 함께 할 때 초학문적 모형이 어떻게 활용될 수 있는지 설명할 수 있다.

핵심 용어

역할 방출
초학문적팀 모형

이 책 전체에 걸쳐 반복적으로 진술되고 표현한 것처럼 중등도 및 중도장애 학습자들의 교육은 팀의 노력이다. 체계적 교수는 그 절차에서 훈련된 특수교사만의 책임이 아니라 오히려 일반교사(예 : 학문 내용 교사들, 음악 혹은 미술교사, 체육교사), 지원인력(예 : 보조인력, 직업코치), 관련 서비스 인력(예 : 말-언어 병리학자, 작업치료사, 물리치료사), 가족구성원 및 양육자(예 : 부모, 형제자매, 보호자), 그리고 또래들(예 : 또래교수자, 코치 혹은 친구) 등을 포함하고 이에 포함되지 않는 수많은 사람들의 책임인 것이다. 제7장에서 논의된 것처럼 교수자의 수를 늘리고 상황에 따라 변화를 주는 것은 학습자들이 새로운 사람들(예 : 이웃들, 지역 사회사업가들, 고용주들), 교과 담당자들, 음악 혹은 미술교사, 체육교사)에게 반응하고 이들과 상호작용할 것을 요청받게 될 환경들 전반에 걸쳐 일반화를 촉진한다. 특수교사들은 전문지식을 갖추고 체계적 교수를 전달하는 준비가 된 사람들만 있는 환경으로 교수 환경을 제한하기 보다는 자신의 역할을 하루 종일 체계적 교수를 실시할 수 있도록 다른 사람들을 준비시키는 협력자가 되어야 한다(예 : Carothers & Taylor, 2004 ; Carter, Cushing, Clark, & Kennedy, 2005 ; Cavkaytar, 2007 ; Collins, 2002 ; Collins, Branson, & Hall, 1995 ; Collins, Branson, Hall, & Rankin, 2001 ; Collins, Hager, & Galloway, 2011 ; Collins, Hall, & Branson, 1997 ; Godsey, Schuster, Lingo, Collins, & Kleinert, 2008 ; Lafasakis & Sturmey, 2007 ; McDuffi, Mastropieri, & Scruggs, 2009 ; Miracle, Collins, Schuster, & Grisham-Brown, 2001 ; Mobayed, Collins, Strangis, Scuster, & Hemmeter, 2000 ; Mueller et al., 2003 ; Ozcan & Cavkaytar, 2009).

이 장은 (1) 또래들, (2) 보조인력들, (3) 교직원들 등 교육 환경 전반에 걸쳐 학습자들을 위한 지원으로 이용될 가능성이 가장 높은 세 집단이 전문지식을 공유해야 함을 강조하고 있다. 그러나 기술된 방법은 이 세 집단의 사람들 외에 추가되는 다른 사람들과 함께 실행할 수 있음은 언급되어야 한다. 제10장은 환경들 전반에 걸쳐 교수의 일정을 잡는 데 있어서의 까다로운 쟁점들에 초점을 맞추고 있다.

또래들과 함께 하기

중등도 및 중도장애 학습자들의 교육에 있어 비장애 또래들의 중요성은 아무리 말해도 지나치지 않다. 또래들은 의사소통과 사회성 기술을 가르치는 데 있어 자연스러운 파트너이고 역할 모델이다. 또래와의 상호작용은 학습자들이 생활하고 여가에 참여하는 현재 환경들 및 학습자들이 고용을 확보하고 가능한 한 독립적으로 살 미래 환경들에서 지원을 제공하면서 학교 바깥으로까지 확장되는 관계가 된다. 연구들의 대부분이 중등학교 학습자들을 대상으로 했다 하더라도 또래들은 연령 수준 전반에 걸쳐 일련의 기술들을 가르치는 효과적이고 믿을 만한 교수자로 훈련될 수 있다는 수많은 증거들(예 : Collins et al., 1995 ; Collins et al., 2001 ; Collins et al., 1997 ; Godsey et al., 2008 ; Miracle et al., 2001)이 존재한다. 학습장애 학습자들에게 또래교수를 제공함으로써 또래들은 학습에 있어서의 차이에 더 공감하게 되고 지식 및 기술들을 습득하는 모든 학습자들의 능력을 더 많이 알게 되면서 그들 자신의 기술 수준 및 유창성을 강화할 수 있다. 또래들을 교수자로 활용하는 것의 한 가지 이점은 또래들은 단지 이들이 자원봉사자로서 혹은 학점을 위해 학습도움실에서 하는 또래교수 프로그램을 통해서가 아니라 자연스러운 지원의 한 가지 체제로 이용하기 위해 통합 환경 속에서 걸쳐 구할 수 있다는 점이다.

어떤 연구자들은 또래교수 모형을 활용하는 것의 문제점은 또래교수자-또래학습자 모형이 한 집단의 학생들이 다른 집단의 학생들보다 우월하다고 느끼게 만듦으로써 균형이 깨질 수 있다고 경고하였다

(Carter et al., 2005; Carter et al., 2010). 제안되는 대안적인 모형들은 같은 나이의 비장애 또래들을 교수와 관련된 역할보다는 지원으로서의 역할에 참여하는 또래 코치나 또래 친구로 활용하거나 장애 및 비장애 또래들을 서비스 학습처럼 학습 목표들이 모든 학생들을 위해 설정되는 협력 프로젝트에 참여하게 하는 것이다(Hughes & Carter, 2008).

대부분 초점이 더 나이가 든 학습자들에게 맞춰져 있다 하더라도, 전문연구 문헌들은 비장애 또래가 개별 과제와 연속 과제 모두를 가르치기 위해 최소 촉진체계(예 : Collins et al., 2001; Collins et al., 1997) 절차와 지속적 시간 지연 절차(예 : Collins et al., 1995; Godsey et al., 2008; Miracle et al., 2001) 등과 같은 반응 촉진 절차를 효과적으로 전달하는 데 활용될 수 있음을 보여주었다. 이를 뒷받침하기 위한 연구들 중 대부분이 학습도움실에서 실시되었지만, 어떤 연구들은 교과 수업이 진행되는 교실(예 : Collins et al., 2001)과 학교 복도(예 : Collins, Hall, Rankin, & Branson, 1999) 등과 같은 자연스러운 환경에서 이루어졌다. 특수교사들이 고려해야 하는 한 가지 선택권은 체계적 교수 시행들을 전달하고 난 다음 이 시행들을 학교에 있는 동안 내내 삽입될 수 있는 기술을 또래들을 통해 준비하는 것이다. 예를 들어, 또래가 교과 수업 중에 음악과 미술 수업, 체육 수업이 진행되는 동안, 복도나 운동장에서 상호작용을 하는 동안, 혹은 지역사회에서 어떤 활동을 하는 동안(예 : 지역사회 중심 교수, 현장학습, 서비스 학습 프로젝트, 레크리에이션 활동들) 읽기와 쓰기, 그리고 수학 혹은 의사소통 및 사회성 기술에 대한 교수를 실시할 수 있다. 학습자가 학습의 기회를 많이 가지면 가질수록 그 학습자는 배우고 있는 기술을 더 빨리 습득할 것이다. 또한 교수 시행들이 환경 및 교수자들이(이 경우, 또래 교수자들) 전반에 걸쳐 더 많이 삽입될수록 학습자가 습득한 기술들을 일반화할 가능성도 더 높아진다. 마지막으로, 특수교사가 개개인이 교수 환경 전반에 걸쳐 개별화된 일정을 따르는 모든 학습자들과 하루 종일 함께 하는 것은 불가능하기 때문에 교수를 전달하기 위해 또래들을 활용하는 것은 교수의 효율성을 높이는 방법이 된다.

어떤 또래들이 교수자의 역할을 맡게 될 때 이들은 교수전략들과 자료 수집에 대해 반드시 높은 수준의 신뢰도(보통 80% 이상, 이상적으로는 90% 이상)로 훈련을 받아야 한다. 이는 글로 작성된 자료와 역할 시범 보이기, 연습, 그리고 수행에 대한 피드백 등의 조합을 통해 성취될 수 있다(예 : Collins et al., 1995; Collins et al., 1997; Godsey et al., 2008; Miracle et al., 2001).

보조인력

특수교사들이 교수를 보충하기 위해 또래들에게 의존하든 그렇지 않든 거의 모든 특수교사들은 보조인력들의 지원에 의존하고 있고, 학교에서 특수교육 지원을 제공하도록 배정된 몇몇 보조인력이 학교에 존재한다는 것은 드문 일이 아니다. 특수교육 분야에서 학위를 지니고 있거나 높은 수준의 훈련을 받은 보조인력들은 드물기 때문에 중등도 및 중도장애 학습자가 보조인력들로부터 받게 될 지원의 양을 결정하는 것은 교수팀에게 해야 한다. 그리고 보조인력들 개개인의 일정과 책임을 결정하는 일 역시 대부분 특수교사들에게 달려 있다. 교수에 대한 공유된 주인의식을 위해서는 협력적 관계가 중요한데 보조인력들을 관리하고 훈련할 궁극적인 책임은 보통 특수교사들에게 있다(Westling & Fox, 2009).

보조인력들에게도 종종 중등도 및 중도장애 학생들과 함께 하는 데 있어 일련의 책임이 주어진다. 이러한 책임들에는 교수 및 지원을 제공하거나, 신체적·개인적 관리를 보조하거나, 환경 전반에 걸쳐 자료들을 제작하고 조정을 하는 데 도움을 주거나, 교수 자료를 수집하거나, 행동관리 프로그램을 실시하고 긍정적 행동지원을 제공하거나, 의료적 절차를 실시하고 신체적 상태를 모니터하거나, 보완대체의사소통 기기의 활용을 보조하거나 또는 교사를 위해 사무 업무를 수행하는 등의 일들이 포함된다. 이러한 일들에 대한 책임은 통합 일반교육 환경과 특수교육 학습도움실에서 수행되기도 하고, 지역사회 중심 교수의 맥락 내에서 발생하기도 한다.

보조인력들이 교사들에게는 엄청난 도움의 원천이 되기도 하고 학습자들에게는 커다란 지원의 원천이 될 수 있지만, 이들의 도움을 신중하게 활용해야 한다는 주장들이 존재한다(Giangreco & Boer, 2007). 연구자들은 성인으로서의 보조인력들이 환경 전반에 걸쳐 지속적으로 존재하는 것은 특별한 요구를 지닌 학습자들에게 낙인을 찍는 일이 될 수 있고, 장애학생들과 비장애학생들 사이의 자연스러운 상호작용을 감소시킬 수 있다고 지적하기도 한다. 또한 학습자들이 보조인력들의 지원에 지나치게 의존하게 될 수 있어서 학습자들의 독립성이 줄어들 위험도 있다고 보고하고 있다. 이와 마찬가지로 교사들 또한 보조인력들의 지원에 지나치게 의존하게 되면서 교수에 대한, 특히 모든 학습자들이 포함되어야 할 대집단 활동에서의 교수에 대한 책임을 줄어들게 할 수 있다.

이러한 문제점들을 피하기 위해 교수팀은 보조인력들을 학습자들 및 환경들 전반에 걸쳐 순환근무를 시키고, 이들에게 보조인력들에 대한 모든 의존을 모든 환경에 있는 또래들과 일반교사들과 같은 자연스러운 지원으로 전환하게 할 전략들을 가르치면서 보조인력들의 책임을 분명하게 기술해야 한다(Causton-Theoharis & Malmgren, 2005). 대다수의 경우에 직접적인 지원과 교수를 어떻게 그리고 언제 제공할지는 물론 다른 사람들의 지원과 교수를 용이하게 하는 방법 및 시기를 가르치면서 보조인력 개개인과 협력하게 하는 것은 특수교사에게 달려 있다. 이를 하기 위한 가장 좋은 방법은 기대하는 바를 서면으로 분명히 작성하고 학습자들의 요구 및 진전을 논의하기 위한 모임을 자주 갖는 것이다. 직접적인 교수를 제공하는 보조인력들은 또래 교수자들처럼 교수를 전달하는 일을 맡기 전에 그들이 교수전략들과 자료 수집에 대한 높은 수준의 신뢰도를 보이는 훈련을 받아야 한다.

지원인력

일반 및 특수교사와, 보조인력, 그리고 또래에 덧붙여, 교수팀은 말-언어 병리학자, 작업치료사, 물리치료사. 시각 및 이동 전문가, 그리고 의료 인력 등과 같은 서로 다른 유형의 전문지식을 지닌 다른 전문가들도 포함될 수 있다. 이 사람들의 일차적인 책임이 교수가 아닐 수 있지만 **초학문적팀 모형**(transdisciplinary team model, Downing & Bailey, 1990)은 교수팀 구성원들이 어떤 특정 시간에 어떤 학습자와 누가 함께 할 것인지와 관계없이 교수 프로그램들에 대하여 교사들과 협력하고, 그들 각자의 전문 영역을 다른 사람들과 공유하며, 활동들 전반에 걸쳐 교수 시행들을 끼워 넣기 위해 체계적 교수를 사용할 수 있게 해준다(예 : Roark, Collins, Hemmeter, & Kleinert, 2002). 예를 들어, 점심시간에 구강운동 기술을 연습한다거나 말-언어 병리학자는 여러 가지 기술들 중에서 오른쪽과 왼쪽, 열기와 닫기, 색깔들, 그리고 세기 등에 대한 작업기술들을 연습하도록 이동훈련을 하는 물리치료사는 학교 복도에서 독립적 이동을 촉진하면서 읽기와 세기, 색깔 확인하기 등과 같은 시행들을 끼워 넣을 수 있다. 직업훈련에서 소근육 운동 기술을 가르치는 작업치료사는 지역사회나 가정 등의 환경으로의 전환 기술에 대해 학습자와 함께 하면서 읽기 혹은 수 세기에 대한 시행들을 끼워 넣을 수 있다. **역할 방출**(role release)을 통해 특수교사는 분명하게 과제 지시를 하고, 촉진을 제공하다가 서서히 철회하고, 반응들에 대한 피드백을 주면서 주의를 끌기 위한 전략들을 공유할 수 있다(Bricker, 1976). 이와 유사하게 특수교사는 학업 및 기능적 기술들에 대한 체계적 교수를 제공할 때, 어떤 학습자가 자료를 요청해야 하거나 자료를 잡기 위해 중앙에 있는 선을 넘어 손을 뻗어야만 자료가 손에 닿는 위치에 두는 것과 같은 관련 서비스 전달 인력들이 활용하는 기법들을 끼워 넣어 배우게 할 수 있다. 전문가들이 자신의 역할을 다른 사람들에게 넘기는 데 인색하지 않은 교수에 대한 협력을 위한 이러한 유형을 초학문적 접근방식이라 하고, 이러한 반응 기회의 수가 하루 종일 점점 많아지고, 학습자들이 습득하는 기술들이 자연스러운 활동들을 하면서 더 많이 통합되도록, 그리고 활동들 및 환경들 전반에 걸친 여러 교수자들과 활동하게 되면 일반화가 발생할 가능성이 더 높기 때문에 다른 유형의 팀 접근방식들보다 우수하다.

기타 다른 사람들

부모들과 가족 구성원들 혹은 양육자들 또한 여전히 교수 팀의 필수적인 역할을 담당하고 있음이 강조되어야 한다(예 : Carothers & Taylor, 2004 ; Cavkaytar, 2007 ; Lafasakis & Sturmey, 2007 ; Mobayed et al., 2000 ; Mueller et al., 2003 ; Ozcan & Cavkaytar, 2009). 이들은 학교 교육이 이루어지지 않을 때(예 : 밤, 주말, 공휴일, 여름방학)나 교수전략이 공유되지 않을 때에도 학습이 자연스러운 환경(예 : 가정, 이웃, 그리고 지역사회)에서 계속되도록 해줄 수 있는 사람들이다. 학습의 속도와 일반화를 촉진하는 것에 덧붙여 교수전략들을 공유하는 것은 교육을 제공할 책임을 나누기 위해 어떤 학습자와 가까이 있는 사람들에게 역량을 강화시키고, 무력감 및 다른 사람들에의 의존감을 감소시켜준다. 다방면에서 지식을 갖추고 있는 사람(generalist)라는 용어는 특정 기술들을 가르치기 위한 전략들을 받아들이고 그 전략들을 새로운 기술 교수에 성공적으로 적용할 수 있는 부모들을 연습할 때 사용될 수 있고, 어떤 학습자가 시간이 지나면서 습득하게 될 기술들의 수를 증가시킬 수 있는 실제로 활용할 수 있다.

교수 프로그램

제4장에는 말-언어 병리학자가 수행한 교수 프로그램과 보조인력이 수행한 또다른 교수 프로그램이 있다. 다음의 교수 프로그램들은 또래교수자가 중등도 및 중도장애 학습자들에게 체계적 교수를 제공할 수 있는지를 보여주고 있다. 다음의 수업계획에서 또래교수자들은 예비 특수교사 준비 프로그램에 소속된 학생들을 모집하기 위한 효과적인 방안이 될 수 있는 과정으로 또래교수 수업에 등록할 수 있고 이로써 학점을 받을 수 있다. 또래교수자들이 이 프로그램들에서 교수자의 역할을 하게 하면서 보조인력 혹은 다른 직원들 또한 동일한 방식으로 활용할 수 있다.

교수 프로그램 1

첫 번째 견본 프로그램에서는 지속적 시간 지연 절차를 이용하여 기능적 연쇄 과제(이 경우, 점심시간 동안 소비자 과학교실에 모이는 집단에게 음식을 준비하는 방법)를 가르치기 위해 중등학교 또래교수자들이 활용한다. 교수를 실시하기 전에 특수교사는 방과후 훈련 회기 동안 교수전략에 대해 또래교수자들을 훈련시킬 것이다. 이 훈련은 또래교수자들이 지필 쪽지시험에서 90%의 정확성을 보일 때까지 그리고 모의 수업에서의 수행을 통해 지속적 시간 지연 절차실행 방법과 자료 수집 방법을 가르치는 것으로 구성될 것이다. 교수가 진행되는 동안 두 명의 또래교수자들은 한 명은 직접교수를 제공하고 나머지 한 명은 자료를 수집하기 위해 장애 학습자 개인과 짝을 이룰 것이다. 일반화를 촉진하기 위해 또래교수자들은 학습자들 전반에 걸쳐 두 가지 역할을 번갈아가며 할 것이다. 이 절차는 Godsey 등(2008)이 수행한 연구를 기반으로 한다.

핵심 내용 기준

실제 생활/
직업

- 학생들은 신체적으로 건강한 상태를 유지하기 위해 그리고 그들 자신의 신체적 복지에 대한 책임을 받아들이기 위해 필요한 지식과 기술들을 익힐 것이다.

읽기

- 학생들은 단락에서 발견되는 전문용어나 방언, 혹은 특화된 어휘의 의미를 해석할 수 있다.
- 학생들은 과제를 완수하기 위해 필요한 핵심 정보를 단락에서 가려낼 수 있다.
- 학생들은 과제/절차를 완수하기 위해 혹은 어떤 단락에 대한 질문에 답하기 위해 단락에 포함된 정보를 적용할 수 있다.
- 학생들은 단락에 있는 정보의 순서를 따를 수 있다.

행동적 목표

식사를 위한 음식을 준비하라고 들었을 때 학습자는, 해당 음식을 3일 동안 100% 정확하게 준비할 수 있다.

교수 상황

린다와 카렌, 그리고 패티와 파울라는 이 수업에 참여하는 4명의 중등도 및 중도장애 학생들이다. 이들의 나이는 15~20세이고 그들의 개별화교육계획에 이들이 최소제한환경에서 성인기로 성공적으로 전환하도록 돕기 위한 하나의 기술로 음식 준비가 포함되어 있다. 고등학교의 다른 교직원들에게 추천을 받은 후 학점을 받기 위한 또래교수 수업에 등록된 16~18세까지의 또래교수자 11명이 있을 것이다. 또래교수자들 중 몇 명은 예비대학 교육과정의 상급 과정에 등록되어 있고 또 다른 몇 명은 직업교육 과정에 등록되어 있다. 매일, 또래교수자들은 식사를 함께 준비하기 위해 중등도 및 중도장애 학습자들과 소비자 과학 교실에서 만난다. 또래교수자들은 이 활동에 돌아가며 참여한다. 매일, 학습자 1명당 1명의 또래교수자가 다른 또래교수자가 수행을 관찰하고 자료를 기록하는 동안 지속적 시간 지연 절차를 활용하여 1:1 형식으로 교수를 수행할 것이다. 음식 만들기를 위한 시행 수는 매일 점심을 먹기 위해 모이는 또래교수자들과 학습자들의 숫자에 달려 있다.

교수 자료

교수의 대상이 되는 음식은 학습자들 및 그들의 부모들과의 면담을 통해 언급된 것으로, 학습자들이 좋아하는 것이다. 음식 준비 기술에는 (1) 블렌더로 밀크셰이크 만들기, (2) 농축물에서 주스 만들기, (3) 치즈 토스트 만들기, (4) 토스트기로 와플 만들기 등이 포함된다(Godsey et al., 2008, p. 114). 학생들은 두 학습자는 음료를 그리고 두 학습자는 토스트나 와플을 만드는 방식으로, 며칠에 걸쳐 돌아가며 밀크셰이크, 주스와 함께 치즈 토스트, 그리고 와플을 만들 것이다. 특수교사는 이 과제들 각각에 대해 한 페이지에 한 단계가 제시되도록 사진으로 된 조리법 책을 만들었다. 또래교수자들은 학습자들의 진전에 대한 형성평가 자료를 수집하기 위해 자료 수집 용지를 받을 수 있다.

교수 절차

각 교수 시행은 다음과 같이 진행될 것이다.

주의집중 단서	• 또래교수자는 학습자의 이름을 말하고 그런 다음 해당 학습자 앞에 사진 조리법 책을 놓는다.

지속적 시간
지연 절차
• 교수 회기는 과제 지시로 시작한다(예 : "오늘은 오렌지 주스를 만들어보자"). 교수 첫날에 또래교수자 개개인은 학습자에게 언어/모델 촉진을 즉시 제공함으로써 0초 시간 지연 간격을 활용할 것이다(예 : 사진 조리법을 가리키며 "첫 번째 단계는 주전자를 꺼내오는 거야. 나를 봐… 이제 네가 해 봐"라고 말한다). 촉진을 전달한 후 또래교수자는 학습자가 각 단계를 시작하도록 5초를 기다리고, 그리고 나서 학습자가 각 단계를 완수하도록 20초를 기다린다. 나머지 모든 날들에 또래교수자는, 각 촉진을 전달하기 전에 5초를 기다린다.

후속 결과
• 각 단계가 완수될 때 또래교수자는 반응이 정확했다면 학습자를 칭찬하고, 반응이 부정확했거나 반응을 보이지 못했다면 오반응으로 기록한다. 모든 학습자들이 음식 과제를 완수하면 이들은 또래교수자들과 함께 식사를 한다(자연적 강화물).

목표 외 정보

음식 준비하기는 핵심 내용과 관련된 목표 외 정보를 제공할 기회를 준다. 촉진이나 칭찬을 제공할 때, 또래교수자들은 좋은 영양(예 : "치즈는 유제품이고 칼슘을 제공해서 뼈를 튼튼하게 만들어")에 대한, 열량 섭취(예 : "저지방 우유는 일반 우유보다 열량이 낮기 때문에 좋은 선택이야")에 대한, 측정(예 : "두 컵은 1 파인트와 같아")에 대한, 분수(예 : "만약 토스트 하나를 4등분으로 자른다면, 각 부분은 전체의 4분의 1이야")에 대한, 그리고 사회(예 : "오렌지는 날씨가 더 따뜻한 플로리다와 캘리포니아 같은 주에서 자라지")에 대한 말을 덧붙이도록 배울 것이다

지속적 시간 지연 자료용지

기술 : 주스 만들기

날짜	4월 15일		4월 16일		4월 17일		4월 18일	
또래교수자	밥		랜디		론		톰	
학생	린다		카렌		패티		파울라	
단계	전	후	전	후	전	후	전	후
1. 주전자 가져오기	+		+		+		−	
2. 주스 캔 가져오기	+		+		+		+	
3. 숟가락 가져오기		−		+	+		+	
4. 주스 캔 따기		0						+
5. 주전자에 쏟기	+			−	+			−
6. 물 넣기		+	+			−	+	
7. 젓기	+		+		+		+	
8. 컵에 따르기		−	+			−	+	
정반응 수/%	4/50%	1/13%	5/63%	1/13%	6/75%	0/0%	5/63%	1/13%

주 : +부호는 정반응, −부호는 오반응, 0은 무반응을 의미함

그림 9.1 또래들과 지속적 시간 지연 절차를 활용한 교수 프로그램 1의 자료용지 견본. 이 자료용지에는 여러 명의 학생들이 있지만 단 한 가지 활동(주스 만들기)만이 포함되어 있는데, 이는 또래들로 하여금 자신의 순번을 따라갈 수 있게 해주며 학생 개개인이 활동에서 자신의 차례를 지키게 해주는 것이다.

계속

자료 수집

자료 수집가로 지명된 또래교수자는 교수가 진행되는 동안 내내 반응들에 대한 자료를 기록할 것이다. 촉진 전 혹은 촉진 후 정반응에는 +부호가, 촉진 전 혹은 촉진 후 오반응에는 −부호가, 그리고 촉진 후 무반응에는 0이 기록한다. 음식 준비하기에 대해 여러 번의 시행 후(예 : 토스트 1개 이상 만들기), 자료는 첫 시행만 기록한다. 그림 9.1에서 작성된 자료용지 견본을 볼 수 있다.

유지

일단 학습자가 이틀 동안 과제분석에 대해 100% 정반응이라는 기준에 도달하면, 또래교수자는 하루 동안 평균 세 번째(즉, 3 고정비율 강화계획) 반응에만 칭찬을 하며 점차 줄일 것이다. 모든 학습자들이 목표 음식물에 대한 기준에 도달하는 경우, 새로운 음식물들(예 : 수프, 샐러드)이 교수되고, 해당 학년도 나머지 기간 동안 각각의 음식을 매달 한 번씩 계속해서 준비하게 함으로써 완전히 익힌 음식에 대해 유지를 모니터한다.

일반화

학습자들이 매일 바뀌는 또래교수자들 전반에 걸쳐 음식들을 준비하도록 가르침으로써, 그리고 다양한 음식들을 준비함으로써 일반화를 촉진한다. 일단 학습자들이 기준을 충족했다면 부모들은 대상 음식들을 집에서 준비해 보도록 격려하도록 한다.

행동 관리

교수가 진행되는 동안 주의를 기울이는 것에 간헐적인 칭찬을 제공함으로써 적절한 행동이 늘 것이다.

수업의 변형 및 확장

가스렌지에서 오븐에, 혹은 전자레인지에서 준비되는 음식들을 포함하여 성인기 독립성을 촉진시킬 준비를 하기에 간단하고 다양한 음식들이 있다. 다른 사람들과 함께 조리하기는 아동들 청소년들, 그리고 성인들이 즐기는 레크리에이션 활동으로 사회적 상호작용의 기회를 제공하기도 한다. 더구나 특정 음식들을 준비하는 것이(예 : 샐러드를 위한 채소 준비하기) 능숙해진 사람들은 청소년 혹은 성인으로서 그 역할로 하는 곳에 고용될 수 있다. 팝콘이나 치즈크래커와 같은 건강한 간식을 준비하는 나이가 어린 학습자들은 미래에 더 복잡한 조리 과제들을 할 수 있도록 이들을 준비시키는 재미있는 활동을 마련할 수 있다. 사진 조리법 책을 활용하는 데 덧붙여 많은 제품들(예 : 케이크용 가루)은 사진과 함께 간단하게 적힌 지시들이 딸려 있고, 음식을 준비하면서 자연스럽게 기계를 활용할 수 있도록, 컴퓨터로 조리법에 대한 지시를 제공하는 파워포인트 슬라이드를 준비하거나 아이팟에 음성 지시나 스틸 사진, 혹은 동영상을 내려 받는 것은 단순한 작업이다.

교수 프로그램 2

두 번째 견본 교수 프로그램 또한 교수를 전달하기 위해 또래교수자들을 활용한다. 그러나 이 프로그램은 기능적 기술보다는 핵심 내용 기술(예 : 읽기)에 초점을 맞추고 있다. 이 프로그램은 또래교수자들이 중등도 및 중도장애 학습자들과 함께 어휘 읽기를 연습하기 위해 매일 오는 학습도움실에서 이루어진다. 이 수업에 참여하는 또래교수자들은 교수 절차들을 배우기 위해 일련의 방과 후 수업에 참석한다. 특수교사는 반응 촉진 절차들의 중요성을 논의하고, 이 절차들에 대한 글로 작성된 자료들을 제공하며, 그리고 또래교수자들이 이 교수 절차를 수행하는 데 오반응을 한 번 이내로 보일 때까지 이들에게 시범 보이기와 연습, 피드백을 통해 교수를 전달하는 방법(예 : 촉진, 강화)과 자료를 수집하는 방법을 가르침으로써 이들을 훈련시킬 것이다. 이 절차들은 Miracle 등(2001)이 수행한 연구를 기반으로 하고 있다.

핵심 내용 기준

읽기   • 학생들은 단락에서 발견되는 전문용어나 방언, 혹은 특화된 어휘의 의미를 해석할 수 있다.

행동적 목표

5개의 어휘가 제시될 때, 학습자는 해당 단어들을 3일 동안 100% 정확하게 지적할 수 있다.

교수 상황

4명의 중등도 및 중도장애 학습자들(즉, 루시, 레타, 셜리, 케이)과 4명의 또래교수자들이 수업에 참여할 것이다. 장애를 지닌 학습자들의 나이는 14~20세까지이고, 이들의 개별화교육계획에는 기초 시각단어에 대한 목표들이 작성되어 있다. 또래교수자들의 나이는 17~18세까지이고, 3명은 대학진학 과정에 그리고 1명은 직업 과정에 있다. 특수교사는 건강 수업에서 배우는 기초 식품군을 대표하는 기능적 어휘들을 교수를 위해 선택했다. 이 단어들은 또한 학습자들이 성인기로 전환할 때, 이들이 음식점 메뉴에서 더 독립적으로 음식을 고르게 하거나 식료품점에서 더 독립적으로 음식을 구입할 수 있게 해준다. 또래교수자들은 여러 날에 걸쳐 그들이 학습도움실에서 함께 하는 학습자들을 바꿔가며 할 것이다.

교수 자료

교수 자료는 목표 단어들이 마커를 이용해 검은색 문자로 적혀 있는, 흰색의 줄이 쳐 있지 않은 가로 4인치 세로 6인치 카드들로 구성한다.

교수 절차

각 교수 시행은 다음과 같이 진행될 것이다.

주의집중   • 또래교수자는 특수교사가 배정한 학습자에게 다가가 해당 학습자에게 어휘를 읽는 연습을 할 시간이라
단서   고 말할 것이다. 일단 자리에 앉으면, 또래교수자는 교수를 시작하기 전에 해당 학습자에게 연습할 준비
             가 되었는지 묻는다.

지속적 시간 • 과제 지시는 "이 단어는 뭐지?"이다. 첫 번째 교수 회기가 진행되는 동안 또래교수자는 즉시 정반응을
지연 절차   할 것이다(즉, 0초 시간 지연 간격으로 언어 모델 촉진). 단어당 세 번의 시행, 회기당 총 15번의 시행을
             한다. 모든 후속 기간에 또래교수자는 촉진을 전달하기 전 3초 지연간격을 실시하며 기다린다.

후속 결과   • 모든 촉진이 제공된 혹은 촉진이 제공되지 않은 정반응에 특정 언어적 칭찬(예 : "그래, 이 단어가 요거
             트야")이 뒤따를 것이다. 촉진 후 오반응들에는 오류 교정(예 : "아니야, 이 단어는 요거트야")이 뒤따를
             것이다. 해당 학습자가 촉진을 제공하기 전에 오반응을 한다면, 또래교수자는 반응을 기다리기 위해 무
             엇인가 생각하게 하는 것을 제공한다(예 : "아니야. 만약 그 단어가 뭔지 모르겠다면 기다려줘. 내가 알
             려줄게. 그 단어는 요거트야").

계속

목표 외 정보

또래교수자들은 가능할 때마다 단어들에 대한 핵심 내용을 제공하는 진술(예 : "그래, 이 단어가 요거트야. 요거트는 유제품이고, 칼슘의 훌륭한 공급원이야. 칼슘은 튼튼한 뼈를 만들어줘")을 하라는 말을 들을 것이다.

자료 수집

교수자는 촉진 전 혹은 촉진 후 정반응에는 +부호를, 촉진 전 혹은 촉진 후 오반응에는 −부호를, 그리고 촉진 후 무반응에는 0을 기록할 것이다.
 그림 9.2에서 작성된 자료용지 견본을 볼 수 있다.

지속적 시간 지연 자료용지

기술 : 건강/음식물 어휘   날짜 : 9월 15일

또래교수자	로이		스탠리		존		엡	
학생	루시		레사		셜리		케이	
단계	전	후	전	후	전	후	전	후
1. 사과	−		+		+		−	
2. 요거트	+		+		+		+	
3. 닭		−		+	+		+	
4. 콩		0		−	+			+
5. 빵	+		−		+		−	
6. 사과	−		+		+		+	
7. 요거트	+		+		+		+	
8. 닭		−		+	+		+	
9. 콩		0		−	+			+
10. 빵	+		−		+		−	
11. 사과	−		+		+		−	
12. 요거트	+		+		+		+	
13. 닭		−		+	+		+	
14. 콩		0		−	+			+
15. 빵	+		−		+		−	
정반응 수/%	6/40%	0/0%	6/40%	3/20%	15/100%	0/0%	6/40%	3/20%

주 : +부호는 정반응, −부호는 오반응, 0은 무반응을 의미함

그림 9.2 또래들과 지속적 시간 지연 절차를 활용한 교수 프로그램 2의 자료용지 견본

유지

일단 학습자가 하루 동안 100% 정확한 독립적 반응이라는 기준에 도달하면 교수자는 이틀 동안 반응들에 대한 칭찬을 평균 세 번째 반응마다 하는 것으로 줄인다(즉, 3 변동비율 강화계획). 특수교사는 해당 학년도가 끝날 때까지 한 달에 한 번 유지를 검사한다.

일반화

매일 학습자 개개인과 함께 하는 또래교수자들에 변화를 줌으로써 일반화는 촉진된다. 게다가, 모든 학습자들은 또래교수자들과 일주일에 한 번씩 지역사회 중심 교수에 참여한다. 이 시간 동안 또래교수자들은, 환경(예 : 식료품점, 음식점) 전반에 걸쳐 그리고 자료(예 : 제품의 상표, 메뉴) 전반에 걸쳐 어휘 읽기를 모니터한다.

행동 관리

교수 및 평가가 진행되는 동안 주의를 기울이는 것에 간헐적인 칭찬을 제공함으로써 적절한 행동을 촉진한다.

수업의 변형 및 확장

이 수업이 학습자들 모두 출석하는 건강 수업과 관련된 학문적 단어들을 가르치는 데 초점을 맞추고 있는 반면, 이들은 식품군을 배우는 건강 수업에의 성공적인 통합을 촉진하기 위해 학습도움실에서 미리 배운다. 게다가 목표 단어들은 학습자들이 더 독립적으로 식료품을 구입하게 하고 메뉴를 보고 주문하게 하기 위한 성공적인 전환을 위해 중요하기도 하다. 이 경우에 있어, 학습자들 모두 그날 핵심 내용에 초점을 맞춘 다른 수업에 출석한다. 따라서 수학이나 과학, 혹은 사회와 관련된 추가적인 어휘에 대한 교수는 적절하기도 하다. 비록 정의는 이 수업의 목표가 아니라고 하더라도, 또래교수자들이 정의를 목표 외 정보로 제공하게 하는 것은 간단하다.

요약

이 장은 또래교수자와 보조인력들 그리고 관련 서비스 전달 인력들과 기타 다른 사람들을 중등도 및 중도장애 학습자들을 위한 체계적 교수에 포함시키는 것의 중요성을 논의하였다. 언급된 것처럼 이는 교수가 제공되지 않는 시간을 줄이면서 일반화를 촉진하는 전략이다. 견본 교수 프로그램들은 학습도움실에서 그리고 점심시간 동안 소비자 과학교실에서 또래교수자들과 함께 이루어진다. 다른 사람들은 물론 또래교수자들 또한 통합 학업환경에서 효과적이고 믿을 만한 교수를 전달할 수 있음은 주목해야 한다. 환경들 전반에 걸쳐 인력들의 일정을 잡는 방법은 제10장에서 논의될 것이다.

성찰을 위한 질문들

1. 체계적 교수를 제공하기 위해 여러 인력들과 또래교수자들은 어떻게 훈련할 수 있는가?
2. 중등도 및 중도장애 학습자들에게 기술을 가르치기 위해 여러 교수자들을 활용하는 것의 이점은 무엇인가?
3. 통합 환경에서 교수를 수행하기 위해 보조인력들을 활용하는 것에 관한 한 가지 주의사항은 무엇인가?
4. 교수자들 전반에 걸쳐 교수가 믿을 만하게 실행되고 있음을 교사는 어떻게 보장할 수 있는가?

참고문헌

Bricker, D. (1976). Educational synthesizer. In T.M. Angele (Ed.), *Hey, don't forget about me: Education's investment in the severely, profoundly, and multiply handicapped* (pp. 84–97), Reston, VA: Council for Exceptional Children.

Carothers, D.E., & Taylor, R.L. (2004). How teachers and parents can work together to teach daily living skills to children with autism. *Focus on Autism and Other Developmental Disabilities, 19,* 102–104.

Carter, E.W., Cushing, L.S., Clark, N.M., & Kennedy, C.H. (2005). Effects of peer support interventions on students' access to the general curriculum and social interactions. *Research and Practice for Persons with Severe Disabilities, 30,* 15–25.

Carter, E.W., Sisco, L.G., Chung, Y., & Stanton-Chapman, T.L. (2010). Peer interactions of students with intellectual disabilities and/or autism: A map of the intervention literature. *Research and Practice for Persons with Severe Disabilities, 353*(3–4), 63–79.

Causton-Theoharis, J.M., & Malmgren, K.W. (2005). Increasing peer interactions for students with severe disabilities via paraprofessional training. *Exceptional Children, 4,* 431–444.

Cavkaytar, A. (2007). Turkish parents as teachers: Teaching parents how to teach self-care and domestic skills to their children with mental retardation. *Education and Training in Developmental Disabilities, 42,* 85–93.

Collins, B.C. (2002). Using peers to facilitate learning by students with moderate disabilities. *Behavior Analyst Today, 3,* 329–341.

Collins, B.C., Branson, T.A., & Hall, M. (1995). Teaching generalized reading of cooking product labels to adolescents with mental disabilities through the use of key words taught by peer tutors. *Education and Training in Mental Retardation and Developmental Disabilities, 30,* 65–75.

Collins, B.C., Branson, T.A., Hall, M., & Rankin, S.W. (2001). Teaching secondary students with moderate disabilities in an inclusive academic classroom setting. *Journal of Developmental and Physical Disabilities, 13,* 41–59.

Collins, B.C., Hager, K.D., & Galloway, C.C. (2011). The addition of functional content during core content instruction with students with moderate disabilities. *Education and Training in Developmental Disabilities, 46,* 22–39.

Collins, B.C., Hall, M., & Branson, T.A. (1997). Teaching leisure skills to adolescents with moderate disabilities. *Exceptional Children, 63,* 499–512.

Collins, B.C., Hall, M., Rankin, S.W., & Branson, T.A. (1999). Just say "No!" and walk away: Teaching students with mental disabilities to resist peer pressure. *Teaching Exceptional Children, 31,* 48–52.

Downing, J. & Bailey, B.R. (1990). Sharing the responsibility: Using a transdisciplinary team approach to enhance the learning of students with severe disabilities. *Journal of Educational and Psychological Consultation, 1,* 259–278.

Giangreco, M.F., & Broer, S.M. (2007). School-based screening to determine overreliance on paraprofessionals. *Focus on Autism and Other Developmental Disabilities, 22,* 149–158.

Godsey, J.R., Schuster, J.W., Lingo, A.S., Collins, B.C., & Kleinert, H.L. (2008). Peer-implemented time delay procedures on the acquisition of chained tasks by students with moderate and severe disabilities. *Education and Training in Developmental Disabilities, 43,* 111–122.

Hughes, C., & Carter, E.W. (2008). *Peer buddy programs for successful secondary school inclusion.* Baltimore, MD: Paul H. Brookes Publishing Co.

Lafasakis, M., & Sturmey, P. (2007). Training parent implementation of discrete-trial teaching: Effects on generalization of parent teaching and child correct responding. *Journal of Applied Behavior Analysis, 40,* 685–689.

McDuffie, K.A., Mastropieri, M.A., & Scruggs, T.E. (2009). Differential effects of peer tutoring in co-taught classes: Results for content learning and student-teacher interactions. *Exceptional Children, 75,* 493–510.

Miracle, S.A., Collins, B.C., Schuster, J.W., & Grisham-Brown, J. (2001). Peer versus teacher delivered instruction: Effects on acquisition and maintenance. *Education and Training in Mental Retardation and Developmental Disabilities, 36,* 375–385.

Mobayed, K.L., Collins, B.C., Strangis, D., Schuster, J.W., & Hemmeter, M.L. (2000). Teaching parents to employ mand-model procedures to teach their children requesting. *Journal of Early Intervention, 23,* 165–179.

Mueller, M.M., Piazza, C.C., Moore, J.W., Kelley, M.E., Bethke, S.A., Pruett, A.E., et al. (2003). Training parents to implement pediatric feeding protocols. *Journal of Applied Behavior Analysis, 36,* 545–562.

Ozcan, N., & Cavkaytar, A. (2009). Parents as teachers: Teaching parents how to teach toilet skills to their children with autism and mental retardation. *Education and Training in Developmental Disabilities, 44,* 237–243.

Roark, T.J., Collins, B.C., Hemmeter, M.L., & Kleinert, H. (2002). Including manual signing as non-targeted information when teaching receptive identification of packaged food items. *Journal of Behavioral Education. 11,* 19–38.

Westling, D.L., & Fox, L. (2009). *Teaching students with severe disabilities* (4th ed.). Upper Saddle River, NJ: Pearson.

CHAPTER 10

교수일정과 학급환경의 준비

목표

이 장을 마치면 독자는

- 일반교육 환경에의 통합이 중등도 및 중도장애 학습자들에게 이로운 실제인 이유를 설명할 수 있다.
- 통합 환경에서 교수적 지원을 제공하기 위한 선택권들을 논의할 수 있다.
- 개별화교육계획의 목표에 대한 체계적 교수가 하루 종일 어떻게 삽입될 수 있는지 보여주는 매트릭스를 설계할 수 있다.
- 중등도 및 중도장애 학습자들을 위해 실제 속에서 환경 통합 및 지원을 보여주는 일정을 설계할 수 있다.

직접적인 체계적 교수에 대한 여러 오해들 중 하나는 직접적인 체계적 교수가 매일 교수를 위해 정해진 시간에 집중 시행 방식으로만 발생한다는 것이다. 그 대신 직접교수의 시행은 훨씬 더 넓은 맥락에서 보여야 한다. 특정 내용을 지도하기 위한 시간을 계획해야 하지만 직접교수는 다양한 교수자들(예 : 특수교사, 일반교사, 보조인력, 또래, 부모, 관련 서비스 인력)과 하루 종일 기회가 생길 때마다 지속적으로 이루어져야 한다. 제7장에서 언급된 것처럼 많은 사람들을 교수자로서 참여시키는 것은 물론, 자연스러운 활동들 및 환경들 속에서 가르치면 일반화가 촉진된다. 그러므로 그 성과는 중등도 및 중도장애 학습자들이 다양한 조건 아래서 필요할 때 정확하게 수행할 수 있는 기술들을 습득하도록 해야 한다. 또한 제1장에서도 기술된 것처럼, 교수는 학습을 위한 기회를 늘리기 위해 집중이나 간격, 혹은 삽입 형식으로 발생할 수 있고 또 그렇게 되어야 한다.

교수가 반드시 환경들 및 사람들 전반에 걸쳐 발생하도록 중등도 및 중도장애 학습자들을 위한 일간 일정을 마련하는 것은 까다로운 일이 될 수 있다. 이 장은 교사들, 또래들, 보조인력들, 그리고 교직원들을 교수자로 활용함으로써 수업하는 동안 충분한 교수 시행들이 확실히 일어날 수 있게 하는 방법들을 논의하고 있다. 교수 시행들이 학습을 위한 기회들을 극대화하기 위해 예정된 교수 프로그램뿐 아니라 하루 동안의 일정 견본도 제공된다.

최소제한환경

최소제한환경은 장애를 지닌 학습자들이 그들의 동일 연령의 비장애 또래들이 배우는 교육 내용을 함께 공부할 수 있는 환경을 의미한다. 중등도 및 중도장애 학습자들이 비장애 또래와 함께 교육 서비스를 받아야 한다는 주장(예 : Carter, Cushing, Clark, & Kennedy, 2005 ; Jackson, Ryndak, & Wehmeyer, 2008-2009 ; Owen-DeSchryver, Carr, Cale, & Blakely-Smith, 2008 ; Ryndak, Ward, Alper, Storch, & Montgomery, 2010)에는 몇 가지 이유가 있다. 첫째, 비장애 또래들이 적절한 사회적 행동에 대한 모델이 될 수 있다. 또래들은 중등도 및 중도장애 학습자들이 또래들에게 더 잘 받아들여지며, 나이에 적합한 옷과 언어, 그리고 행동들을 시범 보일 수 있다. 둘째, 일반교육 환경은 비장애 또래들이 배우고 있는 핵심 내용에 직접 접근할 수 있게 해준다. 교수자가 모든 학습자들이 교수에 참여할 수 있도록 보편적 설계의 원리들을 적용한다면, 중등도 및 중도장애 학습자들은 제시되는 핵심 내용 중 얼마간을 습득할 수 있다. 비록 이들이 핵심 내용에 노출되었을 때 이 내용을 완전히 익히지 못한다 하더라도, 의사소통이나 교대로 하기, 소근육 운동기술, 혹은 기초 기능적 학업(예 : 알파벳 문자 읽기 및 쓰기, 세기, 색깔 구분하기) 등과 같은 기능적 기술들이 핵심 내용에 초점을 맞춘 수업에 삽입될 수 있다. 셋째, 장애 학습자와 비장애 학습자를 동일한 환경에 배치하는 것은 우정이 형성될 가능성을 높여주고, 비장애 또래들에게 제9장에서 기술된 것과 같이 자연스러운 지원으로 행동할 기회를 얻게 된다. 학교 환경에서 형성된 관계는 학교 바깥에서의 활동들로 확장될 수 있고 학생이 성인기로 전환할 때까지 지속될 수 있다. 마지막으로, 중등도 및 중도장애 학습자들의 통합은 어쩌면 미래의 경력(예 : 특수교사, 관련 서비스 제공자)을 위한 밑거름이 되거나, 이 또래들이 언젠가 장애아동의 부모가 될 수도 있는데, 이때 더 많은 이해를 하게 되고 공감을 촉진할 수 있게 되어 비장애 또래들에게 이로울 수 있다.

통합은 일반교육 핵심 내용에 대한 교수와 혼동되어서는 안 되고 일반학급 환경으로 국한되어서도 안 된다. 통합은 중등도 및 중도장애 학습자들이 환경들 및 활동들 전반에 걸쳐 학교 환경의 일부가 될 때 발생한다. 완전히 통합되기 위해서는 중등도 및 중도장애 학습자들이 일반교육 수업 명부에 그리고 해당 수업의 여러 활동들의 일부로 포함되어야 한다(Janney & Snell, 2011). 이는 중등도 및 중도장애 학습자들이 통합학급의 비장애 또래들과 함께 점심을 먹고 특별한 수업(예 : 체육, 음악)에 출석하며, 현장학습을 가는 것을 의미한다. 간단히 말해서, 일반학급이 최소제한환경으로 간주되어야 하고, 학습도움실에서 보내는 시간은 자료가 중등도 및 중도장애 학습자들이 일반교육 환경에서 습득하지 못하고 있음을 보여주는 기술들을 완전히 익히는 시간으로 제한되어야 한다. 예를 들어, 중등도 및 중도장애 학습자들이 학습도움실에서 보내는 시간은 일반교육 환경에서 가르치지 않는 생활 기술을 배우고 연습할 때, 일반교육 환경에서 습득하지 못한 학업 기술들에 대한 훈련 및 연습을 참여할 때, 혹은 중등도 및 중도장애 학습자들이 일반교육 환경에서의 교수에 더 많이 참여할 수 있게 하고, 이 교수로부터 이득을 얻을 수 있게 하기 위해, 선수기술들의 교수에 초점을 맞춘 사전 교수(예 : 공부 단원에 대한 어휘)를 제공하기 위해 활용되어야 한다.

직원으로 일하기 및 지원

제9장에 기술된 것처럼, 교수가 진행되는 동안, 그 교수가 어디에서 진행되는지와 관계없이 중등도 및 중도장애 학습자들을 지원하는 데에는 몇 가지 선택권이 있다. 이 선택권에는 특수교사들 및 일반교사들, 보조인력들, 비장애 또래들, 그리고 관련 서비스 인력들의 지원이 포함된다. 학습자 개개인의 하루는 개별화교육계획의 목표들이 반드시 중등도 및 중도장애 학습자들이 해당 목표들을 습득할 가능성이 가장 높은 환경의 일정 속에서 다뤄지게 하기 위해 개인적으로 일정을 잡아야 한다(Downing & Bailey, 1990; Westling & Fox, 2009). 따라서 특수교사는 교수팀의 한 구성원으로서 얼마간의 책임을 갖게 된다(Bricker, 1976). 중등도 및 중도장애 학습자 개개인이 동시에 동일한 활동들을 통해 진전을 보이는 학급 일정을 수립하는 대신, 특수교사는 해당 학습자가 일반교육 상황에 통합될 장소와 그 상황들에서 진행되는 각각의 활동을 위해 필요할 지원의 양을 결정하기 위해 일반교사와 협력해야 한다. 특수교사는 일반교육 상황에서 다뤄질 수 없는 내용들 중에서 무엇인지 가려내고 그 기술들에 대한 교수가 이루어질 수 있는 환경들은 물론, 해당 교수를 진행할 책임이 있는 사람을 결정할 필요가 있다. 특수교사는 몇몇 중등도 및 중도장애 학습자들이 하루 종일 완전히 통합될 수 있고 이동이나 점심시간 등과 같은 특정 활동들을 위한 지원만을 필요로 할 수도 있다. 다른 중등도 및 중도장애 학습자들은 학문적 교수 목표들이나 기능적 교수 목표들을 공부하기 위해서 일반교육 상황에 삽입될 수 없는 치료를 받기 위해서, 혹은 일반교육 상황에서는 오명이 될 수 있는 의료 서비스 절차들을 관찰하거나 실시하기 위해서 학습도움실에서의 시간을 보낼 필요가 있다. 또한 특수교사는 중등도 및 중도장애 학습자들이 지역사회 중심 교수에 참여하는 것이 이로울 수 있는지 그렇지 않은지 고려할 필요가 있다(Beck, Broers, Hogue, Shipstead, & Knowlton, 1994; Collins, 2003; Walker, Uphold, Richter, & Test, 2010). 이 결정은 어떤 중등도 및 중도장애 학습자가 교실 환경 바깥에서 기술들을 일반화하는 데 어려움이 있는지 그렇지 않은지 혹은 그 학습자가 학교로부터 성인기로 전환을 할 나이가 되어 가는지 그렇지 않은지 그리고 성공적으로 전환하기 위해 매우 중요한 몇 가지 기술들(예 : 직업기술)을 습득할 필요가 있는지 그렇지 않은지 등에 근거할 것이다(Brown et al., 1986).

중등도 및 중도장애 학습자들과 함께 하는 특수교사들이 일정을 계획하는 데 있어 다양한 요구집단들을 만나야 할 것이라는 점은 분명하다. 소집단 교수로 다양한 요구를 다룰 수 있다 하더라도 교수자는 수업을 하면서 여전히 지원을 필요로 하게 된다. 대다수의 학습도움실은 지속적인 소집단 및 개인 교수가 동

이름 : 질		개별화교육계획 목표 및 절차			
활동	시간 및 책임자	목표 1 : 보조기기를 활용하여 의사소통하기	목표 2 : 소근육 운동 기술 증진하기	목표 3 : 연령에 적합한 어휘 읽기	목표 4 : 세 가지 대상 중 선택하기
등교, 일지 및 단락 활동	9:00 또래 친구	또래에게 인사하기(MM)	상어와 책가방 단추 채우기, 일지에 이름을 쓰고 사진 붙이기, 달력의 오늘 날째에 스티커 붙이기(SLP)	일지와 달력을 위한 단어들(예 : 일, 날씨, 휴일) 읽고 선택하기(SP)	쓰기를 위한 연필의 색 선택하기, 달력에 붙일 스티커 선택하기(SLP)
학습도움실	10:00 특수교사	교사 및 교직원에게 인사하기(MM)	사진들을 학습지에 오려 붙이기(GG), 지갑에 동전과 지폐를 넣었다 빼기(SLP)	읽고를 읽는 문해 교육과정 공부하기, 동전과 지폐 세기(CTD)	자리 선택하기, 각 수업이 종료할 때 강화물 선택하기(SLP)
언어 수업	11:00 보조인력	급우들에게 인사하기, 질문에 반응하기(MM)	종이에 이름 쓰기, 직접 해보는 활동에 참여하기, 책의 페이지 넘기기(GG)	책에 있는 문장들 이름 대기, 단원 시각단어 읽기(SP)	혼자 읽기 시간에 읽을 책 선택하기(SLP)
점심시간	12:00 또래 친구	또래들에게 인사하기, 요구사항 알리기, 질문에 반응하기(NTD)	손 씻기, 도구를 사용하기, 우유팩 열기, 냅킨 사용하기(SLP)	복도의 그리고 문에 붙어 있는 신호들 읽기(SP)	음식들 중에서 선택하기, 또래들 옆 자리 선택하기(SLP)
수학 수업	1:00 보조인력	또래들에게 인사하기(MM)	계수기 조작하기	수 단어들 읽기, 측정 용어들 읽기, 계산 단어들 읽기(SP)	세기를 위한 조작물 선택하기(SLP)
과학 수업	2:00 또래교수자	또래들에게 인사하기(MM)	실험 중 실제로 해보는 자료들을 조작하기(GG)	어휘 읽기, 어휘를 이해했음을 보이기(CTD)	실험이 진행되는 동안 파트너가 될 또래 선택하기(SLP)
하교	3:00 또래교수자	또래들에게 작별 인사하기(MM)	상어와 책가방 단추 채우기(SLP)	복도의 그리고 문에 붙어 있는 기호들 읽기(SP)	버스정류장까지 걸어가기 위해 또래 선택하기(SLP)

그림 10.1 학교과정의 중등도 및 중도장애 학습자를 위해 개별화교육 목표들을 하루 종일 삽입하는 것을 보여주는 매트릭스 견본[주 : CTD(지속적 시간 지연 절차), GG(점진적 안내 절차), MM(맨드-시범 보이기 절차), NTD(자연적 시간 지연 절차), SLP(최소 촉진체계 절차), SP(동시 촉진 절차)]

활동	시간	학생들의 지원 책임자			
		특수교사	보조인력	관련 서비스 제공자	또래
1교시	8:00	학습도움실 교수 : 켄, 마리	자료 만들기	학습도움실 서비스 덱스터	학습도움실 교수 그레이스
2교시	9:00	CBI : 덱스터	CBI : 켄	CBI : 마리	CBI : 그레이스
3교시	10:00	학습도움실 교수 : 덱스터, 그레이스	직업코칭 : 켄	체육 지원 : 마리	
4교시	11:00	학습도움실 교수 : 켄, 그레이스	점심시간		언어 지원 : 덱스터, 마리
점심시간	12:00	점심식사 및 계획하기	학생식당 지원 : 덱스터	학생식당 지원 : 켄	학생식당 지원 : 마리, 그레이스
5교시	1:00	사회 지원 : 마리, 그레이스	수학 지원 : 덱스터		음악 지원 : 켄
6교시	2:00	과학 협력 : 덱스터, 그레이스	미술 지원 : 마리		미술 지원 : 켄
하교	3:00	자료 분석	통합학급 : 마리, 그레이스		통합학급 : 덱스터, 켄

그림 10.2 중등도 및 중도장애 중등 학습자들에게 일과 지원 제공을 위한 교직원 일정 견본[주 : CBI(지역사회 중심 교수)]

시에 발생하는 조합으로 운영될 것이며 학습자들 전체에 대해 1명 이상의 교수자를 필요로 한다. 환경 속에서 통합된(예 : 교육과정 외 활동들, 서비스 학습 프로젝트) 혹은 지역사회 중심 교수에 참여하는 학습자들 또한 그러한 상황에서 지원을 필요로 할 것이다. 대부분의 지원들이 능숙한 교수자들과 훈련된 또래들로부터 제공되어도 컴퓨터 프로그램(예 : 상업적인 교수 소프트웨어, 파워포인트 슬라이드, 교사 제작 동영상)이나 장비(예 : 아이패드, 아이팟)와 같은 공학(예 : Ayres & Langone, 2005; Parette & McMahan, 2002)의 지원이 필요할 수 있음을 주목해야 한다. 공학의 수준이 높거나 낮을 수 있고, 새로운 교수를 제공할 때, 훈련 및 연습을 제공하는 데, 혹은 기술 수행을 안내할 때도 활용할 수 있다. 체계적 교수가 진행되는 동안 공학의 활용을 늘리는 방법에 대한 더 많은 정보는 제11장에서 제시될 것이다.

그림 10.1은 특수교사가 각각의 개별화교육계획 목표가 하루 종일 삽입될 장소를 보여주는 행렬을 만듦으로써 어떤 중등도 및 중도장애 초등 학습자를 위한 일정을 어떻게 만들어낼 수 있는지에 대한 예를 제공하고 있다. 교수자는 이 차트에 제시된 것보다 더 많은 목표들을 삽입할 필요가 있다. 그림 10.2는 교직원이 하루 종일 중등도 및 중도장애 학습자들에게 지원을 제공하는 일정을 특수교사가 어떻게 만들어낼 수 있는지에 대한 예를 제공하고 있다.

교수 프로그램

다음의 교수 프로그램들에서 특수교사들은 중등도 및 중도장애 학생들에게 여러 환경에서 기술들을 가르치는 일정을 계획하였다. 두 교수 프로그램들 모두 중등과정 학생들에게 실행되도록 설계되었는데, 이 시기의 학습자들은 전환을 준비할 때라서 다양한 환경들 전반에 걸쳐 교수에 참여할 가능성이 높은 연령이기 때문이다. 첫 번째 교수 프로그램에서는 통합 환경에서 일어난 학습을 평가하기 위해 학습도움실에서의 시간을 제공할 수 있도록 일정을 짰다. 두 번째 교수 프로그램에서는 지역사회에서 학습 및 평가를 위한 기회를 제공하도록 일정이 수립되었다. 교수 프로그램들에서는 학습자들이 성공적인 전환을 위해 필요한 기술들을 습득할 때 교수에 계속해서 참여하도록 서로 다른 유형의 지원이 제공된다.

교수 프로그램 1

첫 번째 교수 프로그램에서는, 학습자가 매일 중등 영어 수업에 통합되고, 수업이 진행되는 동안 비장애 또래들은 그들이 사는 주의 평가에서 요구하는 쓰기 포트폴리오를 만드는 데 공을 들이고 있다. 장애를 지닌 학습자 또한 쓰기 과제를 열심히 한다. 특수교사는 해당 학습자가 영어 수업에 가기 전에 모든 쓰기 자료들을 갖고 있음을 확인하고, 매일 수업이 끝난 후 목표를 충족하는 쪽으로 진전을 보이는지 자료를 수집하고 관찰할 것이다. 영어 수업이 진행되는 동안, 영어교사는 수업에 참여한 모든 학생들에게 그렇게 하듯 해당 학습자에게 지원 및 피드백을 제공할 것이다. 해당 학습자의 일간 일정은 매일 쓰기 과제를 받기 위해 영어 수업에 가다가 학습도움실에 잠시 들르고 그 학습자가 자신의 쓰기 진전이 평가될 수 있도록 매일 영어 수업이 끝난 후 학습도움실로 돌아가도록 구성된다. 이 절차는 Collins와 Hall, 그리고 Branson과 Holder(1999)가 수행한 연구를 기반으로 하고 있다.

핵심 내용 기준

쓰기
- 학생들은 정확한 문법과 용법을 적용함으로써 효과적인 언어 선택의 예를 들 것이다.
- 학생들은 정확한 구두법을 적용함으로써 분명하게 의사소통을 할 것이다. 학생들은 평서문과 감탄문, 의문문, 그리고 명령문의 구두점을 정확하게 찍을 것이다. 그리고 학생들은 연속되는 것과 날짜, 복합문, 그리고 편지의 인사말과 맺음말에 쉼표를 사용할 것이다. 또한 학생들은 약어에서 마침표에 대한 규칙을 정확하게 적용할 것이다.
- 학생들은 정확한 대문자 사용을 적용함으로써 분명하게 의사소통을 할 것이다. 학생들은 적절한 명사(예 : 이름, 요일, 월)에 대문자를 사용할 것이며, 문장의 시작에서 그리고 대명사 I를 대문자로 쓸 것이다.

행동적 목표

어떤 주제에 대한 한 문장을 써보라는 말을 들었을 때 랍은, 3일 동안 100% 정확하게 들여쓰기를 사용하여 문장을 쓰고, 정확한 문법과 대문자 사용, 그리고 구두법으로 그 문장을 완성할 것이다.

교수 상황

랍은 21세 다운증후군 학생이고, 성인기로 전환하기 위한 준비를 하고 있으며 농장 시설 소매점에서 일자리를 가질 계획을 갖고 있다. 랍의 어머니는 랍이 사람들에게 편지 쓰는 것을 좋아하고, 쓰기는 그가 학교를 졸업한 후에 다른 사람들과 사회적 상호작용을 계속할 수 있게 해주는 적절한 목표임을 내비쳤다. 따라서 랍은 학교에서 대학으로 혹은 직장으로의 전환을 준비하고 있는 비장애 또래들과 함께 영어 수업 시간에 통합되어 있다. 또래들은 그들이 사는 주의 평가에서 요구하는 쓰기 포트폴리오를 위해 에세이 쓰는 것에 몰두하고 있다. 랍의 과제가 학습도움실 교사인 존슨 선생님의 도움을 받아 자신이 선택한 주제에 대해 완전한 문장을 쓰는 것으로 구성되어 있지만, 랍 또한 열심히 쓰기를 할 것이다. 매일 존슨 선생님은 그날 랍의 쓰기 과제에 대해 랍에게 알려주고, 랍이 영어 수업을 위한 자료를 준비하고 있음을 확인하였다. 랍이 영어 수업에 들어갈 때 그 수업에서 다른 학생들과 함께 자신의 과제를 혼자서 할 것이다. 랍의 영어교사인 크리스 선생님은 수업 중에 수업에 참여한 모든 학생들에게 필요한 지원을 제공하면서 교실을 순회할 것이다. 크리스 선생님이 직접적으로 교수를 하지 않기 때문에 체계적 반응 촉진 전략은 사용하지 않을 것이다. 그 대신, 크리스 선생님은 교실을 순회하면서 랍의 옆을 지나갈 때마다 랍에게 목표 외 정보를 체계적으로 전달함으로써 지원을 제공할 것이다. 수업이 끝나면, 존슨 선생님은 랍이 수업에서 보인 진전을 평가할 것이다.

교수 자료

랍은 매일 (1) 과제가 적힌 공책, (2) 쓰기를 위한 종이, 그리고 (3) 연필 등을 영어 수업 시간마다 매번 가져갈 것이다.

절차

각 교수 시행은 다음과 같이 진행될 것이다.

영어 수업 :
목표 외 정보

- 수업이 진행될 때마다 동안 최소한 두 번, 크리스 선생님이 교실을 순회하면서 랍의 책상으로 가고, 멈춰 서서, 랍이 쓴 것을 보고, "네가 조용하게 쓰기 과제를 열심히 하는 게 좋아" 혹은 "오늘 이 과제를 정말 잘하고 있어"와 같은 코멘트를 할 것이다. 그리고 나서 크리스 선생님은 (1) "모든 문장은 대문자로 시작해야 한다는 것을 기억해라", (2) "모든 문장은 마침표로 끝내야 한다는 것을 기억해라", 혹은 (3) "쓰기를 시작하기 전에 몇 개의 빈칸을 일일이 셈으로써 새로운 문장을 들여 쓴다는 것을 기억해라" 등의 진술 중 한 가지를 포함한 목표 외 정보를 제공할 것이다. 존슨 선생님이 크리스 선생님에게 랍이 성인기로 전환하기 전에 자신의 지역사회에 대한 정보를 배우는 것으로부터 이익을 얻을 수 있다고 말했기 때문에, 크리스 선생님 또한 랍의 책상을 떠나기 전에 랍과 이야기를 나누면서, 지역 선거에 출마한 후보자들의 이름과 이들이 선거를 통해 얻게 되는 관직들, 그리고 주요 선거공약 등과 같은 현재의 행사에 대해 진술한다.

학습도움실 :
자료 수집

- 각각의 영어 수업이 끝난 후 랍은 특수교육 학습도움실에 갈 것이고, 그곳에서 존슨 선생님은 랍의 진전에 대해 짤막한 평가를 한다. 존슨 선생님은 먼저 랍이 쓴 것을 보고 코멘트를 할 것이다. 그런 다음 존슨 선생님은 다음과 같은 형성평가 자료들을 수집할 것이다.
- 주의집중 단서 : 존슨 선생님은 "들을 준비가 됐니?"라고 묻는다.
- 과제 지시 : 랍이 주의를 기울이면 존슨 선생님은 먼저 쓰기에 대한 질문들을 한다. 이 질문들에는 (1) "문장을 어떻게 시작하지?", (2) "문장을 어떻게 끝내지?", (3) "단락을 어떻게 시작하지?" 등이 포함될 것이다. 존슨 선생님은 랍이 반응하도록 각각의 질문을 한 후 3초 동안 기다린다.
- 후속 결과 : 만약 랍이 질문에 정확하게 답하면, 존슨 선생님은 랍의 반응에 칭찬한다. 랍이 질문에 부정확하게 답하면, 존슨 선생님은 랍의 반응을 무시한다.
- 자료 기록 : 존슨 선생님은 모든 정반응 각각에는 +부호, 각각의 오반응에는 −부호, 그리고 반응 실패에는 0을 기록할 것이다. 그림 10.3에 작성된 자료용지 견본이 제시되어 있다. 게다가 존슨 선생님은 랍의 쓰기 과제의 영구적인 결과물을 수집하여, 시간이 지나면서 랍이 보인 진전의 증거로 이 결과물들을 랍의 쓰기 포트폴리오에 넣는다.

유지

과제 지시와 반응, 그리고 후속 결과가 있는 형식적 교수 시행이 없기 때문에 강화를 서서히 철회할 필요가 없다. 하지만 영어교사와 특수교사 모두 해당 학년도의 남은 기간 내내 랍의 쓰기 기술이 유지되는지 계속해서 관찰한다.

일반화

일반화는 랍이 두 교사 모두에게 그가 쓴 것에 대한 피드백을 받게 함으로써 촉진된다.

계속

행동 관리

랍이 사교적이고 수다스럽기 때문에 영어교사는 랍에게 수업에 참여한 모두가 열심히 자신의 쓰기 과제를 하고 있는 동안 조용해야 함을 상기시키는 무엇인가를 제공한다. 적절한 행동은 랍이 매일 자신의 흥미에 맞는 쓰기 주제를 선택하게 함으로써 촉진한다.

수업의 변형 및 확장

랍이 단락 들여쓰기, 문장의 첫 단어 대문자 사용하기, 마침표로 문장 종결하기 등을 완전히 익혔다면, 랍의 교사들은 다른 유형의 구두법을 필요로 하는 문장 쓰기, 연속된 것의 항목을 분리하기 위해 쉼표 사용하기, 약어 뒤에 마침표 찍기, 그리고 적절한 명사에 대문자 사용하기 등을 포함하지만, 이에 국한하지 않고 새로운 기술들로 옮겨갈 것이다. 매일 랍이 보인 쓰기에서의 진전을 평가한 후, 존슨 선생님은 랍에게 영어 수업에서 크리스 선생님으로부터 그 밖에 무엇을 배웠는지도 (예 : 현재 선거) 물을 것이다. 이는 앞으로의 쓰기 과제들(예 : 후보자에게 편지 쓰기 혹은 어떤 정당의 정치 강령에 대한 단락 쓰기)을 위한 자극을 제공한다.

시간 지연 자료용지

이름 : __랍__   교수자 : __존슨 선생님__   기술 : __쓰기__

시행	날짜									
	1월 3일		1월 4일		1월 5일		1월 6일		1월 7일	
	촉진 전	촉진 후	촉진 전	촉진 후	촉진 전	촉진 후	촉진 전	촉진 후	촉진 전	촉진 후
1. 들여쓰기	−			−		+		+	+	
2. 대문자		+	+		+		+		+	
3. 마침표		0	+		+		+		+	
4. 대문자		+	+		+		+		+	
5. 마침표		+	+		+		+		+	
6. 들여쓰기		−		+		+	+		+	
정반응 수	0	3	4	1	4	2	5	1	6	0
오반응 수	1	1	0	1	0	0	0	0	0	0
무반응 수	0	1	0	0	0	0	0	0	0	0

주 : +부호는 정반응, −부호는 오반응, 0은 무반응을 의미함

그림 10.3 통합 영어 수업에서 제시된 목표 외 정보를 평가하기 위한 교수 프로그램 1의 자료용지 견본

교수 프로그램 2

두 번째 교수 프로그램은 어떤 교사가 매일 지역사회로 가지 않고도 지역사회 기술들을 어떻게 가르칠 수 있는지 보여준다(예 : Nietupski, Hamre-Nietupski, Clancy, & Veerhusen 1986). 이 경우에 교사는 또래교수자를 교수자로 활용하고 공학기기를 교수 도구로 이용하기 위해 어떤 학습자의 주간 일정을 계획한다. 이렇게 하여 교사는 지역사회에서의 교수를 비장애 또래들이 수행하는 모의 수업과 컴퓨터에 탑재된 동영상을 활용한 교수와 번갈아 사용할 수 있다. 이 절차들은 Branham과 Collins, 그리고 Schuster와 Kleinert(1999) 등이 수행한 연구를 기반으로 하고 있다.

핵심 내용 기준

실제 생활
- 학생들은 예산 세우기, 은행 업무(예 : 수표 쓰기, 당좌 예금계좌 결산하기), 저축과 투자(예 : 저축계좌, 주식, 채권, 뮤추얼펀드, 양도성 예금 증서, 개인 퇴직금 적립 계정, 그리고 퇴직금 적립금 등의 유리한 점과 불리한 점), 그리고 신용거래(예 : 직불카드 및 신용카드의 책임감 있는 사용, 우수한 신용 설정하고 유지하기, 파산의 원인과 결과) 등을 포함한 재무관리 실제들을 적용하고 단기 및 장기 재정 목표에서 재무관리 실제들의 중요성을 설명한다.

행동적 목표

은행 수표가 제시될 때, 에밀리는 환경 전반에 걸쳐 세 번의 기회들 중 세 번을 100% 정확하게 수표를 현금으로 바꾸기 위한 과제분석의 단계들을 수행할 수 있다.

교수 상황

에밀리는 20세로 중도장애를 지니고 있으며 곧 성인기로 전환될 것이다. 에밀리와 에밀리의 가족은 지역사회에서 직업을 가질 것으로 기대하고 있다. 에밀리가 돈을 벌 것이기 때문에, 에밀리는 만약 은행업무 기술들을 수행할 수 있으면, 더 독립적으로 살 것이다. 그러므로 에밀리가 배우는 첫 번째 은행업무 기술은 수표를 현금으로 바꾸는 방법이다. 에밀리가 농촌 지역의 학교에 다니고 있으므로, 매일 지역사회로 나올 수는 없지만 에밀리의 선생님은 매주 금요일에 에밀리를 위한 지역사회 중심 교수를 계획하고 있다. 지역사회 중심 교수를 하러 나가지 않는 날들에 에밀리는 학습도움실에서 지역사회 기술을 공부하기 위해 동일한 시간대를 활용한다. 에밀리가 다니는 학교가 집중시간제를 운영하고 있기 때문에 수업 일정들은 A에 해당되는 날들과 B에 해당되는 날들이 서로 다르다. A에 해당되는 날들에는, 또래교수자들이 학습도움실에 와서 에밀리가 은행업무 기술을 연습하도록 은행업무 모의 수업을 수행한다. B에 해당되는 날들에는, 에밀리가 컴퓨터에서 은행업무에 대한 과제분석들을 거치게 할 수 있게 해주는 동영상으로 혼자 공부한다. 환경이나 형식에 관계없이 지속적 시간지연 절차가 교수전략으로 사용된다.

교수 자료

지역사회
중심 교수
- 에밀리가 지역사회에 있을 때, 선생님이 자신의 앞으로 쓴 수표를 가지고 지역 은행으로 간다. 교사는 에밀리가 은행이 바쁘지 않은 시간에 현장 교수 모의 수업을 하도록 미리 준비해두었다. 은행원은 에밀리에게 수표를 현금으로 바꾸어 실제 돈을 준다. 교사는 교수 회기가 종료된 후 그 돈을 은행원에게 돌려준다.

모의 수업
- 모의 수업이 진행되는 동안, 한 또래교수자는 은행원의 역할을 맡아 책상 뒤에 서 있다. 다른 또래교수자는 에밀리가 모의 수업 동안 현금으로 바꿀 수표를 에밀리에게 써준다. 에밀리는 실제 돈과의 혼동을 막기 위해 실제 크기보다 약간 더 큰, 실제 돈의 복사본을 받는다.

동영상 시범
보이기
- 동영상 시범 보이기가 진행되는 동안, 에밀리는 컴퓨터 앞에 앉아서 자신의 또래가 실제 은행에서 수표를 현금으로 바꾸는 것을 보여주는 동영상을 본다. 교사는 에밀리가 동영상에 의해 촉진되기 전 다음에 올 장면을 진술할 시간을 주기 위해 과제분석의 각 단계 종료 후 10초간 잠시 멈추도록 동영상을 준비했다. 교수자(예 : 교사, 보조인력, 또래교수자)는 회기가 진행되는 동안 에밀리의 옆에 앉아 있다.

계속

교수 절차

이 교수 프로그램의 교수자는 매일 매일 바뀌어, 특수교사나 직업코치, 혹은 보조인력이나 또래교수자가 될 수도 있다. 각 교수 시행은 다음과 같이 진행될 것이다.

주의집중
단서
• 교수자는 교수가 시작되기 전에 에밀리의 주의를 끌기 위해 에밀리의 이름을 말한다.

지속적 시간
지연 절차
• 과제 지시는 "수표를 현금으로 바꿔라"가 될 것이고, 교수 첫 날은 촉진이 전달되기 전에 0초 지연간격으로 구성한다. 모든 후속일에는 지연간격이 3초가 될 것이다. 지역사회 중심 교수 및 모의 수업이 진행되는 동안 에밀리는 수표를 현금으로 바꾸는 과제분석 단계들을 수행한다. 동영상 시범 보이기가 진행되는 동안에는 교수자가 에밀리에게 '다음엔 무엇을 할 거니?' 라고 묻고 에밀리가 동영상에서 수행된 다음 단계를 보기 전에 음성언어로 반응할 때까지 기다린다.

후속 결과
• 촉진을 받은 혹은 촉진을 받지 않고 정반응을 보이면 음성언어를 이용한 구체적인 칭찬을 해준다. 에밀리가 오반응을 보인다면, 교수자는 "기다려"라고 말하고 에밀리가 계속하는 것을 허용하기 전에 그 오반응을 수정해준다.

목표 외 정보

해당 과제를 완수한 것에 대해 에밀리를 칭찬할 때의 교수적 피드백은 "은행에 돈을 저축하면, 이자나 추가적인 돈을 벌 수 있어"나 "은행에 돈을 충분히 저금하지 않았을 때 수표를 현금으로 바꾼다면, 네 계좌에서 돈이 추가로 인출되고 너는 수수료를 내야 할 거야" 등과 같은, 은행업무와 관련된 정보를 진술하는 것으로 구성한다.

지속적 시간 지연 자료용지

이름 : __에밀리__   기술 : __수표 현금으로 바꾸기__   날짜 : __2월 4일__

교수자 : __알렉스__   상황 : __학급에서의 모의 수업__   시간 : __2:00__

단계	촉진 전	촉진 후
1. 은행원에게 다가가기		+
2. 수표 뒷면에 서명하기		+
3. 은행원에서 수표 건네주기		+
4. "현금으로 바꿔주세요"라고 말하기	+	
5. 기다리기	+	
6. 돈을 지갑에 넣기		+
정반응 수/%	2/33%	4/67%
오반응 수/%	0/0%	0/0%
무반응 수/%	0/0%	0/0%

주 : +부호는 정반응, −부호는 오반응, 0은 무반응을 의미함

그림 10.4   지속적 시간 지연 절차를 활용한 교수 프로그램 2의 자료용지 견본

자료 수집

교수자는 촉진 전 혹은 촉진 후 정반응에는 +부호를, 촉진 전 혹은 촉진 후 오반응에는 −부호를, 그리고 촉진 후 무반응에는 0을 기록한다.

그림 10.4에서 작성된 자료용지 견본을 볼 수 있다.

유지

일단 에밀리가 하루 동안 정확한 독립적 반응 100%라는 기준에 도달하면, 교수자는 이틀 동안 과제분석의 마지막에 반응에 대해 칭찬하는 것(즉, 5 고정비율 강화계획)으로 줄일 것이다. 교수자는 해당 학년도가 끝날 때까지 한 달에 한 번 유지를 관찰한다.

일반화

환경들, 교수자들, 그리고 자료들 전반에 걸쳐 가르침으로써 일반화는 촉진될 것이다. 교수는 에밀리가 지역사회 환경에서 최소한 하루 동안 해당 기술을 100% 정확하게 수행함을 보여줄 때까지 계속한다.

행동 관리

교수와 평가가 진행되는 동안 주의를 기울인 것에 대해 간헐적으로 칭찬함으로써 적절한 행동은 촉진된다.

수업의 변형 및 확장

에밀리가 기준에 도달할 때, 교수자는 새로운 지역사회 기술에 대한 동일한 순서의 교수를 계속한다. 이는 은행업무(예 : 예금하기, 자동 입출금기 사용하기)나 다른 지역사회 기술(예 : 우체국에서 거래하기, 서로 다른 형태의 지역사회 거리 건너기)과 관련된 것일 수 있다. 목표는 에밀리가 학교에서 성인기로 전환하기 전에 지역사회에서 가능한 독립적으로 활동하게 한다.

요약

이 장은 환경들 및 교수자들 전반에 걸쳐 학생들을 위한 교수 일정을 계획하는 것에 초점을 맞추었다. 이 장은 또한 개별화교육계획의 목표들에 대한 교수를 하루 종일 삽입함으로써 교수 시행들이 어떻게 증가될 수 있는지도 보여주었다. 비록 초기에 교수적 지원을 제공하기 위하여 개별화교육계획의 목표들이 어디에 삽입될 수 있는지 보여주고 다양한 사람들을 이용하는 일정들을 만들기 위한 행렬들을 구성하는 데 많은 시간들이 걸린다 하더라도, 이렇게 하는 것이 장기적으로 교사의 시간을 효율적으로 쓸 수 있게 해준다.

성찰을 위한 질문들

1. 왜 통합이 중등도 및 중도장애 학습자들에게 이로운 실제인가? 지역사회 중심 교수가 이로운 실제인 이유는 무엇인가?
2. 어떤 학습자의 일간 혹은 주간 일정에서 교수를 위한 기회는 어떻게 증가될 수 있는가?
3. 수업일 내내 교수자로 활용될 수 있는 몇몇 사람들은 누구인가? 교수가 발생할 수 있는 몇몇 장소들은 어디인가?

참고문헌

Ayres, K.M., & Langone, J. (2005). Intervention and instruction with video for students with autism: A review of the literature. *Education and Training in Developmental Disabilities, 40*, 183–196.

Beck, J., Broers, J., Hogue, E., Shipstead, J., & Knowlton, E. (1994). Strategies for functional community-based instruction and inclusion for children with mental retardation. *Teaching Exceptional Children, 26*, 44–48.

Branham, R., Collins, B.C., Schuster, J.W., & Kleinert, H. (1999). Teaching community skills to students with moderate disabilities: Comparing combined techniques of classroom simulation, videotape modeling, and community-based instruction. *Education and Training in Mental Retardation and Developmental Disabilities, 33*, 170–181.

Bricker, D. (1976). Educational synthesizer. In T.M. Angele (Ed.), *Hey, don't forget about me: Education's investment in the severely, profoundly, and multiply handicapped* (pp. 84–97), Reston, VA: Council for Exceptional Children.

Brown, L., Nisbet, J., Ford, A., Sweet, M., Shiraga, B., York, J., & Loomis, R. (1986). The critical need for nonschool instruction in educational programs for severely handicapped students. *Journal of The Association for Persons with Severe Handicaps, 11*, 12–18.

Carter, E.W., Cushing, L.S., Clark, N.M., & Kennedy, C.H. (2005). Effects of peer support interventions on students' access to the general curriculum and social interactions. *Research and Practice for Persons with Severe Disabilities, 30*, 15–25.

Collins, B.C. (2003). Meeting the challenge of conducting community-based instruction in rural settings. *Rural Special Education Quarterly, 22*(2), 31–35.

Collins, B.C., Hall, M., Branson, T., & Holder, M. (1999). Acquisition of related and nonrelated non-targeted information presented by a teacher within an inclusive setting. *Journal of Behavioral Education, 9*, 223–237.

Downing, J., & Bailey, B.R. (1990). Sharing the responsibility: Using a transdisciplinary team approach to enhance the learning of students with severe disabilities. *Journal of Educational and Psychological Consultation, 1*, 259–178.

Jackson, L.B., Ryndak, D.L., & Wehmeyer, M.L. (2008–2009). The dynamic relationship between context, curriculum, and student learning: A case for inclusive education as a research-based practice. *Research & Practice for Persons with Severe Disabilities, 33–34*, 175–195.

Janney, R.E., & Snell, M.E. (2011). Designing and implementing instruction for inclusive classrooms. In M.E. Snell & F. Brown (Eds.), *Instruction of students with severe disabilities* (7th ed., pp. 224–256). Upper Saddle River, NJ: Pearson.

Nietupski, J., Hamre-Nietupski, S., Clancy, P., & Veerhusen, K. (1986). Guidelines for making simulation an effective adjunct to in vivo community instruction. *Journal of The Association for Persons with Severe Handicaps, 8*, 71–77.

Owen-DeSchryver, J.S., Carr, E.G., Cale, S.I., & Blakely-Smith, A. (2008). Promoting social interactions between students with autism spectrum disorders and their peers in inclusive school settings. *Focus on Autism and Other Developmental Disabilities, 23*, 15–28.

Parette, P., McMahan, G.A. (2002). What should we expect of assistive technology? *Teaching Exceptional Children, 35*(1), 56–61.

Ryndak, D., Ward, T., Alper, S., Storch, J.F., & Montgomery, J.W. (2010). Long-term outcomes of services in inclusive and self-contained settings for siblings with comparable significant disabilities. *Education and Training in Autism and Developmental Disabilities, 45*, 38–53.

Walker, A.R., Uphold, N.M., Richter, S., & Test, D.W. (2010). Review of the literature on community-based instruction across grade levels. *Education and Training in Autism and Developmental Disabilities, 45*, 242–267.

Westling, D.L., & Fox, L. (2009). *Teaching students with severe disabilities* (4th ed.). Upper Saddle River, NJ: Pearson.

CHAPTER 11

공학 활용 지도

목표

이 장을 마치면 독자는

- 공학의 활용이 중등도 및 중도장애 학습자들에게 이로울 수 있는 방식들을 규명할 수 있다.
- 중등도 및 중도장애 학습자들에게 적절한 공학을 선택하는 데 있어 고려할 점들을 열거할 수 있다.
- 보조공학과 교수공학의 차이는 물론 그 두 가지가 중복될 수 있는 방식을 설명할 수 있다.
- 비디오 모델링과 비디오 촉진 각각의 예를 제시하고 이 둘의 차이를 설명할 수 있다.
- 공학의 활용을 통합하는 체계적 교수 프로그램들을 설계할 수 있다.

핵심 용어

교수공학	비디오 모델링
보조공학	비디오 촉진

특 수교육은 공학을 활용함으로써 학습을 증진시키고 의사소통을 촉진하며 학습자들이 학급 환경을 포함한 자신의 환경들에 더 완전히 참여할 수 있게 하는 공학의 역량을 수용해 왔다(Ayres & Langone, 2005; Mechling, 2008; Westling & Fox, 2009). 그러나 공학은 교수자들과 학습자들이 사용하기 위한 도구이지 목적을 위한 수단은 아니다. 교수자들과 학습자들 모두 공학이 사용되는 목적에 대하여 여러가지 적절한 공학과 적절한 공학적 사용 방법을 평가하는 방법을 배워야 한다(Parette & McMahan, 2002). 예를 들어, 교수자는 어떤 학습자에게 우선 해당 학습자의 요구와 공학이 교수 및 적응행동에서 할 수 있는 역할을 평가하지 않은 채 특정 유형의 공학을 결코 제공해서는 안 된다. 이와 유사하게 교수자는 어떤 학습자에게 공학에 접근하고 공학을 활용하는 방법 또한 가르치지 않은 채 그 학습자에게 절대로 공학을 도입해서는 안 된다. 마지막으로, 교수자는 어떤 학습자가 지식을 습득하거나 환경에 접근하고 있다는 가정이 참임을 보장하기 위한 관찰을 하지 않은 채 그와 같은 가정을 절대로 해서는 안 된다. 특수교육에서 공학의 역할이 이 책의 한 장에서 다뤄지기에는 너무나 방대하지만 이 장은 기술 습득을 증진시키기 위해 체계적 교수와 함께 활용할 수 있는 도구로서 공학을 다루고 있다.

중등도 및 중도장애 학습자들에게 공학을 활용하는 구체적인 목적은 그들이 공학의 활용 없이는 수행이 어렵거나 불가능한 기술들을 습득할 수 있게 해주는 데 있다. 공학은 신체적 혹은 감각적 장애가 있는 학습자들이 그러한 장애가 없는 학습자들이 이용하여 실제 생활에 적용할 수 있게 해줄 수 있고(Campbell, 2011, Spooner, Browder, & Mims, 2011), 의사소통을 촉진하는 데 활용될 수 있으며(Browder, Spooner, & Mims, 2011; Downing, 2011), 그리고 학습자들을 도와 적절한 행동을 관찰할 수 있게 해준다(예 : Cihak, Wright, & Ayres, 2010). 컴퓨터 접근을 통해 교수 가능성 영역으로 확장되고 있다. 학습 촉진(예 : Zisimopoulos, Sigafoos, & Koutromanos, 2011)과 함께 공학은 지역사회 기술들(예 : Ayres, Langone, Boon, & Norman, 2006; Branham, Collins, Schuster, & Kleinert, 1999; Cihak, Alberto, Taber-Doughty, & Gama, 2006; Mechling & Gast, 2003; Mechling & O'Brian, 2010)과 가정 내 기술들(예 : Ayres & Cihak, 2010; Ayres, Maguire, & McClimon, 2009; Canella-Malone et al., 2006; Graves, Collins, Schuster, & Kleinert, 2005; Mechling, Gast, & Gustafson, 2009; Mechling & Stephens, 2009; Norman, Collins, & Schuster, 2001), 여가 기술들(예 : Hammond, Whatley, Ayres, & Gast, 2010), 그리고 직업 기술들(예 : Cihak, 2008; Ellerd, Morgan, & Salzberg, 2006; Mitchell, Schuster, Collins, & Gassaway, 2000)을 포함한 영역에 기능적 기술 수행을 촉진케 하고 있다.

보조공학 및 교수공학

보조공학(assistive technology)은 기술 수준이 낮거나 높을 수 있고, 어떤 학습자가 자신의 환경에 적용할 수 있게 해준다. 의사소통판과 같은 장비들은 만들어 사용하기 쉽고, 복잡한 보완대체 의사소통 기기와 같이 다른 기술지원용, 프로그램을 작성하기 위한 기술과 사용에 필요한 교수를 할 수 있다. 학습자 개개인을 위해 선택된 보조공학의 유형은 해당 학습자의 요구를 파악하여 학습자 교수팀(예 : 교사, 부모, 관련 서비스 인력)에서 결정하게 된다. 이 팀의 결정은 해당 학습자의 개인적 특성(예 : 나이, 성별, 힘과 능력)과 기기가 학생이 성취할 수 있도록 돕고자 하는 결과(예 : 의사소통, 이동성, 접근, 기술 수행)에 기반을 두어야 한다. 비용과 이동성, 내구성, 유용성, 수리의 용이성, 프로그래밍과 유지의 용이성, 문화적 가치, 그리고 필요한 훈련 또한 선택되는 기기의 유형을 결정하는 요인이 될 수 있다(Westling & Fox, 2009). 기기와 관계없이, 학습자에게 장비의 사용 방법을 가르치는 데 체계적 교수가 필요하다.

　교수공학(instructional technology)의 초점은 어떤 학습자가 인지적 장애를 지니고 있든 그렇지 않든, 지식과 기술 습득을 촉진케 하는 데 있다. 교수공학은 습득을 촉진하기 위해 새로운 내용을 도입하거나 유창성을 높이기 위해 훈련 및 연습을 제공하거나, 일반화를 증진시키기 위해 다수의 적용 예들을 제시하는 컴퓨터 소프트웨어로 구성된다. 학습자들은 교수 장비들(예 : 컴퓨터, 아이팟, 아이패드, 양방향 화이트보드)을 통해 그림, 오디오, 비디오 교수내용에 접근할 수 있다. 교수공학은 공학을 위한 공학으로 사용되어서는 안 되고, 오히려 새로울 수 있는 방식으로 학습을 증진하고, 좀 더 명료성을 제공하며, 독립성을 촉진하기 위해 사용되어야 한다. 목표가 교수공학을 통해 배운 기술에 대한 기준을 달성한다 하더라도 어떤 경우에는 사용자들에게 공학을 지원하므로 계속 사용하게 하는 것이 적절하다. 예를 들어, 어떤 학습자는 컴퓨터로 조리법의 파워포인트 자료를 봄으로써 식사 준비를 배울 수 있다. 요리책을 사용하는 어떤 사람이 시간이 지나면서 좋아하는 조리법을 준비하기 위해 책을 계속 사용할 수도 그렇지 않을 수도 있는 것과 마찬가지로, 공학활용은 시간이 지나면서 서서히 철회될 수도 있고 그렇지 않을 수도 있다. 이렇게 하여 교수공학은 해당 공학이 어떤 기술의 독립적 수행으로 할 수 있게 하는지 아닌지 혹은 시간이 지나면서 계속해서 해당 학습자를 돕는 데 사용될 것인지 아닌지 하는 것이 보조공학과 일치되는 부분이다.

공학과 체계적 교수

특수교육 분야에서 공학이 주요 요소로 부상함에 따라, 체계적 교수에 대한 연구는 공학 활용을 교수의 초점으로(예 : Zisimopoulos et al., 2011) 그리고 교수 제공의 수단으로(Ayres & Langone, 2005 ; Mechling, 2008) 포함시키고 있다. 공학의 발전이 계속되고 공학이 모두에게 더 접근 가능하고 이용 가능한 것이 되어감에 따라 앞으로는 공학과 체계적 교수를 통합하는 새롭고 다른 실제들로 가득 찰 것이다. 다음의 예들은 이러한 일이 어떻게 일어날 수 있는지에 대한 견본의 일부일 뿐이다.

　첫째, 체계적 교수는 공학 활용 방법을 학습자에게 가르치는 데 사용될 수 있다. 예를 들어, 최소 촉진체계 절차는 독립성, 음성언어 지시, 시범 보이기, 신체적 안내로 구성된 촉진체계를 거침으로써, 과제 지시(예 : 어떤 수학문제의 정답을 선택하라는 요청을 받을 때 '예' 혹은 '아니요'를 가리키는 스위치를 누르기)에 반응하기 위해 간단한 스위치를 사용하도록 촉진할 수 있다. 동시 촉진 절차는 어떤 학습자가 과제제시에 정확하게 그리고 독립적으로 반응할 수 있는지 보기 위해 먼저 조사 시행을 수행하고, 그러고 나서 필요하다면 과제를 통해 해당 학습자에게 촉진을 제공하기 위한 훈련 시행들을 수행함으로써, 해당 학생에게 컴퓨터에서 문서 작성(예 : 개인정보 입력)을 사용하도록 가르칠 수 있다. 점진적 안내 절차는 어떤 학습자의 이동을 그림자처럼 따라 다니고 필요할 때 신체적 안내를 제공함으로써, 재활보조기구(예 : 보행기나 수동 휠체어)를 사용에 대해 학습자를 도울 수 있다. 시간 지연 절차는 부가적으로 계산기와 함께 모델촉진을 제공하기 전에 독립적 반응을 이끌기 위한 시간 지연 간격을 제공함으로써, 어떤 학습자에게 수학 계산(예 : 소비세 계산하기)을 수행하도록 가르치는 데 사용될 수 있다. 맨드-모델 절차는 반응을 기다리고 난 다음 반응하도록 요청 혹은 지시하고, 그런 다음 필요한 경우 반응하는 방법을 시범 보임으로써, 보완대체 의사소통 기기(예 : 아이패드)를 활용하여 의사소통하도록 학습자에게 가르치는 데 사용할 수 있다.

　둘째, 공학은 어떤 기술을 수행하는 방법에 대하여 체계적인 방식으로 교수를 제공할 수 있다. **비디오 시모델링**(video modeling)과 **비디오 촉진**(video prompting)이 두 가지 예이다(예 : Norman et al., 2001). 비디오 모델링에서는 학습자가 수행되고 있는 과제를 관찰하고 그런 다음 과제를 독립적으로 수행하도록 시도한다(예 : Hammond et al., 2010). 해당 학습자가 그 과제를 수행할 수 없다면 교수자는 최소 촉진체계 절차와 같은 체계적 절차를 활용하여 해당 학습자가 과제를 수행하는 데 도움을 줄 수 있다. 예를 들어, 학습자는 과제를 수행하기 전에 누군가(예 : 해당 학습자 혹은 또래) 일과나 직업과 관련된 과제를 수행하는 비디오를 볼 수 있다. 그러면 교수자는 필요한 경우 학습자가 과제를 수행하도록 촉진하는 위계를 체계적으로 사용할 수 있다. 이 비디오 모델링의 목적은 학습의 속도를 촉진하는 데 있고, 그리고 더 이상 필요하지 않을 때 이 비디오 모델은 서서히 철회한다. 비디오 촉진을 학습자가 촉진을 제공하는 비디오를 갖고 있으며, 필요할 때까지 그 비디오를 보지 않는다(예 : Graves et al., 2005). 예를 들어, 학습자는 지역사회에서 현금 자동입출금기에서 돈을 인출할 때 아이패드에 있는 오디오를 듣거나 비디오를 볼 수 있다. 시간 지연 절차를 활용하는 교수자의 감독 아래 학습자는 먼저 아이팟을 사용하기 전에 정해진 시간 지연 동안 해당 과제의 한 단계를 수행하도록 한다. 해당 학습자가 과제를 완전히 익히면, 공학은 자연스럽게 철회되지만 해당 학습자가 계속 필요로 한다면 공학은 재활보조기구처럼 그대로 유지될 수 있다.

교수자들은 체계적 절차라는 맥락 내에서 사용될 많은 유형의 공학들을 쉽게 프로그램화할 수 있다. 과제분석들의 단계들을 보여주기 위해 선명한 디지털 사진을 만드는 것은 혹은 개별 과제와 연쇄 과제 모두를 수행하는 방법을 보여주기 위한 짧은 비디오 촬영은 간단하고도 저렴하다. 학문적 핵심 내용을 가르치는 데 있어 교수자는 물질의 상태와 같은 과학적 개념을 가르치기 위해 일련의 사진들을 편집할 수 있다. 학생은 질문(예 : "이것은 바위입니다. 이것은 고체일까요 아니면 액체나 기체일까요?")을 하는 파워포인트 슬라이드를 클릭할 수 있다. 학생은 반응을 하거나 정반응 촉진을 받기 위해 시간 지연 간격 동안 기다릴 수 있다. 학습자가 개념(예 : 고체가 액체가 되거나 대기 중으로 증발하지 않는 한 고체는 다양한 형태 및 색깔로 나타날 수 있다)을 파악할 가능성을 높이기 위해 해당 범위의 표본이 되는 물질의 상태에 대한 복수의 사례들(예 : 공, 책, 판)을 추가할 수 있다. 기능적 기술들을 가르치는 데 있어 교수자는 식료품 구입의 단계들(예 : "여기는 상점의 입구야. 어떤 통로에 유제품이 있지?" 혹은 "이건 우유가 있는 유제품 진열장이야. 어떤 우유가 무지방 우유지?")을 보여주는 일련의 비디오를 찍어 편집할 수 있다. 학생이 반응을 하거나 정반응 촉진을 위해 시간 지연 간격을 기다릴 수 있다. 사례들은 해당 학습자의 가족이 물건을 구입하는 상점으로부터 혹은 일반화를 촉진하기 위한 여러 상점들로부터 나올 수 있다. 여러 이점들 중 한 가지는 이러한 비디오 활용 방식으로 사용된 공학은 지역사회 중심 교수보다 저렴하게 선택할 수 있다.

교수 프로그램

다음의 교수 프로그램들은 특수교사들이 중등도 및 중도장애 학습자들에게 두 가지 생활기술들을 가르치기 위해 교수를 어떻게 설계하는지 보여준다. 첫 번째 교수 프로그램에서는 초등학교 교수자가 소집단의 초등 학습자들에게 개인관리 기술을 가르치기 위해 지속적 시간 지연 절차로 비디오 촉진을 활용할 수 있다. 두 번째 교수 프로그램에서는 중등 교수자가 단 한 명의 학습자에게 개인관리 기술을 가르치기 위해 비디오 촉진을 활용할 수 있다.

교수 프로그램 1

첫 번째 교수 프로그램에서는, 특수교사가 휴식을 위해 밖에 나가기 전에 재킷 지퍼를 이용하는 방법을 학습자들에게 보여주는 비디오를 준비했다. 이 비디오는 시각적 그리고 청각적 촉진을 활용하는 지속적 시간 지연 절차를 포함하고 있다. 이 절차는 Norman 등(2001)이 수행한 연구를 기반으로 하고 있다.

핵심 내용 기준

실제 생활/
직업
- 학생들은 다양한 환경에서 신체적 움직임 기술들을 효과적으로 수행할 수 있다.
- 학생들은 집과 학교에서 사용되는 공학 도구들(예 : 전자 게임, 전화, 컴퓨터)을 가려낼 수 있다.

과학
- 학생들은 날씨와 날씨 자료에서 발견된 패턴을 기반으로 간단한 예측을 하기 위해 이 패턴들을 기술할 수 있다.
- 학생들은 날씨 자료를 바탕으로 매일매일의 그리고 여러 계절 동안의 날씨 변화에 대한 일반화와(혹은) 예측을 할 수 있다.

행동적 목표

야외로 나가기 전에 재킷을 입으라는 말을 들었을 때 학습자들은, 3일 동안 100% 정확하게 재킷의 지퍼를 채울 수 있다.

교수 상황

수업에 참여하는 3명의 중등도 및 중도장애 학생들의 연령은 8~12세이다. 모건과 에린은 다운증후군 소녀들이고, 리드는 자폐성장애 소년이다. 3명 모두 독립성을 촉진하기 위해 그들의 개별화교육계획에 개인관리 기술들이 포함되어 있다. 게다가 세 명 모두 오전에 통합학급의 달력 회기에 참여하고 있으며, 이 회기에서 이들은 그날의 날씨와 계절을 확인하고 그러고 나서, 그 날씨에 맞게 어떻게 옷을 입어야 하는지(예 : 재킷을 입는다)에 대해 토론한다. 아울러, 3명 모두 통합 과학 수업에 참여하는데, 이 수업에서 여러 단원들 중 한 단원은 날씨를 차트로 만들고 예측하는 데 초점을 맞추고 있다. 매일 휴식을 위해 밖으로 나가기 전에, 학습자들은 재킷 지퍼를 채우는 것을 이들에게 가르치기 위해 교수자의 지원과 함께 비디오 촉진하기를 활용하는 비디오를 본다. 학습자들이 그 비디오를 볼 때의 주의집중으로 평가한 결과, 이들 모두는 그 비디오가 동기를 유발할 수 있다.

교수 자료

교수 자료에는 특수교사가 만든, 재킷 지퍼 채우기에 초점을 맞춘 비디오가 포함될 것이다. 특수교사는 자신이 그 과제를 수행할 때, 학교의 공학지원 직원으로 하여금 주관적인 관점에서 자신을 촬영하도록 함으로써 그 비디오를 만든다. 이를 위해, 공학지원 직원은 학습자들이 그 과제를 수행할 때 결과 비디오가 이들이 동일한 장면을 볼 수 있게 하기 위해, 카메라를 자신의 어깨 위에서 맞춘다. 일단 비디오가 촬영되면, 교사는 과제분석의 각 단계에 대한 그림이나 사진 출력물을 추가하고 이 출력물에 상응하여 각각의 단계를 진술하는(예 : "지퍼를 맞물리게 해") 녹음자료를 출력물과 짝짓는다. 이 비디오는 우선 수행되고 있는 과제를 시작부터 끝까지 보여준다(즉, 비디오 모델). 그러고 나서, 교사는 학습자들이 모델 촉진을 보기 전에 어떤 단계를 수행할 기회를 가질 수 있게 하기 위해, 각 단계 사이에 정해진 지연간격 동안 잠시 멈추도록 해당 비디오를 편집하였다. 이 비디오에 덧붙여, 교수 자료에는 학습자 자신의 재킷을 포함한다.

교수 절차

각 교수 회기는 다음과 같이 진행될 것이다.

주의집중
단서
- 교수자는 "오늘 바깥 날씨는 선선해. 재킷을 입을 필요가 있어"라고 말할 것이다. 일단 학습자들이 주의를 기울이면, 교수자는 한 번에 한 명씩 학습자들을 비디오가 탑재되어 있는 컴퓨터 앞에 자리 잡는다. 따라서 세 번째 학습자가 재킷 지퍼를 채울 때 두 학습자가 이를 볼 것이다. 학습자들은 교수가 시작되기 전 과제 전체의 미리보기를 본다.

계속

과제 지시	• 미리보기가 끝난 후, 해당 비디오는 과제 지시를 말로 진술하면서 재킷의 지퍼를 채워라라는 단어들을 보여준다.
지속적 시간 지연 절차	• 교수가 시작되고 첫 이틀에, 이 비디오는 각 단계에 대해 글로 작성된 텍스트와 녹음된 지시와 함께, 과제의 각 단계에 대한 비디오 모델 촉진을 즉시 보여준다. 교수자는 해당 학습자가 각각의 촉진에 따라 단계를 수행할 수 있도록 비디오를 잠시 멈춘다. 후속 교수에서는 미리보기가 빠질 것이고, 교수자는 비디오 모델 촉진을 제공하기 전에 각 단계 사이에 20초의 지연간격을 주도록 편집된 비디오를 사용한다. 만약 어떤 학습자가 오류를 범한다면, 교수자는 비디오를 잠시 멈추고 그 단계를 수행하는 데 있어 해당 학습자를 돕기 위해 신체적 안내를 제공한다.
후속 결과	• 각 단계가 마무리 될 때, 교수자는 학습자를 칭찬할 것이다. 일단 모든 학습자들이 자신의 재킷 지퍼를 채웠다면, 이들은 휴식을 위해 밖으로 나간다(자연적 강화물).

목표 외 정보

비디오 촉진하기 전과 후에 교수자는, 그날의 달력 수업이나 날씨에 대한 과학 단원에 이 활동을 연결할 것이다(예 : "봄이기 때문에, 그리고 봄은 평균 기온이 섭씨 7도 정도로 선선하기 때문에 오늘은 재킷을 입을 필요가 있어"). 학습자들은 또한 촉진이 제공되는 동안 비디오 자막에 있는 단어들 중 몇 개를 읽는 능력을 습득할 수 있다.

지속적 시간 지연 자료용지

교수자 : __라일러 선생님__   기술 : __재킷 지퍼 채우기__   날짜 : __3월 17일__

	학생					
	리드		모건		에린	
단계	전	후	전	후	전	후
1. 지퍼 잡기 : 오른손	+		+		+	
2. 지퍼 톱니 잡기 : 왼손	+			0		−
3. 지퍼 가지런히 하기	−		+	+		+
4. 지퍼 맞물리게 하기		+	−		+	
5. 아래쪽 지퍼 잡기 : 왼손	+		+			0
6. 지퍼 올리기 : 오른손	+			0	+	
7. 위쪽에서 멈추기		−		+		
8. 허리밴드 조정하기		0	+		+	
정반응 수	4	1	4	2	4	1
오반응 수	1	1	1	0	2	0
무반응 수	0	1	0	2	0	1

주 : +부호는 정반응, −부호는 오반응, 0은 무반응을 의미함

그림 11.1 비디오 촉진하기로 지속적 시간 지연 절차를 활용한 교수 프로그램 1의 자료용지 견본

자료 수집

교수자는 교수가 진행되는 내내 반응에 대한 자료를 기록할 것이다. 촉진 전 혹은 촉진 후 정반응에는 +부호가, 촉진 전 혹은 촉진 후 오반응에는 −부호가, 그리고 촉진 후 무반응에는 0이 기록될 것이다. 그림 11.1에서 작성된 자료용지 견본을 본다.

유지

일단 학습자가 하루 동안 과제분석에 대해 100% 정반응이라는 기준에 도달하면, 교수자는 하루 동안 반응에 대한 칭찬을 평균 네 번의 반응마다 하는 것(즉, 4 변동비율 강화계획)에서 과제 종료 시점에 하는 것(즉, 8 고정비율 강화계획)으로 줄어든다.

일반화

일반화는 학습자들에게 그들 자신의 재킷을 입도록 가르침으로써 촉진된다. 부모들은 집에서도 그렇게 하도록 요청받는다.

행동 관리

비디오를 활용하는 것이 학습자들에게 동기를 유발하는 것으로 보였기 때문에 적절한 행동은 비디오를 활용함으로써 그리고 휴식 시간 전에 교수 회기를 수행함으로써 촉진된다(예 : "그가 지퍼를 올리는 걸 네가 보는 걸 좋아한다").

수업의 변형 및 확장

학습자들에게 재킷의 지퍼를 올리는 방법을 가르치는 것에 덧붙여, 비디오들은 독립성을 촉진하도록 다른 개인관리 기술들(예 : 밖에 나가기 위해 선글라스를 쓰기 전에 선글라스 닦기)을 가르치기 위해 만든다. 개인관리 기술에 초점을 맞추고 있는 비디오들 중 많은 것들은 핵심 내용(예 : 시계를 찬 다음 시간 말하기)에 연계한다. 이러한 활동들은 또한 물리치료사나 작업치료사가 추천한 운동기술들을 삽입하기 좋은 시간이기도 하다.

교수 프로그램 2

두 번째 교수 프로그램에서 특수교사는, 어떤 학습자에게 간단한 식사를 어떻게 준비하는지 보여줄 비디오를 준비한다. 이 비디오는 또한 시각/청각 촉진과 함께 지속적 시간 지연 절차를 포함하고 있지만 첫 교수 프로그램에 포함된 자막은 들어 있지 않다. 이 절차는 Graves 등(2005)이 수행한 연구를 기반으로 하고 있다.

핵심 내용 기준

실제 생활/
직업
- 학생들은 식이요법과 운동, 그리고 다른 선택들과 관련된 개인행동 선택과 습관이 다양한 신체 체계(예 : 순환계, 호흡계, 신경계, 소화기계)에 미치는 영향을 분석한다.
- 학생들은 건강하지 못한 습관들 및 행동들(예 : 식이요법)과 연계된 위험을 설명한다.

행동적 목표

점심을 준비하라는 말을 들을 때 베키는, 3일 동안 100% 정확하게 간단한 식사를 준비할 수 있다.

계속

교수 상황

베키는 16세로, 다운증후군이다. 간단한 식사 만들기를 포함하는 개인관리 기술들이 베키의 개별화교육계획에는 물론 전환계획에도 언급되어 있다. 게다가 베키는 통합 건강 수업에 참여하고 있는데, 그 수업의 단원들 중 하나는 건강한 식이요법을 선택하는 것에 초점을 맞춘다. 베키의 선생님은 베키가 좋아하는 건강한 음식을 어떻게 준비하는지에 대한 일련의 비디오를 준비해 놓았다. 매일, 베키는 점심시간에 자신의 식사를 준비하기 위해 소비자 과학교실에 간다. 이 식사들은 카운터에서 준비될 수 있는 식사(즉, 샌드위치), 전자레인지로 준비될 수 있는 식사(즉, 냉동 식사), 그리고 가스레인지로 준비될 수 있는 식사(즉, 수프) 등 세 가지이다. 이 식사들 각각은 설탕과 지방, 나트륨, 그리고 열량 면에서 낮은 건강한 제품들을 사용한다.

교수 자료

교수 자료에는 특수교사가 만든, 간단한 식사를 준비하는 데 초점을 맞춘 비디오가 포함된다. 특수교사는 베키가 과제를 수행할 때 동일한 장면을 볼 수 있게 하기 위해 주관적인 관점을 활용하여 학교의 비디오 제작 수업을 듣는 학생들의 도움을 받아 저렴한 비디오를 만든다. 지연간격을 끼워 넣기 위해 교사는 각 단계 사이에 20초 동안 파란색 종이로 비디오카메라의 렌즈를 덮었다. 이렇게 하는 것이 일단 비디오가 촬영된 후 교사가 그 비디오를 편집하지 않게 한다.

교수 절차

각 교수 시행은 다음과 같이 진행될 것이다.

주의집중 단서	• 교수자는 "오늘 점심을 만들 준비가 됐니?"라고 물을 것이다. 베키가 반응할 대, 교수자는 베키에게 준비하고 싶어 하는 식사의 비디오를 고르라고 말한다.
과제 지시	• 일단 비디오가 준비되면, 교수자는 "점심을 만들자"라고 말하고 우선 과제 전체의 미리보기를 보여준다.
지속적 시간 지연 절차	• 교수 첫날에, 이 비디오는 각 단계에 대해 녹음된 지시와 함께 과제의 각 단계에 대한 비디오 모델 촉진을 즉시 보여준다. 비디오는 베키가 과제분석의 각 단계를 수행할 때 20초 동안 파란색 화면과 함께 잠시 멈춘다. 후속 교수에서 베키는 단계를 완수하기 전에 파란색 장면을 본다. 만약 베키가 해당 단계를 독립적으로 할 수 없다면 비디오 촉진을 기다린다. 만일 베키가 오류를 범한다면, 교수자는 베키가 비디오 모델 촉진을 다시 볼 수 있도록 해당 비디오를 백업한다.
후속 결과	• 각 단계가 완수될 때, 교수자는 베키를 칭찬한다. 일단 베키가 과제를 마무리하면, 베키는 자신이 준비한 점심을 먹는다(자연적 강화물).

목표 외 정보

베키가 자신이 선택한 점심을 만들었을 때, 교수자는 베키가 한 슬기로운 결정에 대한 정보를 전달한다(예 : "땅콩버터가 우수한 단백질원이고 밀 빵은 훌륭한 섬유질원이기 때문에, 밀 빵에 저지방 땅콩버터를 바른 샌드위치는 멋진 선택이야").

자료 수집

교수자는 교수가 진행되는 내내 반응에 대한 자료를 기록한다. 촉진 전 혹은 촉진 후 정반응에는 +부호가, 촉진 전 혹은 촉진 후 오반응에는 −부호가, 그리고 촉진 후 무반응에는 0이 기록한다. 그림 11.2에서 작성된 자료용지 견본을 볼 수 있다.

유지

일단 학습자가 이틀 동안 과제분석에 대한 100% 정반응이라는 기준에 도달하면 교수자는 하루 동안 반응에 대한 칭찬을 평균 네 번의 반응마다 하는 것(즉, 4 변동비율 강화계획)으로 줄인다. 일단 베키가 기준을 충족했다면, 베키는 해당 학년도 나머지 기간 동안 계속해서 식사를 만든다.

일반화

베키가 집에서 부모님들과 함께 식사를 준비하게 함으로서 일반화를 촉진한다. 베키의 집에는 컴퓨터가 있고, 따라서 베키는 집에서도 비디오를 이용할 수 있다. 교수하는 동안 사용되는 제품들은 바꾼다.

지속적 시간 지연 자료용지

이름 :	베키	기술 :	샌드위치 만들기	날짜 :	4월 8일
교수자 :	페닝턴 선생님	상황 :	소비자 과학	시간 :	11:30

단계	전	후
1. 손 씻기		+
2. 접시 꺼내기		+
3. 빵 두 쪽 가져오기		+
4. 땅콩버터 가져오기	+	
5. 칼 가져오기	+	
6. 땅콩버터 열기		+
7. 땅콩버터 병에 칼 넣기		+
8. 빵에 땅콩버터 펴 바르기		+
9. 빵 두 쪽 한데 붙이기		+
10. 청소하기	+	
정반응 수/%	3/30%	7/70%
오반응 수/%	0/0%	0/0%
무반응 수/%	0/0%	0/0%

주 : +부호는 정반응, −부호는 오반응, 0은 무반응을 의미함

그림 11.2 비디오 촉진하기와 함께 지속적 시간 지연을 활용한 교수 프로그램 2의 자료용지 견본

행동 관리

비디오를 활용하는 것이 베키에게 동기를 유발하는 것으로 보였기 때문에 적절한 행동은 비디오를 활용함으로써 그리고 베키가 배고플 가능성이 더 높은 점심시간에 이 활동을 수행한다. 베키에게 점심으로 무엇을 준비할 것인가에 대해 자신의 선택을 하게끔 허용하는 것 또한 적절한 행동을 한다.

수업의 변형 및 확장

식사 준비를 위해 비디오 조리법을 활용하는 것은 TV에서 방영하는 요리 프로그램을 시청하는 것 그리고 TV나 컴퓨터로 상업용 비디오를 보는 것과 비슷하기 때문에, 조리를 하는 적절한 방식이다. 목표는 베키가 지원생활 아파트로 전환할 때 가져갈 수 있는 비디오 한 편을 자신이 만들어 내는 것이다. 따라서 베키는 만일 조리 기술을 유지하는 데 실패한다면 참고할 비디오들을 갖게 될 것이다. 이 교수 프로그램이 진행되는 동안 사회적 상호작용을 높이기 위해, 베키는 학생식당에서 또래들과 함께 할 때 자신의 점심을 가져거나, 소비자 과학교실에서 자신과 함께 점심을 먹을 또래들을 초대할 수 있다. 만약 교수자 또한 자신의 점심을 준비한다면, 교수자와 베키는 자신들의 점심식사 전체에 걸쳐 건강 요소들(예 : 열량 계산, 지방 함량)을 서로 비교할 수 있다.

요약

이 장은 특수교육 분야에서 보조공학 및 교수공학의 출현을 논의하였고, 공학이 체계적 교수와 함께 사용될 수 있는 방식들을 기술하였다. 이는 학습자들에게 공학을 개인적 도구로 사용하는 방법을 가르치는 데 대해 혹은 공학의 지원하에 다른 내용을 학습자들에게 가르치는 것에 대해 초점을 맞출 수 있다. 특히 견본 교수 프로그램들은, 기술들을 공학과 함께 체계적 방식으로 가르치기 위한 두 가지 효과적인 절차들인 비디오 시범 보이기와 비디오 촉진하기에 초점을 맞추었다. 공학이 계속하여 개선되고 점점 더 구입 가능해짐에 따라, 공학은 독립성을 촉진하고 교수를 제공하는 데 있어 점점 더 많은 역할을 할 것임에 틀림없다.

성찰을 위한 질문들

1. 보조공학과 교수공학의 차이점은 무엇인가?
2. 비디오 시범 보이기와 비디오 촉진하기의 차이점은 무엇인가?
3. 중등도 및 중도장애 학습자들을 위한 공학을 구입하는 데 있어 고려해야 할 몇 가지 요소들은 무엇인가?

참고문헌

Ayres, K., & Cihak, D. (2010). Computer- and video-based instruction of food-preparation skills: Acquisition, generalization, and maintenance. *Intellectual and Developmental Disabilities*, *48*(3), 195–208.

Ayres, K.M., & Langone, J. (2005). Intervention and instruction with video for students with autism: A review of the literature. *Education and Training in Developmental Disabilities*, *40*, 183–196.

Ayres, K.M., Langone, J., Boon, R.T., & Norman, A. (2006). Computer-based instruction for purchasing skills. *Education and Training in Developmental Disabilities*, *41*, 253–263.

Ayres, K.M., Maguire, A., & McClimon, D. (2009). Acquisition and generalization of chained tasks taught with computer based video instruction to children with autism. *Education and Training in Developmental Disabilities*, *44*, 493–508.

Branham, R., Collins, B.C., Schuster, J.W., & Kleinert, H. (1999). Teaching community skills to students with moderate disabilities: Comparing combined techniques of classroom simulation, videotape modeling, and community-based instruction. *Education and Training in Mental Retardation and Developmental Disabilities*, *33*, 170–181.

Browder, D.M., Spooner, F., & Mims, P.J. (2011). Communication skills. In D.M. Browder & F. Spooner (Eds.), *Teaching students with moderate and severe disabilities* (pp. 262–282). New York, NY: Guilford.

Campbell, P.H. (2011). Addressing motor disabilities. In M.E. Snell & F. Brown (Eds.), *Instruction of students with severe disabilities* (7th ed., pp. 340–376). Upper Saddle River, NJ: Pearson.

Canella-Malone, H., Sigafoos, J., O'Reilly, M., de la Cruz, B., Edrisnha, C., & Lancioni, G.E. (2006). Comparing video prompting to video modeling for teaching daily living skills to six adults with developmental disabilities. *Education and Training in Developmental Disabilities*, *41*, 344–356.

Cihak, D.F. (2008). Use of a handheld prompting system to transition independently through vocational tasks for students with moderate and severe intellectual disabilities. *Education and Training in Developmental Disabilities*, *43*, 102–110.

Cihak, D., Alberto, P.A., Taber-Doughty, T., & Gama, R.I. (2006). A comparison of static picture prompting and video prompting simulations using group instructional procedures. *Focus on Autism and Other Developmental Disabilities, 21*, 89–99.

Cihak, D.F., Wright, R., & Ayres, K.M. (2010). Use of self-modeling static-picture prompts via a handheld computer to facilitate self-monitoring in the general education classroom. *Education and Training in Autism and Developmental Disabilities, 45*, 136–149.

Downing, J.E. (2011). Teaching communication skills. In M.E. Snell & F. Brown (Eds.), *Instruction of students with severe disabilities* (7th ed., pp. 461–491). Upper Saddle River, NJ: Pearson.

Ellerd, D.A., Morgan, R.L., & Salzberg, C.L. (2006). Correspondence between video CD-ROM and community-based job preferences for individuals with developmental disabilities. *Education and Training in Developmental Disabilities, 41*, 81–90.

Graves, T.B., Collins, B.C., Schuster, J.W., & Kleinert, H.L. (2005). Using video prompting to teach cooking skills to secondary students with moderate disabilities. *Education and Training in Developmental Disabilities, 40*, 34–46.

Hammond, D., Whatley, A.D., Ayres, K.M., & Gast, D.L. (2010). Effectiveness of video modeling to teach iPod use to students with moderate intellectual disabilities. *Education and Training in Autism and Developmental Disabilities, 45*(4), 525–538.

Mechling, L.C. (2008). High tech cooking: A literature review of evolving technologies for teaching a functional skill. *Education and Training in Developmental Disabilities, 43*, 474–485.

Mechling, L.C., & Gast, D.L. (2003). Multi-media instruction to teach grocery word associations and store location: A study of generalization. *Education and Training in Developmental Disabilities, 38*, 62–76.

Mechling, L.C., Gast, D.L., & Gustafson, M.R. (2009). Use of video modeling to teach extinguishing of cooking related fires to individuals with moderate intellectual disabilities. *Education and Training in Developmental Disabilities, 44*, 67–79.

Mechling, L., & O'Brien, E. (2010). Computer-based video instruction to teach students with intellectual disabilities to use public bus transportation. *Education and Training in Autism and Developmental Disabilities, 45*, 230–241.

Mechling, L.C., & Stephens, E. (2009). Comparison of self-prompting of cooking skills via picture-based cookbooks and video recipes. *Education and Training in Developmental Disabilities, 44*, 218–236.

Mitchell, R.J., Schuster, J.W., Collins, B.C., & Gassaway, L.J. (2000). Teaching vocational skills through a faded auditory prompting system. *Education and Training in Mental Retardation and Developmental Disabilities, 35*, 415–427.

Norman, J.M., Collins, B.C., & Schuster, J.W. (2001). Using video prompting and modeling to teach self-help skills to elementary students with mental disabilities in a small group. *Journal of Special Education Technology, 16*, 5–18.

Parette, P., & McMahan, G.A. (2002). What should we expect of assistive technology? *Teaching Exceptional Children, 35*(1), 56–61.

Spooner, F., Browder, D.M., & Mims, P.J. (2011). Sensory, physical, and health care needs. In D.M. Browder & F. Spooner (Eds.), *Teaching students with moderate and severe disabilities* (pp. 241–261). New York, NY: Guilford.

Westling, D.L., & Fox, L. (2009). *Teaching students with severe disabilities* (4th ed.). Upper Saddle River, NJ: Pearson.

Zisimopoulos, D., Sigafoos, J., & Koutromanos, G. (2011). Using video prompting and constant time delay to teach an internet search basic skill to students with intellectual disabilities. *Education and Training in Autism and Developmental Disabilities, 46*(2), 238–250.

부록 A

교수절차의
순서도

(일대일 형식으로 수행되는)
기초선 회기를 수행하기 위한 순서도

단계	고려사항
1. 주의집중 단서 주기	일반 혹은 특정 단서
2. 주의집중 반응 기다리기	일반 혹은 특정 반응
3. 과제 지시 전달하기	음성언어, 몸짓, 혹은 글
4. 반응 기다리기	유창성을 위해 요구되는 간격
5. 후속 결과 제공하기	무시된 오류들, 그리고 정반응에 대한 선택적 칭찬
6. 자료 기록하기	정반응, 오반응, 혹은 무반응
7. 반복하기	지정된 횟수의 시행들 혹은 단계들 동안 회기 지속, 그리고 자료가 안정될 때까지 회기 반복

점진적 안내 절차 실행을 위한 순서도
(일대일 형식)

단계

| 고려사항 |

1. 주의집중 단서 주기 → 일반 혹은 특정 단서

2. 주의집중 반응 기다리기 → 일반 혹은 특정 반응

3. 과제 지시 전달하기 → 음성언어, 몸짓, 혹은 글

4. 신체적 촉진 제공하기 → 정반응을 위해 필요한 신체적 지원의 양

5. 후속 결과 제공하기 → 강화 혹은 오류 교정, 목표 외 정보 추가될 수 있음

6. 자료 기록하기 → 정반응 혹은 오반응

7. 반복하기 → 지정된 횟수의 시행들 혹은 단계들 동안 회기 지속

최대 - 최소 촉진 절차 실행을 위한 순서도
(일대일 형식)

단계	고려사항
1. 주의집중 단서 주기	일반 혹은 특정 단서
2. 주의집중 반응 기다리기	일반 혹은 특정 반응
3. 과제 지시 전달하기	음성언어, 몸짓, 혹은 글
4. 위계에 있는 통제 촉진 제공하기	각 수준에서 기준을 충족함에 따라 회기 전반에 걸쳐 가장 개입적인 것에서부터 가장 덜 개입적인 것으로 이동하기
5. 후속 결과 제공하기	강화 혹은 오류 교정, 목표 외 정보 추가될 수 있음
6. 자료 기록하기	촉진에 뒤따르는 정반응 혹은 오반응
7. 반복하기	지정된 횟수의 시행들 혹은 단계들 동안 회기 지속

최소 촉진체계 절차 실행을 위한 순서도
(일대일 형식)

단계

고려사항

1. 주의집중 단서 주기 → 일반 혹은 특정 단서

2. 주의집중 반응 기다리기 → 일반 혹은 특정 반응

3. 과제 지시 전달하기 → 음성언어, 몸짓, 혹은 글

4. 반응 기다리기 → 유창성을 위해 요구되는 간격

5. 위계에 있는 통제 촉진 제공하기 → 가장 덜 개입적인 촉진으로 시작하여, 정반응이 각 시행이나 단계에 대해 수행될 때까지 촉진체계에 따라 이동하기

6. 후속 결과 제공하기 → 강화 혹은 오류 교정, 목표 외 정보 추가

7. 자료 기록하기 → 정반응을 위해 필요한 촉진 수준

8. 반복하기 → 지정된 횟수의 시행들 혹은 단계들 동안 회기 지속

점진적 시간 지연 절차 실행을 위한 순서도
(일대일 형식)

단계	고려사항
1. 주의집중 단서 주기	일반 혹은 특정 단서
2. 주의집중 반응 기다리기	일반 혹은 특정 반응
3. 과제 지시 전달하기	음성언어, 몸짓, 혹은 글
4. 반응 기다리기	유창성을 위해 요구되는 간격
5. 통제 촉진 제공하기	첫 회기-0초 시간 지연, 나머지 회기-유창성에 도달하는 데 필요한 간격까지 조금씩 늘어나는 지연 간격
6. 후속 결과 제공하기	강화 혹은 오류 교정, 목표 외 정보 추가
7. 자료 기록하기	촉진 전이나 후 정반응 혹은 오반응
8. 반복하기	지정된 횟수의 시행들 혹은 단계들 동안 회기 지속

지속적 시간 지연 절차 실행을 위한 순서도
(일대일 형식)

단계	고려사항
1. 주의집중 단서 주기	일반 혹은 특정 단서
2. 주의집중 반응 기다리기	일반 혹은 특정 반응
3. 과제 지시 전달하기	음성언어, 몸짓, 혹은 글
4. 반응 기다리기	유창성을 위해 요구되는 간격
5. 통제 촉진 제공하기	첫 회기-0초 시간 지연, 나머지 회기-유창성을 위해 필요한 변함 없는 최대 지연 간격
6. 후속 결과 제공하기	강화 혹은 오류 교정, 목표 외 정보 추가
7. 자료 기록하기	촉진 전이나 후 정반응 혹은 오반응
8. 반복하기	지정된 횟수의 시행들 혹은 단계들 동안 회기 지속

동시 촉진 절차 실행을 위한 순서도
(일대일 형식)

I. 조사 시행

단계		고려사항
1. 주의집중 단서 주기	→	일반 혹은 특정 단서
2. 주의집중 반응 기다리기	→	일반 혹은 특정 반응
3. 과제 지시 전달하기	→	음성언어, 몸짓, 혹은 글
4. 반응 기다리기	→	유창성을 위해 요구되는 간격
5. 후속 결과 제공하기	→	무시, 정반응에 대한 강화 옵션 제공
6. 자료 기록하기	→	정반응 혹은 오반응, 무반응
7. 반복하기	→	시행 전 지정된 횟수의 시행들 혹은 단계들 동안 회기 지속

동시 촉진 절차 실행을 위한 순서도
(일대일 형식)

II. 훈련 시행

단계	고려사항
1. 주의집중 단서 주기	→ 일반 혹은 특정 단서
2. 주의집중 반응 기다리기	→ 일반 혹은 특정 반응
3. 과제 지시 전달하기	→ 음성언어, 몸짓, 혹은 글
4. 반응 기다리기	→ 회기 간 0초 시간 지연 간격
5. 통제 촉진 제공하기	→ 정반응 확인을 위한 단일 형식의 촉진
6. 후속 결과 제공하기	→ 강화 혹은 오류 교정, 목표 외 정보 추가할 수 있음
7. 자료 기록하기	→ 옵션, 촉진 전이나 후 정반응 혹은 오반응
8. 반복하기	→ 교수 시연 후, 지정된 횟수의 시행들 혹은 단계들 동안 훈련 회기 지속

소집단 형식에서 반응 촉진 실행을 위한 순서도

단계	고려사항
1. 주의집중 단서 주기	일반 혹은 특정 단서, 개인 혹은 합창 단서
2. 주의집중 반응 기다리기	일반 혹은 특정 반응, 개인 혹은 합창 반응
3. 과제 지시 전달하기	음성언어, 몸짓 혹은 글, 집단 구성원 개개인에게 동일한 혹은 서로 다른 기술
4. 집단 구성원 개개인에게 반응 촉진 절차 실행	점진적 안내, 최대–최소 촉진, 최소 촉진체계, 시간 지연 혹은 동시 촉진(훈련 시행에서만)
5. 후속 결과 제공하기	강화 혹은 오류 교정, 목표 외 정보 추가될 수 있음, 관찰 학습을 촉진하기 위해 주의를 기울이는 것에 대한 칭찬
6. 자료 기록하기	촉진 전이나 후 정반응 혹은 오반응
7. 반복하기	학생 1명당 지정된 횟수의 시행들 혹은 단계들 동안 회기 지속, 집중 혹은 간격 시행 방식

자연적 언어 전략들을 실행하기 위한 순서도

I. 시범 보이기 절차

단계	고려사항
1. 학습자가 의사소통할 필요가 있는 초기 시행	→ 물건이나 활동에 주의를 기울이거나 초점을 맞추고 있는 학습자
2. 의사소통 반응 시범 보이기	→ 음성언어, 몸짓상징 혹은 의사소통 장비
3. 반응 기다리기	→ 유창성을 위해 요구되는 반응 간격
4. 후속 결과 제공하기	→ 정반응이나 의사소통 시도에 대한 강화
5. 자료 기록하기	→ 정반응, 오반응 혹은 무반응
6. 반복하기	→ 다음 시행을 위한 자연스러운 기회

자연적 언어 전략들을 실행하기 위한 순서도

II. 맨드-모델 절차

단계	고려사항
1. 학습자가 의사소통할 필요가 있는 초기 시행	물건이나 활동에 집중하거나 초점을 맞추고 있는 학습자
2. 맨드 전달하기	의사소통 반응을 위한 음성언어나 몸짓 요청
3. 반응 기다리기	유창성을 위해 요구되는 반응 간격
4. 후속 결과를 제공하거나 모델로 이동하기	정반응이나 목표 시행을 의사소통하기 위한 시도에 대한 강화
5. 만약 반응이 없다면 의사소통 반응 시범 보이기	음성언어, 몸짓상징 혹은 의사소통 기기
6. 반응 기다리기	유창성을 위해 요구되는 반응 간격
7. 후속 결과 제공하기	정반응이나 의사소통 시도에 대한 강화
8. 자료 기록하기	맨드나 모델에 뒤따르는 정반응, 오반응 혹은 무반응
9. 반복하기	다음 시행을 위한 자연스러운 기회

자연적 언어 전략들을 실행하기 위한 순서도

III. 우발교수 절차

단계	고려사항
1. 학습자가 의사소통할 필요가 있는 초기 시행 →	물건이나 활동에 주의를 기울이거나 초점을 맞추고, 의사소통 반응을 하고 있는 학습자
2. 의사소통 반응의 확대된 형태 시범 보이기 →	음성언어, 몸짓상징 혹은 의사소통 장비
3. 확대된 반응 기다리기 →	유창성을 위해 요구되는 반응 간격
4. 후속 결과 제공하기 →	정반응에 대한 강화
5. 자료 기록하기 →	모델에 뒤따르는 정반응, 오반응 혹은 무반응
6. 반복하기 →	다음 시행을 위한 자연스러운 기회

자연적 언어 전략들을 실행하기 위한 순서도

IV. 자연스러운 시간 지연 절차

단계	고려사항
1. 계속 진행 중인 활동을 중단시킴으로써 초기 시행	활동에 주의를 기울이고 참여하는 학습자
2. 만약 지정된 간격 내에 의사소통 반응이 없다면, 모델 제공하기	음성언어, 몸짓상징 혹은 의사소통 기기
3. 의사소통 반응에 대한 후속 결과 제공하기	강화 혹은 오류 교정
4. 자료 기록하기	촉진 전이나 후에 정반응 혹은 오반응
5. 반복하기	다음 시행을 위한 자연스러운 기회

부록 B

자료 수집 용지

기초선 자료용지

이름 : _____   교수자 : _____

기술 : _____   상 황 : _____

시행 혹은 단계	날짜		
1.			
2.			
3.			
4.			
5.			
6.			
7.			
8.			
9.			
10.			
11.			
12.			
13.			
14.			
15.			
16.			
17.			
18.			
19.			
20.			
정반응 수			
정반응 %			

주 : +부호는 정반응, −부호는 오반응, 0은 무반응을 의미함

점진적 안내 자료용지

이　름 : _____　　기술 : _____　　날짜 : _____

교수자 : _____　　상황 : _____　　시간 : _____

시행 혹은 단계	반응
1.	
2.	
3.	
4.	
5.	
6.	
7.	
8.	
9.	
10.	
11.	
12.	
13.	
14.	
15.	
16.	
17.	
18.	
19.	
20.	
정반응 수	
정반응 %	

주 : I(독립적 수행), P(신체적 촉진)

최대 - 최소 촉진 자료용지

이 름 : _____   기술 : _____   날짜 : _____

교수자 : _____   상황 : _____   시간 : _____

촉진 수준 : _____

시행 혹은 단계	반응
1.	
2.	
3.	
4.	
5.	
6.	
7.	
8.	
9.	
10.	
11.	
12.	
13.	
14.	
15.	
16.	
17.	
18.	
19.	
20.	
정반응 수	
정반응 %	

주 : +부호는 정반응, −부호는 오반응, 0은 무반응을 의미함

최소 촉진체계 자료용지

이 름 : _____ 기술 : _____ 날짜 : _____

교수자 : _____ 상황 : _____ 시간 : _____

시행 혹은 단계	반응
1.	
2.	
3.	
4.	
5.	
6.	
7.	
8.	
9.	
10.	
11.	
12.	
13.	
14.	
15.	
16.	
17.	
18.	
19.	
20.	
독립적 수행 수/%	
언어적 촉진 수/%	
모델 촉진 수/%	
신체적 촉진 수/%	

주 : I(독립적 수행), M(모델 촉진), P(신체적 촉진), V(언어적 촉진)

시간 지연 자료용지

이 름 : _____ 기술 : _____ 날짜 : _____

교수자 : _____ 환경 : _____ 시간 : _____

지연간격 : _____

시행 혹은 단계	촉진 전	촉진 후
1.		
2.		
3.		
4.		
5.		
6.		
7.		
8.		
9.		
10.		
11.		
12.		
13.		
14.		
15.		
16.		
17.		
18.		
19.		
20.		
정반응 수/%		
오반응 수/%		
무반응 수/%		

주 : +부호는 정반응, −부호는 오반응, 0은 무반응을 의미함

시간 지연 자료용지

이 름 : _____ 기술 : _____ 날짜 : _____

교수자 : _____ 환경 : _____ 시간 : _____

지연간격 : _____

시행 혹은 단계	촉진 전 정반응	촉진 전 오반응	촉진 후 정반응	촉진 후 오반응	무반응
1.					
2.					
3.					
4.					
5.					
6.					
7.					
8.					
9.					
10.					
11.					
12.					
13.					
14.					
15.					
16.					
17.					
18.					
19.					
20.					
수/%					

주 : 적절한 열에 체크

동시 촉진 자료용지

이 름 : _____ 기술 : _____ 날짜 : _____

교수자 : _____ 상황 : _____ 시간 : _____

시행 혹은 단계	조사 시행	훈련 시행
1.		
2.		
3.		
4.		
5.		
6.		
7.		
8.		
9.		
10.		
11.		
12.		
13.		
14.		
15.		
16.		
17.		
18.		
19.		
20.		
정반응 수/%		
오반응 수/%		
무반응 수/%		

주 : +부호는 정반응, −부호는 오반응, 0은 무반응을 의미함

소집단 자료용지

날짜 : _____   교수자 : _____

기술 : _____   절 차 : _____

시행 혹은 단계	학생 이름										
1.											
2.											
3.											
4.											
5.											
6.											
7.											
8.											
9.											
10.											
정반응 수											
정반응 %											

주 : +부호는 정반응, −부호는 오반응, 0은 무반응을 의미함

시범 보이기 자료용지

이 름 : _____   날짜 : _____

교수자 : _____   목표 반응 : _____

반응 기회(활동, 시간)	반응
1.	
2.	
3.	
4.	
5.	
6.	
7.	
8.	
9.	
10.	
11.	
12.	
13.	
14.	
15.	
16.	
17.	
18.	
19.	
20.	
정반응 수	
정반응 %	

주 : +부호는 정반응, −부호는 오반응, 0은 무반응을 의미함

맨드-모델 자료용지

이 름 : _____   날짜 : _____

교수자 : _____   목표 반응 : _____

반응 기회(활동, 시간)	시작	맨드	모델
1.			
2.			
3.			
4.			
5.			
6.			
7.			
8.			
9.			
10.			
11.			
12.			
13.			
14.			
15.			
16.			
17.			
18.			
19.			
20.			
정반응 수			
정반응 %			

주 : 적절한 열에 체크

우발교수 자료용지

이 름 : _____   날짜 : _____

교수자 : _____   목표 반응 : _____

반응 기회(활동, 시간)	반응
1.	
2.	
3.	
4.	
5.	
6.	
7.	
8.	
9.	
10.	
11.	
12.	
13.	
14.	
15.	
16.	
17.	
18.	
19.	
20.	
정반응 수	
정반응 %	

주 : +부호는 정반응, −부호는 오반응, 0은 무반응을 의미함

자연스러운 시간 지연 자료용지

이 름 : _____ 날짜 : _____

교수자 : _____ 목표 반응 : _____

시행 혹은 단계	촉진 전	촉진 후
1.		
2.		
3.		
4.		
5.		
6.		
7.		
8.		
9.		
10.		
11.		
12.		
13.		
14.		
15.		
16.		
17.		
18.		
19.		
20.		
정반응 수		
정반응		

주 : +부호는 정반응, −부호는 오반응, 0은 무반응을 의미함

부록 C

전문 서적의
출처

다음 논문들은 이 책에 제시된 절차들에 대한 더 상세한 정보를 담고 있다.

교수 설계

때때로 중등도 및 중도장애 학습자들을 위해 교수를 설계하는 데 있어 어디에서 시작해야 할지 아는 것은 어려운 일일 수 있다. 다음의 논문들은 이 책에 기술된 절차들에 대해 더 상세히 말해주고, 추가로 명확하게 해줌으로써 교수를 설계함에 있어 교수자들을 도울 수 있는 지침들을 제공한다.

Billingsley, F.F., Burgess, D., Lynch, V.W., & Matlock, B.L. (1991). Toward generalized outcomes: Considerations and guidelines for writing instructional objectives. *Education and Training in Mental Retardation, 9*(3), 186-192.

Collins, B.C., Gast, D.L., Ault, M.J., & Wolery, M. (1991). Small group instruction: Guidelines for teachers of students with moderate to severe handicaps. *Education and Training in Mental Retardation, 26*, 18-32.

Collins, B.C., Karl, J., Riggs, L., Galloway, C.C., & Hager, K.D. (2010). Teaching core content with real-life applications to secondary students with moderate and severe disabilities. *Teaching Exceptional Children, 43*(1), 52-59.

Lignugaris/Kraft, B., Marchand–Martella, N., & Martella, R.C. (2001). Writing goals and better short-term objectives or benchmarks. *Teaching Exceptional Children, 34*(1), 52-58.

Wolery, M., & Schuster, J.W. (1997). Instructional methods with students who have significant disabilities. *Journal of Special Education, 31*(1), 61-79.

문헌 리뷰

모든 교육자들은 이제 중등도 및 중도장애 학습자들에게 교수를 제공하는 데 있어 연구기반 실제들을 활용하도록 요청받고 있다. 다음의 논문들은 반응 촉진 절차들을 연구기반 실제들로 만들어준 전문 서적에 있는 연구조사의 리뷰들로 구성되어 있다.

Browder, D., Ahlgrim-Delzell, L., Spooner, F., Mims, P.J., & Baker, J.N. (2009). Using time delay to teach literacy to students with severe developmental disabilities. *Exceptional Children, 75*(3), 343-364.

Doyle, P.M., Wolery, M., Ault, M.J., & Gast, D.L. (1988). System of least prompts: A literature review of procedural parameters. *Journal of The Association for Persons with Severe Handicaps, 13*(1), 28-40.

Morse, T.E., & Schuster, J.W. (2004). Simultaneous prompting: A review of the literature. *Education and Training in Developmental Disabilities, 39*(2), 153-168.

Schuster, J.W., Morse, T.E., Ault, M.J., Doyle, P.M., Crawford, M.R., & Wolery, M. (1998). Time delay with chained tasks: A review of the literature. *Education and Treatment of Children, 21*(1), 74-106.

Walker, G. (2008). Constant and progressive time delay procedures for teaching children with autism: A literature review. *Journal of Autism and Developmental Disorders, 38*(2), 261-175.

비교 연구

교수자들은 어떤 절차가 최선인지에 대해 혼란스러울 수 있다. 다음의 논문들은 다양한 반응 촉진 절차들의 교수적 효율성을 비교한 연구들을 기술하고 있다.

Ault, M.J., Gast, D.L., & Wolery, M. (1988). Comparison of progressive and constant time delay procedures in teaching community-sign word reading. *American Journal on Mental Retardation, 93*(1), 44-56.

Ault, M.J., Wolery, M., Gast, D.L., Doyle, P.M., & Martin, C.P. (1990). Comparison of predictable and unpredictable trial sequences during small group instruction. *Learning Disability Quarterly, 13*(1), 12-29.

Collins, B.C., Evans, A., Creech-Galloway, C., Karl, J., & Miller, A. (2007). Comparison of the acquisition and maintenance of teaching functional and core content sight words in special and general education settings. *Focus on Autism and Other Developmental Disabilities, 22*(4), 220-233.

Cromer, K., Schuster, J.W., Collins, B.C., & Grisham-Brown, J. (1998). Teaching information on medical prescriptions using two instructive feedback schedules. *Journal of Behavioral Education, 8*, 37-61.

Doyle, P.M., Wolery, M., Gast, D.L., & Ault, M.J. (1990). Comparison of constant time delay and the system of least prompts in teaching preschoolers with developmental delays. *Research in Developmental Disabilities, 11*(1), 1-22.

Gast, D.L., Ault, M.J., Wolery, M., Doyle, P.M., & Bellanger, S. (1988). Comparison of constant time delay and the system of least prompts in teaching sight word reading to students with moderate retardation. *Education and Training in Mental Retardation, 23*(2), 117-128.

Godby, S., Gast, D.L., & Wolery, M. (1987). A comparison of time delay and system of least prompts in teaching object identification. *Research in Developmental Disabilities, 8*(2), 283-305.

Kurt, O., & Tekin-Iftar, E. (2008). A comparison of constant time delay and simultaneous prompting within embedded instruction on teaching leisure skills to children with autism. *Topics in Early Childhood Special Education, 28*, 53-64.

Libby, M.E., Weiss, J.S., Bancroft, S., & Ahearn, W.H. (2008). A comparison of most-to-least and least-to-most prompting on the acquisition of solitary play skills. *Behavioral Analysis in Practice, 1*(1), 37-43.

Miracle, S.A., Collins, B.C., Schuster, J.W., & Grisham-Brown, J. (2001). Peer versus teacher delivered instruction: Effects on acquisition and maintenance. *Education and Training in Mental Retardation and Developmental Disabilities, 36*, 375-385.

Singleton, D.K., Schuster, J.W., Morse, T.E., & Collins, B.C. (1999). A comparison of antecedent prompt and test and simultaneous prompting procedures in teaching grocery sight words to adolescents with mental retardation. *Education and Training in Mental Retardation and Developmental Disabilities, 34*, 182-199.

West, E.A., & Billingsley, F. (2005). Improving the system of least prompts: A comparison of procedural variations. *Education and Training in Developmental Disabilities, 40*(2), 131-144.

Wolery, M., Ault, M.J., Doyle, P.M., & Mills, B.M. (1990). Use of choral and individual attentional responses with constant time delay when teaching sight word reading. *Remedial and Special Education, 11*(5), 47-58.

Wolery, M., Cybriwsky, C.A., Gast, D.L., & Boyle-Gast, K. (1991). Use of constant time delay and attentional responses with adolescents. *Exceptional Children, 57*, 462-474.

용어 해설

가로 좌표(abscissa)　교수가 수행될 때 시간의 차원(예 : 회기, 일)으로 분류된 가로 좌표는 시각적 분석을 위해 형식적 교수 자료가 표시된 그래프의 x축이다.

간격 시행 방식(spaced trial format)　간격 시행 방식에서 학습자의 교수 시행 다음에 해당 학습자가 반응하도록 다시 요청받기 전 다른 학습자들이 반응하는 시간 간격이 온다.

강화물 선호도 검증(reinforcer preference testing)　강화물 선호도 검증 교수 전에 수행되는 강화물 선호도 검증은 어떤 학습자가 교수가 진행되는 동안 정반응을 할 가능성을 높여줄 순서를 규명하기 위한 평가다.

개별 행동(discrete behavior)　개별 행동은 관찰될 수 있고 측정될 수 있는 단일 행동으로 구성된다.

고정비율 강화계획[fixed ratio(FR) schedule of reinforcement]　교수가 진행되는 동안의 고정비율 강화계획은 일단 기준이 충족되었을 때 유지를 촉진하고, 정해진 숫자의 정반응 후에 정적 강화(예 : 칭찬)를 제공하는 것으로 구성된다(예 : 3 고정비율 강화계획은 매 세 번째 정반응에 따라오는 강화이다).

과제분석(task analysis)　과제분석은 개별적인 교수를 받기 위해 어떤 연쇄 과제를 더 작은 단계들로 분해하는 과정이다.

관찰 가능한 행동(observable behaviors)　관찰 가능한 행동들은 학습이 발생했음을 확인하기 위해 볼 수 있고, 기술될 수 있으며 측정될 수 있는 행동들이다.

관찰 학습(observational learning)　관찰 학습은 어떤 학습자가 다른 사람들이 어떤 행동을 수행하는 것을 봄으로써 목표 외 정보를 습득할 때 발생하며, 소집단 형식에서 가르침으로써 촉진된다.

교수공학(instructional technology)　교수공학은 학습을 촉진하고 향상시키는 데 사용되는 소프트웨어와 기기들로 구성된다.

교수 시행(instructional trial)　교수 시행은 (1) 반응을 끌어내기 위한 선행사건이나 자극, (2) 학습자의 목표 행동이나 반응, (3) 해당 반응의 정확성에 대해 학습자에게 피드백을 제공하기 위한 후속 결과 등으로 구성되는, 학습을 촉진하기 위한 한 번의 기회이다.

교수적 피드백(instructive feedback)　교수적 피드백은 교수 시행의 후속 결과에 삽입되는 목표 외 정보로 구성된다. 이 피드백은 만약 학습자가 추가 정보를 습득하면 교수의 효율성을 높일 수 있다.

교수 프로그램(instructional program)　교수 프로그램은 단기적이고 단 한 번만 제시될 가능성이 높은 수업 계획과 대조적으로, 학습자가 수행의 설정된 기준에 도달함으로써 어떤 기술을 완전히 익힐 때까지 반복되는 교수 시행들로 이루어진 회기들로 구성된다.

교수 회기(instructional session)　교수 회기는 개별 과제에 대해 지정된 수의 교수 시행들 혹은 연쇄 과제에 대한 최소한 한 번의 제시로 구성된다.

기능(function) 행동의 기능은 어떤 행동의 수행의 결과로 나타나는 특정 결과이다(예 : 말하기나 몸짓상 징 사용하기는 모두 의사소통의 기능으로 귀결되는 형식들이다).

기다리기 훈련(wait training) 기다리기 훈련은 어떤 행동을 어떻게 수행하는지 불확실할 때 학습자에게 촉 진을 기다리도록 가르치는 것으로, 새로운 행동을 수행하도록 시도하는 대신 잠시 멈추는 것에 대해 해 당 학습자를 강화하는 것으로 구성된다.

기준점(data points) 기준점은 평가나 교수 조건 동안 학생의 수행을 나타내고 회기의 연속을 보여주기 위 해 자료 경로로 연결되는 시각적 상징이다.

기초선 조건(baseline condition) 기초선 조건은 교수 전 어떤 학습자가 어떤 기술이나 행동을 수행하는 능 력을 기록하고 자료가 안정적이 되거나 반치료적 경향을 보일 때까지 계속되어야 하는 사정 시행들 및 회기들로 구성된다.

누적 자료(summative data) 누적 자료는 교수가 끝난 뒤 수집되는 학습의 증거로 구성되며 학습자가 어떤 기술을 완전히 익혔는지 그렇지 않은지를 결정하기 위해 사용된다.

눈금(tic marks) 자료의 시각적 표현에서 눈금은 시간의 경과를 보여주는 가로 좌표(x축)와 유창성의 척도 를 나타내는 세로 좌표(y축)에 그어진 작은 눈금들이다.

단계 변경선(phase change lines) 교수 자료에 대한 그래픽 표현에서 점선으로 된 수직선은 학습자가 해당 교수 조건 내에서 교수에 있어 변화를 경험했음을 나타낸다.

단일 기회 형식(single-opportunity format) 단일 기회 형식은 학습자가 어떤 단계에 대해 오류를 범하거나 반응하지 못할 때 과제분석의 기초선 평가가 종료되며, 해당 학습자가 연쇄 과제의 남은 단계들 중 어떤 단계를 수행할 기회를 없애버리게 된다.

동시 모형(tandem model) 교수의 동시 모형은 어떤 학습자 개인이 일대일 형식으로 교수받기 시작하고, 그리고 나서 시간이 지나면서 학습자들이 한 번에 1명씩 해당 집단에 추가됨에 따라 소집단 형식에서 교 수받기 시작할 때 발생한다.

동시적 교수모형(concurrent model of instruction) 동시적 교수모형은 학습자가 새로운 예들에 일반화할 가능성을 증가시키기 위해 충분한 수의 여러 가지 예들(예 : 환경들, 자료들, 교수자들) 전반에 걸쳐 동시 에 가르치는 것으로 구성된다.

동시 촉진 절차[simultaneous-prompting(SP) procedure] 어떤 행동이 언제 습득되었는지 결정하기 위한 조 사 시행이 통제 촉진과 0초 시간 지연 간격을 활용하는 훈련 시행 이전에 수행되는 체계적이고 오류가 없는 교수전략이다.

맨드-시범 보이기 절차(mand-model procedure) 맨드-시범 보이기 절차는 학습자들이 의사소통을 시작 하도록 배우는 데 초점을 맞추는 것으로 학습자의 흥미에 근거하고 학습자가 목표 형식을 시작하는 데 실패한다면 어떤 맨드(반응 수행을 위한 요청이나 지시)가 주어지고 그리고 나서 어떤 모형을 제공하는 것으로, 계속 진행되는 활동들에 삽입되는 시행들로 구성된 자연 혹은 환경 반응 촉진 언어전략이다.

모델 촉진(model prompt) 모델 촉진은 학습자가 정반응을 할 가능성을 높여주는, 교사에 의한 목표 행동 의 음성언어나 신체 표현으로 구성된다.

모의 수업(simulation) 모의 수업은 해당 기술들이 필요할 자연스러운 환경을 반영하는 자극들(예 : 교수 자료, 선행사건, 후속 결과)을 활용하는 것으로, 일반화를 촉진하는 학교 기반 교수를 제공하기 위한 맥 락이다.

목표 별표(aim star) 어떤 학습자가 진전을 보이는지 여부를 결정하기 위해 그래프화된 교수 자료의 시각적 분석을 수행하기 위한 전략으로서, 어떤 학습자가 어떤 기술의 습득에 대한 기준을 충족할 것으로 기대되는 점을 표시한다.

목표 외 정보(nontargeted information) 목표 외 정보는 교수 시행(즉, 선행사건, 촉진, 혹은 후속 결과)에 삽입되는 그리고 만약 학습자가 추가 정보를 습득한다면 교수의 효율성을 높여줄 수 있는 내용으로 구성된다.

몸짓 촉진(gestural prompt) 몸짓 촉진은 학습자가 정반응을 할 가능성을 높여주는 교수자가 하는 어떤 행동(예 : 가리키기, 몸짓으로 표현하기)으로 구성된다.

무오류 학습(errorless learning) 무오류 학습은 정반응을 하게 하는 데 필요한 지원의 수준을 제공함으로써 오류를 범하게 될 기회가 최소화되기 때문에, 학습자들이 오반응을 20% 이하로 하게 되는, 반응 촉진 절차들을 활용한 체계적 교수이다.

반응(response) 교수 시행에서 반응은 학습자가 선행사건이나 자극의 제시에 뒤따라 수행하는 측정 가능하고 관찰 가능한 행동이다.

반응 간격(response interval) 어떤 교수 시행에서, 반응 간격은 자극의 제시 다음에 어떤 학습자가 어떤 행동을 수행할 수 있는 설정된 시간 배정(예 : 3초)이다.

반응 일반화(response generalization) 반응 일반화는 어떤 학습자가 단일 자극에 반응하여 이에 대응되는 어떤 종류의 행동들을 수행할 수 있을 때 발생한다.

반응 촉진(response prompt) 반응 촉진은 선행사건이나 자극 제시 후에 교수 시행에 삽입되는 교수자가 제공하는 지원(예 : 언어, 몸짓, 모델, 신체)으로 구성된다. 이 지원은 해당 학습자가 정반응을 할 가능성을 높여준다.

반응 카드(response cards) 반응 카드는 학습자들이 목표 행동을 습득하였는지 그렇지 않은지를 보여주기 위해 소집단 교수 형식에서 과제 지시 다음에 제시할 수 있는 자료이다.

반치료적 경향(contratherapeutic trend) 그래프화된 교수 자료의 반치료적 경향은 최소한 3개의 기준점으로 확립되고, 진전이 원하는 방향으로 발생하고 있지 않음의 증거를 제공한다.

변동비율 강화계획[variable ratio(VR) schedule of reinforcement] 교수가 진행되는 동안의 변동비율 강화계획은 일단 기준이 충족되었을 때 유지가 촉진되고, 평균 정반응 수 후에 정적 강화(예 : 칭찬)를 제공하는 것으로 구성된다(예 : 즉, 3 변동비율 강화계획은 평균 매 세 번째 정반응 후에 전달되는 강화이다).

보조공학(assistive technology) 보조공학은 공학 수준이 높거나 낮은 일련의 장비들로 구성되며, 이 장비들은 장애인들(예 : 인지, 감각, 의사소통, 운동기능)이 이 장비들의 지원 없이는 하기 어렵거나 불가능한 행동들을 수행할 수 있게 해준다.

보편적 설계(universal design) 교수의 보편적 설계를 사용할 때 교수자는 모든 학습자들이 능력과 관계없이 참여할 수 있도록 교수 절차들과 자료들을 조정한다.

복수 기회 형식(multiple-opportunity format) 복수 기회 형식은 학습자가 어떤 단계에서 오류를 보이거나 반응에 실패할 때 과제분석에 대한 기초선 평가가 계속되며 연쇄 과제의 단계들 중 어떤 단계를 수행하는 학습자의 능력을 평가할 수 있다.

복수 사례 접근방식(multiple-exemplar approach) 교수에 대한 복수 사례 접근방식에서 교수자는 새로운 변인에 대한 일반화를 촉진하기 위해서 충분한 수의 변인들(예 : 환경, 사람, 자료) 전반을 동시에 가르친다.

분산 시행 방식(distributed trial format) 분산 시행 방식에서는, 교수 시행들이 하루 종일 계속 진행 중인 활동들에 자연스럽게 삽입되는 것으로, 일반화를 촉진하는 실제이다.

비디오 모델링(video modeling) 학습자가 어떤 행동을 수행하도록 시도하기 전에 공학을 통해 그 행동의 수행을 보여주는 교수전략이다.

비디오 촉진(video prompting) 어떤 행동의 수행을 촉진하기 위해 학습자가 필요한 경우 공학을 통해 촉진하는 교수전략이다.

비차별적 유관(indiscriminable contingency) 비차별적 유관의 활용은 해당 학습자가 환경 변인들(예 : 상황들) 전반에 걸쳐 반응을 일반화할 것 같은 정도까지 반응에 대한 선행사건이나 자극이 실생활을 반영하는 교수 실제이다.

삽입 교수(embedded instruction) 삽입 교수에서는 시행들이 하루 종일 계속 진행 중인 활동들 전반에 걸쳐 자연스럽게 분산되는, 일반화를 촉진하는 실제이다.

상황 정보(situational information) 형식적 평가 자료용지에 있는 상황 정보(예 : 학생과 교수자 이름, 날짜, 목표 기술, 환경, 교수 절차)는 교수에 포함된 여러 변인들에 대한 정보를 제공한다.

선별(screening) 선별은 학습자들이 할 수 없는, 따라서 교수를 통해 습득할 필요가 있는 기술들을 가려내기 위해 사용되는 비형식적 평가이다.

선수기술(prerequisite skills) 선수기술들은 학습자들이 새로운 기술이나 행동을 습득할 수 있을 가능성을 높이도록 학습자들 자신이 할 수 있는 것에 포함되어 있어야 할 행동들(예 : 학문, 운동)이다.

선행사건(antecedent) 어떤 교수 시행에서 선행사건은, 학습자에 의한 목표 반응이나 행동의 수행을 표시하는 자극이다.

세로 좌표(ordinate) 목표 행동의 척도(예 : 회기, 일)로 분류된 세로 좌표는, 시각적 분석을 위해 형식적 교수 자료가 표시된 그래프의 y축이다.

수행의 평균 수준(mean levels of performance) 수행의 평균 수준을 계산하고 보여주는 것은 어떤 학습자의 정반응 평균이 기초선 및 교수 조건 전반에 걸쳐 상승했는지의 여부를 결정하기 위해, 그래프로 만들어진 교수 자료들의 시각적 분석을 수행하기 위한 하나의 전략이다.

수행 자료(performance data) 형식적 평가 자료용지에 수행 자료를 기록하는 것은, 어떤 학습자가 어떤 행동을 수행할 때의 반응들을 보여준다.

순서 간 모형(intersequential model) 소집단 교수 형식에서 순서 간 모형은 단일 행동이나 기술을 완전히 익히기 위해 학습자들이 모두 함께 할 때 발생한다.

순서 내 모형(intrasequential model) 소집단 교수 형식에서 순서 내 모형은 학습자들 개개인이 집단 내에서 각각의 기술들에 대해 그들 자신의 속도에 맞춰 독립적으로 익힐 때 발생한다.

습득(acquisition) 학습자들이 새로운 기술들을 습득하는, 학습의 초기 단계이다.

시간 지연 절차(time-delay procedure) 지속적 그리고 점진적 시간 지연 절차는 통제 촉진이 지연 간격[초기 교수 동안에는 0초 시간 지연 그리고 후속 교수 동안에는 제공된 시간(초)이 점점 더 늘어나는] 후 제공되고 학습자들이 촉진이 전달되기 전에 정반응을 수행하기 시작함에 따라 자연스럽게 철회되는 체계적이고 오류가 없는 교수전략이다.

시범 보이기 절차(modeling procedure) 시범 보이기 절차는 학습자들에게 초기 의사소통 기술들을 가르치는 데 초점을 맞춘 자연 혹은 환경 반응 촉진 언어 전략이며, 학습자의 흥미를 기반으로 하고 목표 형식의 모델이 제공되는 지속적인 활동들에 삽입되는 시행들로 구성된다.

신체적 촉진(physical prompt)　부분적인 혹은 전체적인 신체적 촉진은 학습자가 정반응을 할 가능성을 높여주는 교수자에 의해 제공되는 신체적 지원으로 구성된다.

언어적 촉진(verbal prompt)　직접적 혹은 간접적 언어 촉진은 학습자가 정반응을 할 가능성을 높여주는 지원처럼, 교수자에 의해 제공되는 청각적 지원(예 : 음성언어 시범 보이기 혹은 지시)으로 구성된다.

역할 방출(role release)　역할 방출은 훈련된 전문가가 자신이 지닌 전문지식을 교수팀의 다른 구성원들과 공유할 때 발생하고, 보통 그 전문가가 수행하는 과제들을 이들이 수행할 수 있게 해준다.

연속적 교수모형(consecutive model of instruction)　연속적 교수모형은 학습자가 새로운 예에 일반화된 반응을 보일 때까지 한 번에 하나의 예(예 : 환경, 자료, 교수자)로 가르치는 것으로 구성된다.

연쇄 과제(chained task)　연쇄 과제는 복잡한 행동을 만들어내기 위해 함께 연결되는 측정 가능하고 관찰 가능한 일련의 행동들로 구성된다.

요약 정보(summary information)　형식적 평가 자료용지에 있는 요약 정보(예 : 정반응 수나 비율)는, 교수가 진행되는 동안 기록되는 수행 자료에 대한 정보를 제공하고 시각적 분석을 위해 그래프로 옮겨질 수 있다.

우발교수 절차(incidental-teaching procedure)　우발교수는 해당 학습자의 흥미에 근거한 그리고 계속 진행 중인 활동들에 삽입되는 교수 시행 동안 새로운 형식들을 시범 보임으로써 발화의 길이와 복잡성을 증가시키는 데 초점을 맞춘 자연 혹은 환경 반응 촉진 언어전략이다.

유지(maintenance)　유지는 학습자들이 습득한 기술들을 시간이 지나도 계속 수행하는 능력을 보이는 학습의 한 단계이다.

유창성(fluency)　유창성은 학습자들이 습득된 기술들을 더 효율적으로 그리고 훨씬 더 쉽게 활용하기 시작하는 학습의 단계이다.

응용행동분석(applied behavioral analysis, ABA)　응용행동분석은 행동들이나 반응들이 특정 선행사건이나 자극에 의해 이끌려 나오고, 미래의 정반응의 가능성을 증가시키거나 미래의 오반응의 가능성을 감소시키는 후속 결과가 뒤따르는 체계적 교수의 이론적 토대이다.

이질적 집단(heterogeneous group)　소집단 교수가 진행되는 동안, 이질적 집단은 서로 다른 기술 수준에 있거나 서로 다른 지원 수준을 요구하는 학습자들로 구성된다.

일대일 보충 교수(one-to-one supplemental instruction)　일대일 보충 교수는 어떤 학습자 개인이 소집단 교수 형식에서 수행되는 시행들에 덧붙여 교수 시행들을 받을 때 발생한다.

일반사례 프로그래밍(general case programming)　일반사례 프로그래밍은 학습자가 맞닥뜨릴 수 있고 다수의 자극들에 일반화된 반응으로 귀결될 가능성이 높은 다양한 종류의 변인들의 견본이 되는, 충분한 숫자의 여러 가지 예들을 선택하고 이 예들로 가르치는 과정이다.

일반화(generalization)　일반화는 학습자들이 습득된 기술들을 다른 방식으로 혹은 얼마간의 변인들(예 : 환경들, 사람들, 자료들) 전반에 걸쳐 적용하는 능력을 보여주는 학습의 단계이다.

자극(stimulus)　교수 시행에서, 자극은 학습자에 의한 목표 반응이나 행동의 수행을 암시하는 선행사건이다.

자극 일반화(stimulus generalization)　자극 일반화는 어떤 학습자가 같은 부류에 속하는 자극의 여러 가지 사례들의 제시에 반응하여 특정 행동을 수행할 수 있을 때 발생한다.

자극 촉진(stimulus prompt)　자극 촉진은 교수 시행의 선행사건에 삽입되는 지원(예 : 그림, 음성언어 진술, 색깔 단서)으로 구성되며 해당 학습자가 정반응을 할 가능성을 높여준다.

자극 통제(stimulus control) 자극 통제는 어떤 학습자가 특정 자극에 특정 반응을 할 수 있을 때 발생한다.

자료 경로(data paths) 자료 경로는 평가나 교수가 진행되는 동안 학생의 수행을 시각적 표현에 나타내는 연속적인 기준점들을 연결하고, 조건이나 단계에 있어서의 변화를 보여주거나 혹은 계획되지 않은 교수에의 불참을 나타내기 위해 중단될 수 있다.

자연스러운 시간 지연 절차(naturalistic time-delay procedure) 자연스러운 시간 지연 절차 학습자들에게 일반화된 의사소통 기술들을 가르치는 데 초점을 맞춘 환경 혹은 자연 반응 촉진 언어 전략으로, 학습자들이 촉진을 전달받기 전에 목표 의사소통 형식을 독립적으로 사용할 수 있게 해주는 짧은 지연 간격들이 계속 진행되는 활동들에 삽입되는 시행들로 구성된다.

자연 언어 전략(naturalistic language strategies) 환경 혹은 자연 언어 반응 촉진 전략들은 학습자의 흥미를 기반으로 하고 의사소통을 촉진하기 위해 계속 진행되는 활동들에 삽입되는 짧은 시행들로 구성된다.

자연적 강화물(natural reinforcers) 자연적 강화물은 어떤 수행된 행동에 대응하여 환경에서 자연스럽게 발생하는 그리고 해당 학습자가 그 행동을 계속해서 수행할 가능성을 높여주는 후속 결과이다.

전진형 연쇄(forward chaining) 전진형 연쇄는 과제분석을 가르치기 위한 느린 형식으로, 학습자는 나머지 단계들에 대한 교수를 한 번에 한 단계씩 나아가기 전에, 순서에 있어 첫 번째 단계를 완전히 익힌다.

전체 과제 제시(total task presentation) 전체 과제 제시는 교수가 각각의 회기가 진행되는 동안 과제분석의 각 단계에서 발생한다.

점진적 시간 지연 절차[progressive time-delay(PTD) procedure] 점진적 시간 지연 절차는 통제 촉진이 시간이 지나면서 지정된 증가분만큼 서서히 늘어가는 지연간격[최초 교수 동안에는 0초 그리고 후속 교수 동안에는 제공되는 시간(초)의 수가 점점 커지는] 이후에 제공되고, 학습자들이 촉진을 제공하기 전에 정반응을 수행하기 시작함에 따라 자연스럽게 줄어가는 체계적이고 오류가 없는 교수전략이다.

점진적 안내 절차(graduated-guidance procedure) 점진적 안내 절차는 교수자가 순간순간 학습자가 정반응을 보일 것을 보장하는 데 필요한 최소한의 신체적 안내의 양을 제공하는 체계적이고 오류가 없는 교수전략이다. 그리고 이 안내는 신체적 촉진이 더 이상 필요하지 않을 때 자연스럽게 철회된다.

조건 변경선(condition change lines) 교수 자료의 시각적 표현에 있어 실선으로 된 수직 조건 변경선은 학습자가 기초선 평가에서 교수로 변경되었음을 가리킨다.

조사 시행(probe trial) 조사 시행은 (1) 어떤 반응을 이끌어 내기 위한 선행사건 혹은 자극, (2) 학습자로부터 나오는 목표 행동이나 반응, (3) 반응을 수용하거나 무시하고, 하지만 오류를 수정하지 않는 것으로 구성되는 후속 결과 등으로 이루어지는 학습을 평가할 단일 기회이다.

주의집중 단서(attentional cue) 특정 혹은 일반적인 주의집중 단서는 학습자들에게 그들이 주의를 기울이고 있고 시작될 교수 회기나 시행을 준비하고 있다는 반응을 보이도록 신호를 보낸다.

주의집중 반응(attentional response) 특정 혹은 일반적인 주의집중 반응은 교수자에게 학습자들이 주의를 기울이고 있고 시작될 교수 회기나 시행을 준비하고 있다는 신호를 보낸다.

중복(overlap) 교수가 진행되는 동안의 기준점과 중복되는 기초선 조건에서의 기준점의 비율을 계산하는 것은 교수 효과의 규모를 결정하기 위해 조건들 전반에 걸쳐 그래프로 만들어진 교수 자료의 시각적 분석을 수행하기 위한 하나의 전략이다.

지속적 시간 지연 절차[constant time-delay(CTD) procedure] 지속적 시간 지연 절차는 통제 촉진이 미리 정해진 지연 간격[최초 교수 동안에는 0초 그리고 후속 교수 동안에는 일관된 시간(초)] 이후 제공되고, 학습자들이 촉진을 제공하기 전에 정반응을 수행하기 시작함에 따라 자연스럽게 줄어가는 체계적이고 오류가 없는 교수전략이다.

지역사회 기반 교수(community-based instruction, CBI)　지역사회 기반 교수는 기술들이 학교 바깥에서 필요한 기술들을 가르치는 것으로, 일반화를 촉진시킬 수 있는 지역사회 기반의 실제이다.

지역사회 참조 교수(community-referenced instruction)　지역사회 참조 교수는 기술들이 학교 바깥에서 필요할 상황을 반영하는 현실적인 모의상황에서 현실적인 자료들로 기술들을 가르치는 교수법으로, 일반화를 촉진하는 교실 기반의 실제이다.

지연 간격(delay interval)　시간 지연 절차에서 지연 간격은 정반응을 이끌어 내기 위해 촉진이 제공되기 전에 어떤 학습자가 독립적으로 반응할 수 있는, 자극의 제시(예 : 과제 지시) 후 미리 할당한 정해진 시간(예 : 3초)이다.

집중 시행 방식(massed trial format)　집중 시행 방식에서, 교수 시행들은 습득이나 초기 학습을 촉진하는 실제로, 시간 간격 없이 하나씩 발생한다.

차별강화(differential reinforcement)　체계적 교수에서 차별강화는 촉진을 전달하기 전 정반응을 위해 정적 강화(예 : 칭찬)를 제공하고 촉진의 전달에 뒤따르는 정반응을 위한 정적 강화를 철회함으로써 촉진에 대한 의존을 줄이기 위한 전략이다.

초학문적 팀 모형(transdiciplinary team model)　초학문적 팀 모형은 훈련된 전문가가 역할 방출을 통해 자신이 지닌 전문지식을 교수팀의 다른 구성원들과 공유할 때 발생하고, 보통 그 전문가가 수행하는 과제들을 이들이 수행할 수 있게 해준다.

촉진(prompt)　촉진은 학습자가 정반응을 할 가능성을 높여주는 교수자가 제공하는 지원(예 : 언어, 몸짓, 모델, 신체)으로 구성된다.

촉진체계(prompt hierarchy)　촉진체계에서 지원의 수준은 최대에서 최소 혹은 최소에서 최대 개입 정도에 따라 차례로 배열되어 있다.

최대-최소 촉진 절차(most-to-least prompting procedure)　최대-최소 촉진 절차는 촉진체계를 활용하는 체계적이고 오류가 없는 교수전략이다. 촉진체계에서 학습자는 처음에는 가장 많이 개입하는 수준의 지원을 제공받으며, 해당 학습자가 독립성에 도달할 때까지 덜 개입하는 촉진에 반응함에 따라 지원은 시간이 지나면서 서서히 철회된다.

최소 촉진체계 절차[system-of-least-prompts(SLP) procedure]　최소 촉진체계 절차는 위계에 있는 지원들 중 가장 덜 개입하는 수준의 지원이 제공되기 전에 먼저 학습자에게 어떤 행동을 독립적으로 수행할 기회가 주어지는 촉진체계로, 목표 반응이 정확하게 수행될 때까지 활용하는 체계적이고 오류가 없는 교수전략이다. 지원은 시간이 지나면서 해당 학습자가 점차 지원을 덜 요청함에 따라 자연스럽게 철회된다.

측정 가능한 행동(measurable behaviors)　측정 가능한 행동들은 학습이 일어났음을 확인하기 위해 볼 수 있고 기술될 수 있으며 측정될 수 있는 행동들이다.

치료적 경향(therapeutic trend)　그래프화된 교수 자료의 치료적 경향은 최소한 3개의 기준점으로 확립되고, 진전이 원하는 방향으로 발생하고 있음의 증거를 제공한다.

통제 촉진(controlling prompt)　통제 촉진은 원하는 행동이나 반응이 수행될 것임을 보장하기 위해 교수 시행에 추가되는 가능한 한 가장 덜 개입하는 변인(예 : 음성언어를 이용한 지시, 신체적 안내, 그림)이다.

합창 반응(choral response)　합창 반응에서는, 소집단 형식의 모든 학습자들이 자극(예 : 과제 지시)이 제시된 후 어떤 행동을 동시에 수행한다.

행동(behavior) 교수 시행에서, 행동은 어떤 학습자가 선행사건이나 자극의 제시 후 수행하는 측정 가능하고 관찰 가능한 반응이다.

행동적 목표(behavioral objective) 행동적 목표는 학습이 일어났다는 것을 확인하기 위해 어떤 학습자가 특정 조건하에서 특정 기준을 수행해야 하는 행동이나 기술을 분명하게 해주는 진술이다.

형성평가 자료(formative data) 형성평가 자료는 교수가 발생할 때 학습의 증거를 제공하고, 어떤 학습자가 원하는 진전을 보이지 못하는지에 대한 교수적 결정을 내리는 데 활용될 수 있다.

형식(form) 어떤 행동의 형식은 그것이 일관성 있게 수행되는 특정 방식이다(예 : 말하기나 몸짓상징 사용하기는 모두 의사소통의 기능으로 귀결되는 형식들이다).

환경 내 교수(in-vivo instruction) 환경 내 교수는 학습자들이 기술들을 그 기술들이 필요할 자연스러운 환경에서 수행하도록 배우는 교수법으로 일반화를 촉진하는 실제이다.

환경언어 전략(milieu strategies) 환경 혹은 자연 언어 반응 촉진 전략들은 학습자의 흥미를 기반으로 하고, 의사소통을 촉진하기 위해 계속 진행되는 활동들에 삽입되는 짧은 시행들로 구성된다.

효율성(efficiency) 효율성은 어떤 전략이 기준에 도달하기 위해 더 적은 시행이나 회기로 귀결되는지, 기준에 도달하기 위해 학습자가 오류를 덜 범하는지, 혹은 기준에 도달하기 위해 교수 시간이 덜 걸리는지 결정하기 위해 하나의 교수전략을 다른 교수전략과 비교하는 척도이다.

후속 결과(consequence) 어떤 교수 시행에 있어 후속 결과는, 학습자에 의한 반응이나 행동의 수행을 뒤따르는 피드백이며, 해당 반응이 미래에 다시 발생할 가능성을 증가시키거나 감소시킨다.

후진형 연쇄(backward chaining) 후진형 연쇄는 학습자가 순서의 마지막 단계를 먼저 완전히 익히고, 그러고 나서 한 번에 한 단계씩 마지막 단계에서 첫 번째 단계로 나머지 단계들을 학습하는 과제분석을 가르치는 느린 형식이다.

훈련 시행(training trial) 훈련 시행은 (1) 어떤 반응을 이끌어 내기 위한 선행사건 혹은 자극, (2) 학습자로부터 나오는 목표 행동이나 반응, 그리고 (3) 반응의 정확성에 대한 피드백을 제공하는 후속 결과 등으로 이루어지는 교수를 제공할 단일 기회이다.

찾아보기

| 저자 소개 |

Belva C. Collins

Belva C. Collins(교육학 박사)는 켄터키대학교의 특수교육 및 재활상담 대학 교수이자 학장으로, 중등도·중도 장애 프로그램 교수로 재직 중이다. 특수교육에서 반응 촉진 전략의 활용을 검증하기 위해 연방정부로부터 보조금을 지원받는 몇몇 연구들의 연구 보조원으로 일하기 위해 켄터키대학교에 오기 전, 버지니아주 남서부 농촌지역에서 지적장애 학생들을 가르치는 교사로 경력을 시작하였다. Collins 박사는 고등교육 기관에 재직하는 내내 일련의 연구들을 계속해왔고, 다양한 형태의 체계적 교수를 자신의 학생들이 교실 및 지역사회 환경에서 수행할 수 있도록 응용 연구들을 성공적으로 지도하였다. 이러한 연구들 및 지도 경험이 이 책의 기반이 되고 있다. Collins 박사는 자신의 학문적 저술들을 전파하는 것뿐만 아니라 American Council on Rural Special Education의 주요 출판물인 *Rural Special Education Quarterly*의 편집위원장으로도도 활동하고 있다.

| 역자 소개 |

박경옥

단국대학교 대학원 특수교육학과 졸업(교육학 박사)
현 대구대학교 초등특수교육과 교수

저·역서 : 『지체 및 뇌성마비학생을 위한 컴퓨터 접근의 실제』, 『발달장애학생을 위한 자립생활기술 가르치기』 외 다수
논문 : 「대안평가 적격성 판단을 위한 의사결정 과정 탐색연구」, 「특수교육 교수학습 설계 모형 개발」,
「특수교육 교수학습과정안 평가체계 개발」 외 다수

이병혁

단국대학교 대학원 특수교육학과 졸업(교육학 박사)
현 극동대학교 중등특수교육학과 교수

저·역서 : 『장애아동·청소년을 위한 수학교육』, 『아동의 수학발달 : 연구와 실제의 적용』 외 다수
논문 : 「교과전공 운영에 대한 예비 중등특수교사들의 인식」, 「수학과 교수적 내용지식에 대한 초등특수교사의 인식」 외 다수